나의 첫 쌍방향
온라인 수업

•••• 온라인 학급경영, 교육과정 운영부터 교과 수업, 진로 및 체험 활동까지

나의 첫 쌍방향
온라인 수업

발행일   2020년 12월 30일 초판 1쇄 발행
지은이   상우고등학교 온라인교육과정연구회
발행인   방득일
편 집   신윤철, 박현주, 정미정, 문지영
디자인   강수경
마케팅   김지훈

발행처   맘에드림
주 소   서울시 도봉구 노해로 379 대성빌딩 902호
전 화   02-2269-0425
팩 스   02-2269-0426
e-mail   momdreampub@naver.com

ISBN 979-11-89404-42-0 93370

•••• 온라인 학급경영, 교육과정 운영부터 교과 수업, 진로 및 체험 활동까지

나의 첫 쌍방향
온라인 수업

상우고등학교 온라인교육과정연구회 지음

맘에 드림

온라인 수업 시대,
함께 협력하고 나눌수록 커지는 역량

김진경(국가교육회의 의장, 시인)

코로나19 감염증 확산이라는 긴급한 위기 상황은 비단 대한민국 뿐만 아니라 전 세계로 퍼져나갔다. 글로벌 시대에 누구도 이 위기에서 자유로울 순 없었다. 이러한 상황에서 대한민국의 학교는 사상 유례없는 온라인 개학을 시작으로 학사일정과 교육과정을 다시 조정해야 했고, 새로운 방식의 수업을 준비해야만 했다. 모두가 처음 겪는 일인 만큼 교사로서 책임감과 업무 고충도 뒤따랐을 것이다. 하지만 단언하건대 대한민국의 교사들은 짧은 시간 안에 온라인 수업에 대해 스스로 터득해가는 모습이 다른 어느 나라에 비해 월등히 우수하다고 자부한다.

그래서일까 전 세계는 학생의 학습권 보장을 위해 온라인 수업에 주목하고 있고 한국의 대응 방안에 대해 깊은 관심을 보인다. 학생들과 직접 만나지 못하는 상황이지만 코로나19를 계기로 시작하는, 한국 공교육의 온라인 수업은 ICT 기반 미래교육의 시작이자 전환점이 될 것이라 기대하기 때문이다.

이미 우리나라는 교육 선진국의 대열에 올라섰다. 예전처럼 미국과 유럽의 모델을 따라가는 것이 아니라, 우리 스스로 길을 만들어가고 있기 때문이다. 물론 모두가 처음 가는 낯선 길이고, 새로운 도전이기에 처음부터 완벽할 수는 없을 것이다. 시행착오도 분명 경험했을 것이다. 그러나 이러한 경험들은 앞으로 우리 모두에게 큰 자산이 될 것이며, 공동체로 모여 탐구하고 협업하는 모습은 시간이 지날수록 분명 더 나은 모습으로 발전할 것이라고 기대한다.

이 책은 단위학교 연구모임에서 교과별 선생님들 간의 긴밀한 협력을 바탕으로 쌓아올린 온라인 수업에 관한 실천 기록이다. 동료 교사들과 함께한 나눔의 과정에서 함께 성장해 나갔다는 것에 큰 의미가 있다고 생각한다. 게다가 자신들의 수업을 대한민국 모든 선생님께 공개함으로써 더 널리 나누고자 하는 용기에도 큰 박수를 보내고 싶다.

특별한 역량은 결국 용기로부터 나온다. 즉 자신이 진행한 수업을 동료들에게 보여주고 함께 공유하며 상호 간에 영향을 끼칠 때 개인의 역량 또한 커지는 것이다. 한 단계 앞으로 나가려거든 기본 관점의 변화와 새로운 도전에 대한 두려움을 떨쳐내는 용기가 필요하다. 그것이 이번 상우고등학교 교사들의 온라인교육과정연구회에서 보여준 온라인 수업모형에 잘 드러났다고 본다. 그런 면에서 이 책은 시의적절하게 세상에 나왔다.

"온라인 수업"
교실 벽을 넘어 더 넓은
세상과 소통하는 교육으로의 진화

"학교란 무엇일까?"

지극히 단순하지만, 이는 우리가 반드시 답해야 할 가장 본질적인 질문이기도 하다. 이 질문에 대한 해답을 찾기 위해 우리가 지난 10여 개월을 쉼 없이 달려왔다고 한다면 지나친 과장일까? 예고 없이 찾아온 코로나19 감염증은 사회 전반을 휩쓸며 우리 교육 현장을 덮쳤고, 교사들은 학교에서 국가교육과정이 요구하는 학생들의 성취기준과 교육목표, 그리고 학생들의 안전한 학습권과 건강한 삶에의 행복추구권 사이에서 하루하루의 기억을 곱씹으며, 다음날 또 새로운 하루를 맞이했다.

어떤 선생님에게는 자기의 수업 모델이 변하게 되는 좌절감이 존재했고, 어떤 선생님에게는 학생들의 수업 태도가 제대로 관리되지 못하는 현실, 그 속에서 교사로서 하염없이 약해지는 순간

들이 밀려왔다. 꾸준히 노력하며 속속 변화하는 상황에 대처하고
자 노력했지만, 노력이 무색할 만큼 그보다 빠르게 교육환경은 바
뀌었다. 4월에 온라인 개학을 시작하였을 때만 해도 카메라와 마
이크를 켜두라는 지시에 순순히 응하던 아이들은 5월, 6월… 시간
이 흐를수록 시시각각 저항의 강도를 높이며 저들 나름의 방식으
로 수업에 임하고 있다. 그러는 와중에도 일반고등학교에 항상 필
연적으로 따라붙는 '대학입시'는 수업의 본질과 학생들의 생활, 학
습관리에 더해 '생기부'라는 고민까지 보탰다. 랜선 너머 아이들에
게 생동감 있게 전달하기 위하여 교과 내용을 재구성하는 것만으
로도 벅찬데, 이것을 개별화하여 평가하고 기록한다는 것은 또 그
얼마나 고된 일이었던지…

　그러나 한편으로 코로나 시대는 교실이라는 한정된 공간에 갇
혀 있던 학교 교육을 더 넓은 세상 밖과 소통할 수 있도록 완전히

패러다임을 뒤바꾼 변곡점이기도 했다. 미국의 미네르바 스쿨이나 올린공과대학(Olin College of Engineering)처럼 학생들의 학습에 대한 시간적·공간적·물리적 경계를 허물고 '언제 어디서나' 학습이 가능하도록 학교 교육의 변화를 이끌어냈으니 말이다. 교사들에게는 사교육이 해결해줄 수 없는 학교 교육의 역할에 대한 새로운 각성이 뒤따랐고, 부모의 학력과 계층에 따라 발생하는 학력 격차가 온라인 수업에서 더욱 확대되는 양상이 보이면서 이에 대한 정책적 대응과 교사들의 자발적인 노력도 새로이 이어지게 되었다. 어쩌면 교사의 직무로서의 교직과 책무로서의 교육, 그리고 코로나 시대를 살아가야 하는 아이들이 교차하는 X+Y+Z 현상이 위기 속에서 꽃핀 것이라도 볼 수 있지 않을까?

어느새 11월이다. 전국의 학교들이 지난 1년을 마감하고 내년에 새로운 시작을 준비하기 위해 또다시 분주히 뛰고 있을 것이

다. 우리는 이제 마스크가 잠옷처럼 익숙해진 교실 속 아이들을
바라보며 다시 한 번 이 질문을 되새겨본다.

"학교란 무엇일까?

30개의 학급에서 매 수업시간 이루어지는 쌍방향 온라인 수업을
위해 60여 명의 교사들이 온·오프라인 블렌디드 교육과정을 디
자인하고 실천하는 모든 과정의 중심에는 바로 이 질문이 자리하
고 있었다. 그리고 최선의 해답을 찾고자 했던 우리의 풀이 과정
을 아이들 앞에 내밀어본다.

2020년 11월 11일,

필자들의 마음을 모아서

차 례

서장

만남 없는 만남

"온택트 시대, 교실 없는 수업이 시작되다!"

1장

온택트 시대의 학교

"바이러스의 창궐과 함께 찾아온 온라인 개학"

2장 국어과 고전읽기 온라인 수업

"토론, 쓰기, 발표가 살아나는 자발적 배움의 강화"

3장 영어과 온라인 수업

"온라인 모둠활동으로 말문과 관계 함께 열어가기"

4장 수학과 온라인 수업

○ ▮ ◉ "학력격차 해결에 다가간 맞춤형 교육 실현"

5장 과학과 온라인 수업

○ ▮ ◉ "폭넓은 자료 수집과 자발적 탐구 능력의 심화"

6장

온라인 진로지도와 체험활동

"포스트 코로나 시대를 열어갈 차별화된 인재 양성"

코로나19가 우리 사회 전반에 가져온 변화의 소용돌이 속에서 교육 또한 자유로울 순 없었다. 수년 전부터 아래로부터 학교 교육의 체질 개선을 위한 수많은 노력이 이루어진 것은 사실이지만, 입시 중심의 우리나라 교육의 오랜 특성상 보수적인 성향을 쉽게 떨치기 어려운 실정이었다. 이로 인해 과감하게 다양한 시도를 하는 데는 다소 소극적일 수밖에 없었다. 이러한 와중에 바이러스라는 변수로 등교 수업 자체가 어려워지면서 어쩔 수 없이 전체 학교가 온라인 수업 방식을 받아들이게 되면서 학교 교육은 새로운 패러다임을 맞이하게 되었다. 온라인 수업으로 인해 머지않아 학교가 사라질 거라는 극단적 주장과 오히려 온라인 수업이 가져온 다양한 문제점들로 인해 학교 교육의 가치가 재평가되고 있다는 의견이 맞서며 미래교육에 대한 예측은 한층 더 분분해진 상황이다. 이제 온라인 수업은 회피할 수 없는 학교의 현실인 만큼 어떻게 해야 교육적으로 의미 있는 질 높은 수업으로 만들어갈 것인지를 고민하지 않을 수 없다. 이에 이 장에서는 실제적인 온라인 수업 디자인과 관련된 이야기를 시작하기 전에 단순히 콘텐츠 다운로드가 아닌 '수업'으로서 교육적 가치를 지닌 온라

만남 없는 만남

....

"온택트 시대, 교실 없는 수업이 시작되다!"

인 수업이 되기 위해 우리가 알아야 할 것, 그리고 준비해야 할 것들에 관해 이야기를 해보려고 한다. 또한 현재 학교 현장에서 이루어지고 있는 온라인 수업 방식인 '실시간 쌍방향', '콘텐츠 활용형', '과제 수행형' 방식에 대한 장 · 단점에 관해서도 논해볼 것이다. 이제 특정 공간에 갇히지 않고, 세대를 아우르는 거대한 교육 플랫폼으로 진화하게 될 학교의 미래를 조심스레 상상해보며 이 책을 시작하고자 한다.

01

온라인, 어쩌면 학교 교육의 진화를 위한 새로운 기회

코로나19의 팬데믹은 세상을 언택트(untact) 모드로 바꾸었고, 소통을 갈망하는 사람들은 온라인에서 탈출구를 모색하였다. 세간에는 비대면을 일컫는 '언택트(Untact)'에 온라인을 통한 외부와의 '연결(On)'을 더한 **온택트(On:tact) 시대**를 이야기한다. 유례없는 재난으로 기억될 코로나19 사태의 장기화로 학교는 결국 '온라인 개학'이라는 사상 초유의 상황을 맞이했다. 학교 또한 일단 온라인으로 돌파구를 찾은 셈이다.

유치원을 제외한 전국 모든 초·중·고의 온라인 개학을 시행한다는 교육부의 발표와 함께 교사와 학생은 서로 얼굴조차 마주하지 못한 채 개학을 맞이하게 되었고, 2020년 4월 9일부터 고등학교 3학년과 중학교 3학년 학생들을 시작으로 학년별 시기를 달리하여 본격적으로 온라인 수업이 이루어졌다. 온라인 수업 자체가 가져오는 혼란도 이만저만이 아닌데, 과제와 시험, 평가 등 일련의 교육과정 운영에 대한 혼란까지 더해졌다. 특히 교사의 손길이 절대적으로 필요한 초등학교 저학년부터 고3 수험생은 물론 그리고 학부모 역시 큰 혼란과 어려움을 감당해야 했다. 그리고 학교와 교육청, 지자체 등은 방역과 교육을 동시에 감당하는 이중고마저 겪어야 했다.

학교에 가서 친구들과 만나 대화를 하고, 선생님과 수업을 하다가 점심시간이 되면 함께 와자지껄 떠들면서 점심을 먹는 등의 평범한 일상은 당장의 학교생활에서 시도하기조차 어려웠다. 이 외에도 동아리, 봉사, 진로활동 등 '대면'을 중심으로 이뤄졌던 교육은 말 그대로 대혼란을 겪게 된 것이다.

○ 위기를 새로운 기회로 만들어가는 교사들

모두에게 처음인 상황에서 온라인 수업 시행 초반에는 접속 시스템의 병목현상으로 인해 접속 지연 사태가 벌어지는 등의 기술적 혼란도 야기되었다. 한 번도 온라인 강의를 경험해보지 못했던 교사들의 당혹감이 채 가시기도 전에, 일부 학부모들은 성급하게 다른 학교 수업과 비교하며 수준 격차에 대한 민원성 우려를 제기하기도 했다.

실제로 교육 결손과 교육격차의 확대는 코로나19로 인한 온라인 수업을 진행한 모든 나라에서 공통적으로 지적된 사항이기도 하다. 개인 PC와 스마트폰을 활용한 온라인 수업으로 교육과정을 수행하는 원격체제가 도입되었지만, 당장에는 교육적으로 많은 문제와 근본적 한계를 속속 드러내고 있기 때문이다. 더욱이 기존 교육체제의 모순에서 비롯된 불평등 재생산, 계층 간 교육격차, 교육의 질, 발달 위기 등의 문제들은 감염병이라는 재난을 겪으면서 한층 더 증폭될 가능성이 커졌다는 지적이다. 즉 온라인 수업으로 인한 문제는 사회·경제적으로 취약한 계급과 계층에 더욱 광범하고, 또 집중적인 형태로 나타날 수 있다는 뜻이다.

이러한 우려를 인정하는 한편, 온라인 개학으로 인한 문제점을 보완하기 위해 정부와 민간단체가 협력하며 함께 돌파구를 모색하고 있다. 교육부장관은 "코로나19로 인해 불가피한 결정으로 시작한 온라인 개학이지만, 원격 수업 안착은 우리 교육이 반드시 넘어야 할 문턱이며 '1만 커뮤니티'가 현장 교사들의 고민을 해결하는 소통 창구가 되길 바란다"라고 밝히며 온라인 강의의 중요성을 강조하기도 했다. 실제로 온라인 수업은 변화에 보수적이었던 공교육이 새로운 방식의 교육체제를 도입할 수밖에 없는 강력한 전환점이 되고 있다.

교육부와 각 시도교육청은 온라인 수업의 원활한 운영을 위해 온라인 플랫폼을 구축하는 한편 무상으로 교육 콘텐츠를 제공하고 있다. 대표적으로 교육부가 지난 3월 개통한 온라인 학습 통합 지원 플랫폼 '학교온(onschool.edunet.net)'은 별도의 회원가입 절차 없이 이용 가능하며, 다양한 학습활동 및 생활지도 자료를 공유하는 교사들을 위한 공간이다. 전국 교사들이 제작한 일일 학습 안내 정보가 제공되며, 다양한 온라인 수업 운영 사례를 통해 아이디어도 얻을 수 있다.

'경기 교사온TV'는 교사용 교과별 자료, 온라인 수업 도구 활용, 블렌디드 수업이론, 학생용 학습자료 등으로 온라인 수업 정보를 총망라했다. 코로나19 상황으로 인한 초·중·고 교사들의 원격 및 등교 수업 운영 경험을 살려 포스트 코로나 시대를 대비한 미래형 수업 방향의 탐색 및 수업 나눔을 통해 함께 성장하는 기회를 제공하기 위해 마련된 것이다.

이와 달리 '학교가자.com'은 대구를 비롯한 서울, 경기 등의 초·중등 교사들이 자발적으로 구축한 온라인 가정 학습 사이트로 하루 약 8만여 명이 방문하고 있다. 사이트 구축부터 콘텐츠 구성까지 오로지 교사들의 힘으로 완성된 홈페이지에는 매일 오전 학년별·과목별 학습자료가 업로드되고 있으며, 각 분야 전문가를 초청한 라이브 방송도 진행된다.

이외에도 초등교사들의 자발적 모임 아꿈선(아이들에 꿈을 선물하는 선생님)에서 학습 공백을 지원할 사이트를 만들자는 의견을 모아 교육청에 제안해서 만들어진 온라인 학습터 '안녕학교.com'

등이 큰 호응을 얻고 있다.

또한 온라인 수업으로 인한 학력격차가 우려되는 학생에게는 한국교육과정평가원의 기초학력 향상 지원사이트 '꾸꾸'와 충남대학교 응용교육측정평가연구소의 '배이스캠프(배우고 이루는 스스로 캠프)'를 안내해볼 만하다. '꾸꾸'는 진단평가에 따라 맞춤형 자료를 제공함으로써 학습부진 학생을 효과적으로 지도하는데, 국어·수학·사회·과학·영어 등 주요 교과별 학습 콘텐츠들을 구성하고 있다. '배이스캠프'는 각 학년 및 교과에서 배워야 할 내용을 학생 스스로 진단하고 보정할 수 있도록 기초학력 진단검사 문항을 마련하고 있다. 사이트 내에서 교사가 학생의 학습 정보를 확인할 수도 있어 유용하다.

꾸꾸와 배이스캠프 홈 화면
꾸꾸와 배이스캠프 모두 온라인 수업으로 학력격차가 우려되는 학생들을 위한 다양한 맞춤 프로그램을 제안하고 있다.

온라인 수업 진행과 관련하여 동료 교사들과 함께 고민하고 성장할 수 있는 커뮤니티들이 최근 속속 만들어지고 있다. 아래에 소개하는 사이트들은 더 좋은 온라인 수업을 만들기 위해 고민하고 있는 교사들에게 분명 도움이 될 거라고 생각한다. 사이트에서는 다양한 의견 공유는 물론 유용한 교육자료들도 제공하고 있다.

기타 교육자료 제공 사이트(커뮤니티)

사이트명	특징	접근 방법
학교온 (On)	에듀넷 제공 (일일학습, 수업자료 탑재)	http://onschool.edunet.net/
몽당분필.com	교사모임 수업자료	https://mdbftv.tistory.com/
참샘스쿨 블로그	교사모임 수업자료	https://chamssaem.com/
에듀콜라	교사모임 수업자료	https://www.educolla.kr/
아꿈선	교사모임 수업자료(과학)	http://www.xn--cw0by24a24c.com/ 검색포털에서 아꿈선 검색
안녕학교	일일학습 사이트	http://xn--9d0b69eztwdfp.com/ 검색포털에서 안녕학교 검색
함께놀자	일일학습 사이트(경기)	https://sites.google.com/view/playstart
학교가자	초·중·특수교육 관련	https://daily.gegdaegu.org/
바로학교	충청북도 교육청	https://www.xn--9d0bm3su1cmz8a. com/ 검색포털에서 바로학교 검색
온라인 배움교실	일일학습 사이트	https://sites.google.com/ssem.re.kr/ onlinestudy2/ 검색포털에서 온라인 배움교실 검색
두근두근 1학년	전라북도교육청	http://first.jbedu.kr/
원터치 공부방	부산시교육청	http://bitly.kr/2RGWNXra

처음에는 다소 당황스러워하던 교사들은 시간이 지날수록 자생적으로 새로운 환경에 빠르게 적응하는 모습이다. 학교 현장을 뒤흔들고 있는 변화 속에서 수업, 평가뿐만 아니라, 교사의 역할도 한층 더 다양해지는 등 학교의 모습이 근본적으로 바뀌고 있다. 코로나19 이전에는 주로 학생들과 마주하며 진행했던 수업이 지금은 원격으로 이루어진다. 이러한 온라인 수업은 현재 교사와 학생이 화상으로 쌍방향 연결되는 '실시간 쌍방향형', EBS 콘텐츠나 교사가 녹화한 영상을 통해 강의가 진행되는 '콘텐츠 활용형', 과제를 통해 교육하는 '과제 수행형' 등 3가지 유형으로 진행되고 있다. 사람은 역시 환경에 빠르게 적응하는 동물임을 학교 현장의 하루하루를 보며 새삼 실감하게 된다. 처음엔 온라인 수업을 어떻게 할 것인가에 대해 고민했지만, 이제는 온라인 수업과 대면 수업을 어떻게 병행하는 것이 효율적인지 고민하고 있으니 말이다.

학습 환경의 급변 속 변함없는 대전제

우리가 절대로 간과하지 말아야 할 것이 있다. 그건 바로 환경이 아무리 급변하더라도 **교육의 본질**이 배움에 있다는 대전제는 변함없다는 것이다. 또한 학교는 학생들에게 배움이 일어나도록 도와주는 기관으로 존재해야 한다. 그러나 오랫동안 학교는 교수자 중심적이고 학교를 마치 경영의 장소처럼 여기는 경우가 많았다. 아직도 매년 학교 경영계획서를 작성하고 그 계획서에 의해 한 치의 흐트러짐 없이 움직여지고 있는 점만 보더라도 학교 전반에 깊숙이 자리한 경영 시각을 쉽게 발견할 수 있다. 이는 물론 현재의 교육구조와 입시체제의 영향을 받은 바가 크지만, 학교의 본질인 학생의 배움이 일어나도록 하는 것에서는 멀어져 있음을 부인하기 어렵다. 초ㆍ중등교육에서부터 대학교육까지 아주 오랜 시간 평가와 서열화의 편의성을 위한 '학습'의 굴레를 벗어나지 못하고 있는 실정이다. 하지만 다행히도 최근에는 교수자 중심의 학습 방법으로는 개인의 성장은 물론 국가와 사회의 발전도 어렵다는 것을 깨닫고, 혁신학교와 혁신교육지구, 마을교육공동체 등으로 교육의 근본적 체질 변화를 꾀하려는 노력이 이어지고 있다.

우리 교육계에서 교육의 변화와 관련된 키워드들은 지난 10년간 그리고 현재까지도 꾸준히 변해왔다. 예컨대 2013년 처음 등장한 것은 스마트교육 정책이고, 두 번째는 2016년부터 꾸준히 회자된 4차산업혁명이다. 스마트교육 이후 4차산업혁명과 함께 사회 변화와 더불어 학습 환경에도 많은 변화가 일어났다. 무엇보다 지식과 경험을 지닌 교사가 학생들에게 일방적으로 전달하고 주입하는 전통적 학습 환경에서, 교사에 의해 설계된 수업을 학생과 학생 간의 상호작용을 촉진하는 형태로 학습 환경이 변화한 것이 두드러진다. 물론 학생들의 상급학교 진학을 위해서는 차라리 그

동안 시행해온 전통적 교육이 효과적·효율적이라며 교육의 변화를 가로막고 있는 현장의 현실도 여전히 공존한다.

21세기에 들어서 세상의 변화와 함께 학습 환경의 변화도 한층 더 가속화되고 있다. 그러한 변화 속에서 2020년 3월 코로나19라는 가히 핵폭탄급 키워드가 새롭게 등장한 것이다. 이는 인류의 역사를 거슬러 올라가면, 14세기 유럽을 공포에 떨게 했던 흑사병과 비견될 만하다고 볼 수 있을 정도이다. 흑사병으로 인해 유럽 인구의 약 1/3이 사망했으며, 인구의 급격한 감소로 인해 노동자들의 임금이 급상승하는 결과를 초래했다. 오랜 시간 농업으로 생업을 꾸려왔던 수많은 농노들이 속속 도시로 떠나면서 영주들의 중세 봉건사회가 몰락했다. 즉 전염병으로 인한 인구의 급격한 감소가 결국 사회의 패러다임 자체를 바꿔버린 것이다. 그렇게 수백 년이 지난 오늘날 전 세계를 공포에 떨게 하는 새로운 전염병으로 말미암아 사회의 패러다임뿐만 아니라 교육계의 패러다임 또한 정신없이 변화하고 있다.

이러한 변화 속에서 학교 현장에는 새로운 문제들이 생겨나고 있다. 예컨대 비대면 수업 방식에 익숙하지 않은 교사들은 기존 방식대로 강의 위주의 수업으로 인해, 학생들은 많아진 과제와 상호작용 부족 등의 어려움을 토로한다. 비대면으로 이루어지는 온라인 학습은 실제로 학생들의 자발적 참여가 학습에 매우 중요한 요인으로 작용한다. 따라서 온라인으로 자기 주도적이지 않은 학생을 통제하고 가르치고자 하는 데서 근본적인 한계를 드러냈다. 최근 특정 교원단체가 실시한 설문조사에 따르면 비대면 원격수업의 가장 큰 문제점은 '학습격차 심화(61.8%)'로 나타났다. 그리고 학습격차의 원인은 '가정환경 차이(72.3%)'가 1순위였다[1]. 교육부 주관으로 한국교육학술정보원(KERIS)이 전국 초·중·고 교사들을 대상으로 벌인 설문조사에서도 응답자의 80%가 코로나19로 원격수업이 진행된 이후 학생들 간의 학습격차가 한층 더 커졌다고 답했다. 그나마 면대면 수업에서는 교사의 세심한 배려와 피드백으로 학생들을 살필 수라도 있었지만, 비대면 수업으로 바뀌면서 가정에서 보호자의 보살핌 역량에 따라 예전보다 교육격차는 더 커진 셈이다.

이를 해결하기 위해서는 학교의 노력만으로는 안 된다. 중·고등학교 학생들에게는 교육복지사를 활용하는 방안도 고려해야 한다. 이제 학교만 학생을 전담하는 시대는 끝났다고 본다. 또한 학교 안에 있던 돌봄이 마을 안으로 깊숙이 들어가야 한다. 학부모가 강사가 되고 비용은 학교 혹은 교육지원청에서 제공하며, 지자체는 장소를 제공하는 역할을 하면 된다.

---

1. 배태웅, 〈교사 83% "원격수업 효과 낮아"…학습격차 원인 '가정환경 차이'〉, 《한국경제》, 2020.8.21.

02

온택트 시대,
안팎으로 확장된 교사의 역할

교육(Education)과 기술(Technology)의 합성어인 '에듀테크(EduTech)'는 교육 관련 IT 기술을 뜻한다. 온라인 개학과 함께 에듀테크 기반 교육에 대한 관심이 한층 높아졌다. 실제로 원활한 온라인 개학을 위해서는 실시간 쌍방향 수업, 동영상 강의, 출석·학습관리, 필요하다면 평가에 이르기까지 다양한 기술적 지원이 뒷받침되어야 할 것이다.

포스트 코로나 시대를 이끌 기술 중 단연 1위를 차지하고 있는 앱으로 **줌(zoom)**을 꼽을 수 있다. 줌은 이미 학교 현장에 익숙한 프로그램으로 자리잡았다. 이를 통해 온라인 수업이 일상화되면서 '에듀테크'라는 말도 한층 부각되었다. 에듀테크를 한마디로 정리하면 정보기술과 교육의 융합을 의미한다.

에듀테크 시대와 교사의 역할 변화

에듀테크의 바람과 함께 학교 현장에서도 화상회의에 필요한 웹캠, 스피커, 컴퓨터를 마련하는 등 학습 환경이 급변하고 있다. 이제는 교사의 지식과 경험이 과학기술의 변화를 따라가지 못함을 인정해야 할 때다. 이와 함께 자연스럽게 교사의 역할 변화도 고려해야 한다. 즉 첨단 기술은 학습자 중심 학습의 효과를 높이거나 강화하기 위해서 사용해야 하며, 교사는 '학습활동의 협력자, 상호작용 협력자, 수업 설계자, 온라인 사회자, 상담자, 평가 및 관리자'(Rinn/Bet)와 같은 다양한 역할을 통해 적절한 수업 설계와 수업 방식 및 협력자로서 제 역할을 할 때, 비로소 성공적인 온라인 수업이 가능하지 않을까?

코로나19 이전까지만 해도 사실상 교사는 지식 전달자로 존재해 왔다. 따라서 그동안은 기술적인 면에서나 매체상의 다양한 의사소통 도구들에 대한 지식은 그리 필요하지 않았던 것이다. 그러나 온라인 수업을 수행하는 교사는 전문 지식은 물론이거니와 의사소통 능력 및 사회적 능력, 교수 방법 및 매체를 다루는 능력 등 모든 분야에서 특별한 역량을 갖춰야 한다. 또한 교사가 기존의 강의식 교실 수업을 단순히 온라인상에 그대로 옮겨 놓는 것으로 온라인 수업을 인식해서는 안 된다. 교실 수업을 그대로 옮겨 놓은 온라인 수업은 어쩌면 최악의 수업일지 모른다. 따라서 온라인 수업과 교실 수업을 차별적으로 구성하는 종합 설계자의 역할과 학습자 중심으로 수업이 이루어지도록 협력하는 역할로 전환이 필요하다. 코로나19 이후 비대면 온라인 수업이 진정한 혁신으로 이어지려면 교사가 학습 콘텐츠를 선별하거나 직접 제작하여 제공할 수 있어야 한다.

교사의 역할은 여기에 그치지 않는다. 학습자들이 온라인 수업에 잘 적응하도록 도와주어야 하며, 그들의 어려움을 경감시키고, 매우 친절해야 하며, 긍정적인 분위기가 온라인 그룹 안에 나타날 수 있도록 조율해야 한다. 학생의 처지에서 생각해보면서 7교시 내내 컴퓨터 모니터 앞을 지켜야 하는 것이 얼마나 힘든 일일까 짐작해야 한다. 그래서 교사 중심의 일방적 온라인 수업에서 벗어나 교사와 학생 상호 간의 쌍방향 수업이 이루어져야 한다는 개선의 목소리가 더더욱 높은지도 모른다. 그러므로 상호작용 없는 일방적인 강의식 수업으로 온라인 수업이 진행된다면 학생은 배움에 대해 무기력해지고 점점 더 힘들어질 수밖에 없다. 하루 정도라면 최대치의 인내심을 발휘해 어떻게든 참아보겠지만, 코로나 확산이 장기화되면서 1주일, 2주일 한 달을 이런 식으로 계속 수업하게 되면 학생들은 결국 견뎌내지 못할 것이다.

앞으로 교사는 디지털시대를 대비하여 과거보다 훨씬 정교한 교수법으로 바뀌어야 할 뿐만 아니라, 이를 온라인 상황에 맞게 적용해야 한다. 앞서 잠깐 언급한 것처럼 과거의 대면 수업에서 교사는 내용 전달자로서 역할을 해왔다. 하지만 온라인에서의 교사는 내용 전달이 아니라, 과제를 통해서 학습자가 스스로 그룹 내에서 공부할 수 있는 환경을 조성하고, 학습자들이 스스로 학습 목표에 도달하게 도와야 한다. 이때 적합한 과제를 플랫폼상에 올려놓음으로써 학습자가 학습 내용을 숙지하도록 하는 것이야말로 교사의 능력이다. 또한 플랫폼 기반에 마련한 온라인 수업이 진행되는 동안 그룹별 토론의 장(場)도 마련해주어야 하며, 그것으로 끝이 아니라 학생들을 독려하면서 활발한 토론 참여를 유도해야 한다.

이러한 교사의 역할을 잘하기 위해서는 우선 교사와 학생 모두에게 효율적 **시간관리**가 필요하며, 교사는 언제든지 학습자의 요청에 따라 필요한 도움을 줄 수 있어야 한다. 시간을 단축시키기 위해 학생에게 보낼 메일 서두에 들어갈 인사말, 과제에 대한 칭찬, 학생을 독려하는 말 등에 관한 문구를 미리 만들어두고 해당 학생에게 알맞게 문구를 조금씩 변형시켜서 사용해볼 것을 권장한다. 또한 교사는 주간계획표를 만들어서 활용하고, 고정된 학습 시간, 온라인 시간, 휴식 시간을 넣어서 계획하는 시간 관리도 필요하다.

다음은 학생에 대한 **모니터링**이 필요하다. 교사는 학생들의 온라인 학습 과정을 관찰하고, 학습을 조절해야 하며, 일정 부분 감시의 기능도 지니고 있어야 한다. 온라인 수업의 성공 여부는 수동적인 참여자를 얼마나 능동적으로 만들 수 있는가에 달려 있다. 수업 중간에 학생들 몸을 자주 움직이게 하고 퀴즈를 내거나 게임도 하고, 토의도 시키고, 채팅방도 활용하면서 능동적인 참여자가 되도록 독려해야 한다. 이러한 세심한 모니터링은 학습자를 단순히 지켜보는 것을 넘어 학생의 개인적인 문제를 예리하게 알아채고 학생이 정기적으로 수업에 참여하고 있는지를 파악하는 것이며, 궁극적으로 학습자를 학습활동에 참여하도록 조정하고 설득하여 배움에 이르도록 하는 것이 목표이다.

마지막으로 교사와 학생의 소통에 해당하는 **피드백**이다. 단순히 수업의 피드백뿐만 아니라 토론이나 포트폴리오 등의 내용적 측면의 피드백도 반드시 수행되어야 한다. 쉽게 수그러들지 않는 코로나의 기세 때문에 등교를 해도 예전처럼 밀착 모둠활동을 하기란 쉽지 않다. 따라서 오히려 온라인 모둠활동을 더 많이 실천해야 한다. 교사의 설명은 최소로 줄이고, 모둠을 구성해서 소회의실을 만들어 학생들끼리 토론하고 논의하는 수업을 기획해야 한다. 이때 교사는 진행 중인 토론을 요약하고 내용을 축약하여 토론 진행 상황을 전체 학생들에게 알게 함으로써 토론 참여를 독려하는 역할을 할 수 있다. 가령 텍스트를 읽고 토론하는 상황에서 어떤 학생이 내용적 맥락을 이해하지 못하거나, 토론의 진행 과정을 이해하지 못해 토론에 참여하지 못할 수 있다. 시간이 지날수록 토론 게시판에 읽어야 할 내용이 더 많아지면 아예 토론에 참여하기를 꺼리게 된다. 이럴 때 토론 상황에 관한 요약 보고는 토론의 내용을 전달하고 아직 활동에 참여하지 못한 학생에게 동기를 부여할 수 있으므로 매우 중요하다.

⦚ 교육 플랫폼에서 구현되는 다양한 온라인 수업 콘텐츠들

이제 온라인 수업은 피할 수 없는 교육의 한 형태로 자리를 잡아가는 것이 분명하다. 그러므로 교사는 학생들에게 원격 방식을 통해 기존에는 교실에서 제대로 보여줄 수 없던 것들을 볼 수 있도록 적극적으로 새로운 수업을 만들어가야 한다. 그리고 학생들이 편리하게 교육 내용을 체험할 수 있도록 해야 한다. 물론 비대면 교육의 여건상 학생들의 참여도와 집중도를 높이기 위해 흥미를 유발하는 교육 내용이나 게임 같은 쌍방향 형태의 교육을 지향할 수도 있다. 하지만 가장 중요한 것은 온라인 수업에서도 학생 중심으로 배움이 효과를 발휘할 수 있어야 한다는 점이다.

따라서 온라인 수업을 위한 콘텐츠는 비대면으로 이뤄지는 교육적 상황을 고려하여 당연히 질적 수준과 양질의 내용을 지녀야 하며, 교육적이어야 하고, 자기 수준에 맞게 충분히 학습할 수 있어야 한다. 이때 교사가 '비대면' 상황에서 교육의 효과를 극대화하려면 우선 콘텐츠를 보기 쉽게 제시하고 편리하게 **검색**할 수 있게 해야 하며, 아울러 자신의 수준에 맞게 학습할 수 있는 **플랫폼**이 필요하다. 온라인 수업은 단순히 온라인 콘텐츠 다운로드가 아니다. '수업'이라는 이름에 걸맞게 교육적 도구로서 가치 있는 콘텐츠가 적절한 수준의 플랫폼과 얼마나 잘 결합되어 있느냐에 따라 해당 교육 서비스의 품격이 달라질 수 있다. 그렇기 때문에 교사들로서는 어떤 플랫폼을 선택할지, 어떤 형태의 수업을 진행하는 것이 가장 좋을지를 고민할 수밖에 없다.

온라인 수업은 의사소통의 동시성 여부에 따라 단방향 온라인 수업과 쌍방향 온라인 수업으로 구분할 수 있다. 이러한 온라인 수업은 앞서 제시한 바와 같이 '실시간 쌍방향', '콘텐츠 활용형', '과제 수행형' 등 3가지 유형으로 진행되고 있다. 각각의 유형들은 모두 장단점을 동시에 지니고 있어서 어떤 유형이 특별히 좋다거나 나쁘다고 말하는 것은 사실 부적절하다.

우선 **실시간 쌍방향**의 장점은 플랫폼을 활용한 교사-학생 간 화상 수업 형태로 실시간 토론 및 소통, 즉각적인 피드백이 가능하다는 것과, 오프라인 수업과 같은 실재감과 생생함이 있다는 것이다. 하지만 병원 진료 등, 불가피하게 실시간 수업에 참여하지 못하는 학생에 대한 대체 학습이 필요하며, 디지털 기기와 플랫폼에 익숙하지 못하면 수업 진행에 어려움이 생기는 단점이 있다. 현재 고교 온라인공동교육과정, 네이버 라인웍스, 구르미, 구글 행아웃, MS팀즈, 줌(zoom) 등의 쌍방향 플랫폼을 활용하여 실시간 수업을 진행할 수 있다.

다음으로 **콘텐츠 활용형**의 장점으로, 학생들은 사전에 준비된 녹화 강의 혹은 온라인 학습 콘텐츠를 시청하고 교사는 학생의 학습 내용을 확인하고 피드백하는 형태로 시간과 공간의 제약 없이 자유로운 점을 꼽을 수 있다. 하지만 온라인 학습을 위한 학생들의 회원가입 및 승인 절차에 따른 불편함이 동반되며, 학생들이 강의를 수강했는지에 관한 확인 및 출결 처리 방법에 대한 명확한 기준을 제시하기가 쉽지 않다. 수업 방법에는 e학습터, EBS 강좌, 교사 자체 제작 콘텐츠 등을 학생들이 시청하고 배움 활동으로 퀴즈풀이, 댓글 토론, 과제 수행, 질의응답 등을 실시하고 수행도를 점검하는 방식이 적절하다.

마지막으로 **과제 수행형**의 장점은 교사가 온라인으로 교과별 성취기준에 따라 학생의 자기 주도적 학습 내용을 맥락적으로 확인할 수 있다는 것이다. 그에 따른 맞춤형 과제 및 피드백을 제공하는 형태로 학생들의 수행 활동과 참여를 통해 이루어진다는 점은 과제 수행형의 주요 장점이다. 반면에 교과별 성취기준에 따른 적정한 과제 출제의 어려움과, 과제를 수행하고 제출하는 방법에 대한 체계적인 안내와 평가에 대한 명확한 기준이 현재로서는 모호하며, 과제를 실제 학생 자신이 했는지에 대한 검증이 어렵다는 것은 단점으로 꼽힌다. 이 수업 방법은 교사가 성취기준 및 학습 시간 등을 고려한 적정 과제를 학급 홈페이지, e학습터, SNS 등에 제시하고, 학생들은 수업 시간별로 제공되는 과제를 수행하여 학급 홈페이지, SNS 등으로 제출하는 수업에 적합하다. 그러나 평가에 대한 공정성 문제가 제기될 수 있으므로 신중을 기해야 한다.

앞서도 이야기했지만, 특별히 어떤 플랫폼만 좋거나 나쁜 것은 없다. 다만 학교별로 온라인 수업 계획을 수립하여 교과목의 특성에 따라 온라인 수업 유형을 복수로 병행해서 선택할 것을 권장한다. 예컨대 실시간 쌍방향과 단방향을 독립적으로 사용하기보다는 학습 내용과 사용하는 매체의 종류에 따라 적절하게 상호 보완적으로 활용하는 것이 효과적이다. 실시간 쌍방향 수업은 보통 화상회의나 채팅을 통해 동시에 대화하고 의견을 주고받는 방식으로 진행된다. 실시간 학습에서는 학생과 교사가 좀 더 사회적 친밀감을 느끼게 되고, 즉각적인 질문과 피드백으로 인해 학습 의욕을 고취할 수 있다(Hrastinski, 2007). 또한 학생들이 컴퓨터를 가지고 혼자 학습하는 것이 아니라 학습공동체의 일원으로서 함께 학습을 진행하기 때문에 학습에 한층 더 적극적으로 참여하게 되는 장점이 있다(Haythornthwaite & Kazmer, 2002).

단방향 수업은 온라인 학습사이트, 토론 게시판 등을 이용하여 학생과 학생, 학생과 교사가 함께 과제를 수행하거나 학습을 진행하는 방식이다. 단방향 수업은 학생과 교사가 각각 편한 시간과 장소를 선택하여 학습에 참여할 수 있다(Teng, Chen & Leo, 2012). 따라서 실시간 쌍방향에 비해 주어진 주제나 과제에 대해서 좀 더 깊이 생각하고 성찰할 수 있는 시간을 가지게 되고 신중하게 의견을 올리고 피드백을 줄 수 있는 장점이 있다(Hrastinski, 2007). 오른쪽 표(35쪽 참조)에서 단방향 온라인 수업과 쌍방향 온라인 수업 플랫폼의 종류와 특징을 정리해놓았다.

온라인 학습 플랫폼 분석

구분	플랫폼	주요 특징 및 장·단점	가입 방법
단방향 수업	EBS 온라인 클래스	EBS강의 콘텐츠 활용, 양질의 콘텐츠 다수, 피드백 어려움, 일부 교과 미지원	EBS 가입 (개별가입)
	e학습터	자체 가의 동영상 탑재, 교육과정 연계하여 전 과정 기본 탑재, 회원가입 필수, 콘텐츠 무료이용, 콘텐츠 보완 필요.	에듀넷 가입 (개별, 일괄가입)
	구글 글래스룸	구글 계정 필요, 구글 드라이브 연계, 과정 중심 평가에 용이함, 교육용 G Suite계정 자체 생성 불가.	구글 (개별가입, 초대/수락)
	네이버 밴드	소통커뮤니티, 게시판기능, 라이브 방송, 폐쇄형 소셜네트워크서비스, 단체 아이디 생성 기능 미지원.	네이버 (개별가입)
	위두랑	디지털교과서와 연계한 자기 주도적 교육 구현, 모둠 단위 활동, 학급 단위 과제 부여, 포트폴리오 작성, 디지털교과서 일부 미지원.	에듀넷 가입 (개별, 일괄가입)
	카카오톡 단톡방	빠른 대화창구, 정보전달에 가장 신속함, 게시판 기능 미흡.	다음카카오 (개별가입)
	클래스팅	소통 커뮤니티, 학생·학부모와 소통, 일부 콘텐츠 유료.	㈜클래스팅 (개별가입)
쌍방향 수업	줌 (zoom)	가장 보편화된 화상 플랫폼, 간편하고 쉬운 접속, 실시간 그룹 회의, 채팅, 화면공유, 실시간 협업은 미흡.	줌 (메일 계정을 통한 가입)
	행아웃 (hangouts)	G Suite와 연계, 브라우저 바로 실행, 실시간 화상회의, 채팅, 화면공유, 크롬에서 최적화.	구글 (개별가입)
	팀즈 (Teams)	MS 오피스 365툴 활용, 협업에 용이함, 온라인 과제 및 공지, 화면 노출 4명.	MS오피스 라이센스 보유시 무료
	구루미	64명 화면 화상회의 플랫폼, 최대 1,000명까지 수용, 유료, 크롬에 최적화	학생은 가입할 필요 없음
	네이버밴드 라이브방송	게시글 부가 기능에 라이브 방송 기능 부여, 간편한 수업영상 송출, 게시글 작성, 학생음성 공유 불가.	네이버 (개별가입)
	카카오톡 라이브	가장 심플하고 즉각적인 소통 창구, 간편한 수업영상 송출, 학생음성 공유 불가, 게시글 기능 미지원	다음카카오 (개별가입)

바야흐로 온택트 시대이다. 비대면 온라인 시대를 맞아 학교 교육은 어떻게 변화해야 할까? '코로나19'라는 바이러스의 유행이 심상치 않다는 뉴스가 흘러나올 무렵, 대한민국은 설 연휴를 맞아 서로 떨어져 지내던 가족들이 오랜만에 한자리에 모여 단란한 시간을 보내고 있었다. 대부분의 사람들이 뉴스를 보면서 조심해야겠다는 생각 정도야 했겠지만, 이것이 앞으로 우리에게 익숙했던 세상을 이토록 순식간에 바꿔버릴 거라는 예상은 하지 못했을 것이다. 이는 학교도 마찬가지다. 개학이 연기될 때만 해도 어서 빨리 개학해서 학생들과 만나고 싶은 마음을 가졌던 전국의 수많은 교사들은 온라인 개학과 온라인 수업이라는 사상 초유의 상황에서 정신없는 일년을 보냈을 것이다. 지금 이 순간에도 코로나19는 여전히 소멸되지 않은 채 학교 교육의 패러다임을 바꿔가고 있다. 이 장에서는 온택트 시대에 맞게 어떤 식으로 학생들과 래포를 형성하고, 생활지도 등에 임하였는지 등에 관한 경험을 중심으로 이야기하려고 한다. 특히 아이들과 일면식조차 없이 첫 학기를 시작해야 했던 1학년 담임교사의 이야기도 소개한다. 끝으로 온라인 수업의 원활한 진행을 위해 학교 차원에서 준비한 환경 및 설비에 관한 내용도 함께 담았다.

온택트 시대의 학교

●●●●

"바이러스의 창궐과 함께 찾아온 온라인 개학"

주요 사용 툴과 앱

#구글 클래스룸의 각종 수업지원 기능
#네이버, 구글 설문: 학생 상담 조사서
#class123: 공지사항
#카카오톡 단체톡방: 공지사항, 종례

01

학교와 교사, 학생과 학부모가 함께 열어가는 미래

세상은 코로나19 이전과 이후로 나뉜다는 말이 공공연히 들려온다. 이제 우리는 코로나 이전으로 언제 돌아갈지를 막연히 기다리는 것이 아니라 과거와는 많은 점에서 달라진 새로운 표준이 적용되는 세상에 어떻게 잘 적응하며 살아갈지를 고민해야 한다. 역사적으로도 세상의 패러다임을 바꾼 바이러스는 종종 등장해왔는데, 코로나19 또한 전 세계인들에게 강렬한 기억을 남기며 다양한 사회변화를 속속 이끌어내고 있다. 개인적으로도 남다른 경험을 안겨준 코로나19는 2020년 2월 19일 수요일을 평생 잊을 수 없게 만들었다. 참고로 필자는 주말 부부로 매주 성주와 의정부를 오가며 생활하고 있다. 그런데 봄 방학이 시작되고 그동안 몸이 안 좋았던 아내가 수술을 결정하게 된 것이다.

코로나19 팬데믹과 온라인 개학

2020년 2월 17일 월요일에 아내는 대구의 모 의료원에 입원하였다. 원래 수술과 회복 기간을 포함하여 2월 20일 오전에는 퇴원하기로 하였으나, 그 전에 지금 우리가 알고 있는 코로나19 확진자가 대구에서 폭증하는 사태가 의료원 응급실에서 감지되었다. 2월 18일에 아내가 수술을 무사히 마치고 회복하고 있을 때 입원 중이던 의료원 응급실이 다급해지고 폐쇄가 이루어졌다. 그때만 해도 심각성이 공포로까지 바뀐 시기는 아니었으므로 그냥 '좀 심각한가 보다⋯' 하고 생각하며 조심스럽게 하루를 지냈다. 그런데 여러 언론 매체들이 앞다투어 대구의 코로나 집단감염에 대한 뉴스들을 헤드라인으로 속속 보도하면서 집단감염의 현실화를 느꼈다. 병원에는 계속 호흡기 증상을 호소하는 환자들이 이송되었고, 급기야 의료 종사자들까지 격리되는 일이 발생하였다.

그리고 2월 19일 수요일 오전, 아내의 입원실 옆방에 붉은색 딱지와 출입금지 표시가 붙어 있는 것을 보았다. 자세히 읽어보니 호흡기 증후군 같은 말이 보였다. 사태가 어떻게 돌아갈지 불안한 예감에 20일(목)에 퇴원인데도 불구하고 아내와 상의하여 19일(수) 오전에 바로 퇴원할 것을 결정하였다. 아직 수술 후 회복이 안 된 상태임에도 불구하고 바로 퇴원을 결정한 아내에게 미안한 마음이 들었다. 하지만 연일 병원에 감염 확산의 두려움이 퍼지고 있었고 앞으로 코로나19의 감염이 어떻게 진행될지 몰라 예방 차원에서 긴급하게 절차를 밟을 수밖에 없었다.

퇴원하고 집에 도착한 후, 옆 병실에 입원한 사람이 병원에서 코로나 환자들을 진료한 의료진인 것을 알게 되었다. 진료 과정에서 혹시나 있을지 모를 감염 가능성에 대비해 2주간 자가격리를 했다는 것이었다. 그리고 대구에서의 코로나19 감염병의 확산은 이 시점에서부터 본격화되었다. 이렇게 마주한 코로나19는 머지않아 교사인 필자에게 새로운 경험을 안겨주었다.

대구에서 시작된 집단감염 확산의 영향으로 대구, 경북에서 서울로 가면 2주의 자율 격리 기간이 요구되었다. 아내의 퇴원 후 2월 26일에 KTX를 타고 의정부에 도착했는데, 올라가 보니 이미 3월 개학 연기는 기정사실화되었고, 학교에 확인한 결과 출근하지 말고 3월 11일까지 2주간 집에서 자율 격리하라는 통보를 받았다. 초반에는 코로나가 극성이라 비록 3월 개학은 힘들어도 4월 정도면 가능하지 않을까 하고 예상했다. 하지만 감염자는 계속 폭증하였고, 등교 또한 계속 미루어졌다. 급기야 2020년 개학은 언제가 될지 누구도 예측할 수 없는 상황이 되고 말았다.

'그래도 조만간 등교할 수 있을 거야!'

조금만 참고 기다리면 등교하는 신입생들을 만날 수 있을 거라고 기대했지만, 코로나19 사태가 더욱 심각해지면서 등교 개학은 하루하루 멀어져만 갔다. 결국 교육부는 온라인 개학을 먼저 하도록 결정했다. 그리고 4월 9일 목요일에 입시를 앞에 둔 3학년을 시작으로 온라인 개학이 이루어졌다. 일주일 뒤인 4월 16일 금요일, 1학년 신입생들의 온라인 입학식을 준비하기 위해 모든 교직원은 강당에 모여 인터넷 생중계로 비대면 입학식을 열고, 학생들을 맞이했다.

그 이후 1·2학년 모두 온라인 수업이 진행되었다. 우리 학교는 **줌(zoom)** 프로그램을 이용하여 쌍방향 온라인 수업을 진행하기로 결정하였으며, 필자는 EBS 온라인 클래스(온클)를 기반으로 동영상 수업을 진행하면서 구글이나 네이버를 추가로 이용하여 학생들과 소통했다. 나름 평소에 컴퓨터나 코딩을 즐기던 취미 덕분인지 필자에게 온라인 수업은 두렵다기보다는 흥미로운 세계였다.

하지만 수업을 포함하여 학교에서 이루어지는 모든 것들은 학생들을 위한 것인데, 정작 학생들이 없는 적막한 학교를 바라봐야 하는 것이 아이러니할 뿐이었다. 온라인으로 개학은 했지만, 화면으로만 대하는 학생들의 모습은 평소 교실에서 만나는 것과는 느낌이 사뭇 다를 수밖에 없었다. 과학을 전공한 필자는 문득 이런 생각도 들었다.

'4차 산업혁명의 결과로 미래의 학교와 우리 사회는 이런 모습이 더욱 많아지겠지?'

머지않은 미래를 위해서라도 지금의 경험을 새로운 도전으로 만들어가야 한다는 어떤 사명감마저 느끼며 시작된 학기였다.

⦂ 온라인 개학에 맞춰 이루어진 학년부 활동

온라인 개학의 결정과 함께 교사들에게는 새로운 업무가 쏟아졌다. 학생들이 등교하지 않자 학교는 오히려 더 바빠진 것이다. 평소에 해오던 것에 온라인 수업을 위한 준비와 교육청, 교육부의 긴급공문이 이어지는 상황에서 담임선생님들도 여러 가지 큰 어려움에 직면하게 되었다.

필자는 1학년 부장으로서 신입생들을 위해 나름대로 특색 활동을 수립했지만, 코로나19 시대에 과연 잘 추진될 수 있을지는 미지수였다. 하지만 온라인이라서 못하고, 안 한다는 사고 자체가 핑계라고 생각했다. 학생들의 미래를 생각했을 때 있을 수 없는 일이며, 해야 할 것이라면 어떻게든 방법을 찾아서 하는 것이 최선이다.

담임교사들은 직접 얼굴도 보지 못한 학급 학생들을 온라인으로 하나하나 확인해가며 조 · 종례를 실시하였다. 하지만 향후 학생들이 등교하였을 때, 바로 심화 상담을 시작할 수 있으려면 상담을 위한 기초자료가 필요했다. 이에 1학년부 담임들은 구글 수업지원 기능을 배워 사용하기로 결정하였다. 개중에는 구글을 전혀 사용해보지 않은 교사도 있었으나, 앞으로의 필요성에 공감하며 모두가 적극적으로 동참해주었다. 그리고 이것은 교사의 학습과 지도 능력을 크게 성장시킨 소중한 경험이 되었다.

필자는 사용의 편리함 때문에 평소에도 네이버나 구글의 모든 기능을 좋아하고 즐겨 사용해왔다. 이 기회를 통해 기능을 충분히 활용해보고 싶어서 우선 네이버를 이용하여 1학년 신입생을 위한 학생 상담 조사서를 만들고, 이를 다른 담임교사들에게 제공하면서 온라인 설문의 편리함을 공감할 수 있게 해보았다. 이후 다른 교사들도 네이버와 구글 설문을 이용한 스마트 기기 조사, 구글 설문 수업, 학급별 건강 자가 진단 검사지 등을 개인적으로 만들어 사용할 수 있는 능력을 배우거나 갖추었다. 전체적으로 온라인 시대에 걸맞은 스마트한 업무 능력이 하루하루 향상되고 있음을 느낄 수 있었다. 처음에는 새로운 것을 배워야 하는 거부감과 압박감도 컸으나, 점점 온라인 환경의 활용에 적극성을 보이며, 자신감이 생기기 시작한 것이다.

1학기 때 진로 포트폴리오와 학습플래너 등의 계획은 이미 수립되어 있었으나 아직 시작하진 못했고, 2학기가 된 상황에서도 코로나19 재확산으로 인해 9월을 기준으로 3학년은 등교 수업을 하지만 1·2학년은 여전히 온라인 수업이 진행되어 학사일정과 계획에 변동이 심한 상황이다. 그러나 다행인 점은 교사들의 업무 및

1학년부 의견 취합 설문지

이번주 목요일 3시 30분에 1층 시청각실에서 부장들 협의회가 있습니다.
(진로특색 중간에 나와서 참석을 해야함.)

아래는 2학기 학교에서 고려해야 할 내용이며 부서 의견을 취합하여 참석하고자 합니다.^^
(시간 내서 한두개라도 의견 주셨으면 해요.)^^

* 필수항목

▨▨▨▨▨▨▨▨▨▨▨▨▨▨▨▨▨▨▨▨▨▨▨▨▨▨▨▨▨▨▨▨▨▨▨▨

(1) 2학기 수업 개선 방안 *
- 1학기 문제점에 대하여/ 2학기 개선방안 의견/ 핸드폰 수거에 대한 의견

내 답변

(1,2학년) 과학 수업에 임하는 나의 각오

<과학 첫시간 질문 설문조사 입니다.>

이 설문조사는 학생 본인의 근면성과 착실성에 관련성이 있습니다.(잘 적어 주세요.)^^

1. 과거에 열심히 한 학생이나 지금 시작하는 학생이나 다짐이 있으면 좋은 성과를 낼 수 있습니다.

2. 수능 최저 등급을 위해 최선을 다해 노력하셔야 합니다.^^(2학년)
3. 과학탐구실험을 통해 과학과 친해지는 계기가 되길 소망합니다.(1학년)

4. 절대 최저 등급을 포기하지 마세요. 여러분은 수시든 정시든 모두 갈 수있습니다.
5. 단지 열심히 하겠다고 다짐하는 것으로 절반은 성공이고 노력이 동반된다면 더큰 성과를 낼 것입니다.
6. 선생님은 여러분이 선택한 진로가 모두 이루어지길 항상 바라고 응원합니다.^^

* 필수항목

1. 이름*
정확히 입력하셔야 합니다.

▨▨▨▨▨▨▨▨▨▨▨▨▨▨▨▨▨▨

_____

2. 학급*
1학년 몇반인지? 학급을 목록에서 선택해 주세요. 잘 모르는 경우 담임선생님이나 학교로 통화해 주세요. 0318501300

| 학급 선택 ▾ |

_____

3. 번호*
학급의 번호를 선택해 주세요. 잘 모르는 경우 담임선생님이나 학교로 통화해 주세요. 0318501300

| 학급 번호 선택 ▾ |

상우고 1학년 코로나19 일일 자가진단 조사(질문은 단 2개 입니다.)

< 꼭 읽어보세요 > 중요!!!!!

1. 학급별, 학생별 회신(응답)(응답)을 원칙으로 한다.
2. 개학 할때 까지 매일 아침 9시에부터 오후 3시까지 설문조사에 참여할 수 있습니다.
3. 위 시간 이전과 이후에 입력되는 모든 참여 내용들은 삭제 됩니다.!!! -> 그럴 경우 다시 시간대에 참여해요.

4. 코로나 관련 증상이 없거나 확진자가 다녀간 곳과 상관이 없다면 모두 "아니오"를 선택한다.
5. 아래 질문 두개 중 한 개의 질문이라도 "예"인 경우 설문 조사 이후 담임선생님에게 증상이 있음을 전화한다.

6. 발열 학생의 경우 3-4일 등교중지 대상이 되며, 해외 여행은 14일 자가격리 대상이 됩니다.
7. 발열 학생의 등교중지 기간과 등교 일이 겹치면 보호자 확인서가 있어야 출석인정이 됩니다.

생활 및 진로상담 온라인 사전조사 설문

온라인 시대에는 온라인의 장점을 업무에 최대한 활용하는 것도 적응을 위한 방법이다.

수업의 능력도 변화된 상황에 맞춰 계속 향상되는 현재 진행형이라는 것이었다. 코로나 시대 처음부터 이 글을 쓰는 지금까지 부장과 함께 노력해준 1학년부 모든 교사들에게 새삼 감사의 말씀을 전하고 싶다.

· 학년부장으로서 생활지도의 고민과 해결 방안

1학년 부장을 맡고 있는 필자는 평소부터도 학생의 생활지도는 반드시 가정과 학교에서 함께 이루어져야 한다고 생각해왔다. 그런데 온라인 개학으로 학교의 역할 못지않게 가정의 역할 비중이 매우 커진 것이다.

온라인 개학과 온라인 수업은 유례없는 상황인 만큼 각 가정에서도 학부모님들의 고충이 매우 컸을 것이다. 감염자 수가 꾸준히 증가하면서 코로나 종식이 쉽지 않은 상황에서 자연스럽게 학교에 등교하지 않는 날이 많아졌다. 이와 함께 각 가정에서는 학부모와 학생들과의 마찰이 늘어나고, 등교하지 않는 학생들의 일부는 가정에서 도저히 지도를 감당하기에 버거운 상황이 발생했을 거라고 생각된다.

하지만 어떻게 보면 학교의 역할에 대해 학부모님들이 다시금 깊게 생각하신 계기가 되었을 것이다. 적어도 학교는 단지 수업만

하는 곳이 아님을 이 코로나 사태를 계기로 깊이 느끼게 되지 않았을까 생각해본다.

고충은 가정에만 있는 것이 아니다. 앞서도 잠시 이야기했지만, 학생들이 학교에 오지 않는다고 학교가 한가해지는 것은 아니다. 오히려 학교의 일은 더 많아졌다. 이와 함께 학교도 학교 나름대로 고민이 많았다. 개학은 했으나 학생들이 온라인으로 수업에 임하였고, 대부분의 학생과 교사가 마스크를 착용한 상태로 수업에 임하다 보니 서로의 얼굴조차 제대로 익히기 힘들었던 것이다. 나아가 제대로 소통하기 힘든 상황까지 빈번하게 발생했다. 2학기가 시작되고 나서도 1학기보다는 다소 나아졌을 뿐, 근본적인 문제가 해결된 것은 아니었다.

아무리 처한 여건이 어려워도 할 것은 해야 한다. 특히 전달할 것도, 새로운 것도 많은 1학기에는 학생들의 수업과는 별개로 조·종례시간이 지켜져야 했다. 이를 위해 우리 학교는 담임교사가 SNS 및 구글 앱을 이용하여 조·종례 및 출결을 체크했으며, 건강 자가진단도 실시하고 체크하도록 했다. 아울러 상담도 중요했다. 이에 학기 초 온라인으로 조사하여 통계를 만들고 출력해둔 학생 상담 조사서를 이용하여 등교 시에는 각 학급의 학생들을 대상으로 심화 상담을 진행하였다. 1학년 담임교사의 열정과 도움으로 학생들의 학교생활은 점점 코로나 시대에 익숙해지고 안정화가 되어가는 모습이었다.

학사 운영에 필요한 각종 온라인 조사

매일 얼굴을 맞댈 수 있었던 과거와 달리 달라진 환경에 빠르게 적응하는 노력이 필요하다. 특히 비대면 상황에서도 학사 운영에 필요한 교복 관련이나 온라인 원격 교육 환경 조사 등은 빼놓을 수 없다.

학생을 위한 생활지도 및 상담 활동을 진행하면서 이제 학부모 활동은 어떻게 할 것인지에 관해 생각해야 했다. 2·3학년의 경우 이미 학부모회가 조직되어 있어서 코로나 시대에도 온·오프라인으로 활발하게 모임을 진행하고 있었다. 아울러 학부모회 차원에서 학교에 이런저런 의견들을 제시해주셨다. 하지만 올해 입학한 1학년의 경우는 사정이 달랐다. 1학기 일정이 모두 변경되거나 전혀 진행되지 못하다 보니 1학년은 학부모회 구성조차 되지 않아서 학부모님들의 학교 참여가 거의 불가능한 상황이었다. 어떻게 해야 이 상황을 해결할 것인지 여러 가지로 고심해 보았다.

○ 든든한 지원군이 된 학부모회

모든 일에 교사가 나서야 할까? 아무리 코로나 시대지만 교사가 학부모들에게 일일이 전화를 걸어 1학년 학부모회 구성을 물어본다는 것은 자칫 강요나 부담이 될 수 있다. 그래서 일단은 학교 차원의 가정통신문을 통해서 1학년의 원활한 학교생활을 돕고, 학부모의 학교 운영 참여를 위한 학부모회 구성에 관해 협조를 요청하였다. 몇몇 학급의 학부모님께서 참여하시겠다고 연락이 왔고 계속 기다리기도 했다. 하지만 학교 차원에서 보내는 전체적인 요청만으로는 한계가 있음을 알게 되었고, 학부모회 구성은 결국 학부모님들의 자발적인 참여와 도움으로 구성될 수밖에 없음을 느끼게 되었다. 담임교사가 학부모님들께 계속 전화로 설득할 수도 없기 때문이다.

하지만 참으로 다행스러운 것은 자발적으로 함께해주신 학부모님들이 계셨다는 점이다. 기존에 학교의 위원회 활동 경험이 있는 1학년 학부모님의 도움으로 신입생 학부모님들을 위한 소통의 공간이 만들어졌고, 이에 많은 학부모님이 가입하고 참여하셨다. 이런 참여와 협조 그리고 소통을 통하여 학교의 요청만으로는 제대로 구성될 수 없었던 1학년 학부모회의 윤곽이 서서히 잡히며 구성이 완료되었다. 참으로 감동의 순간이었다. 학교의 요청만으로는 구성되지 못했던 1학년 학부모회가 학부모님들의 참여와 노력으로 완전히 구성된 것이다. 위기 상황 속에서 좌충우돌하면서도 신속히 학교 시스템을 정비함으로써 학부모회와 함께 상호 신뢰를 구축하는 과정을 목격한 너무나도 감사한 시간이었다.

코로나19는 미래교육을 성큼 앞당겼다. 무엇보다 이제 학교는 공간적 폐쇄성에 갇혀 있을 수 없게 되었다. 열린 학교로 나아갈수록 어느 한 주체의 노력만으로는 성공적인 교육이 이루어질 수 없음이 자명하다. 모든 교육 주체들이 힘을 합칠 때 비로소 미래교육으로 진화할 수 있을 것이다. 다시 말해 학교와 교사, 학생 그리고 학부모의 역할이 모두 중요하다는 점이다. 온라인 개학과 관련된 여러 가지 문제들도 결국 학생과 학부모와의 적극적인 소통 및 참여를 통해 점진적으로 해결되어 가고 있기 때문이다. 코로나19 와 함께 찾아온 모든 것들이 아직 혼란스럽지만, 분명한 것은 조금씩 나아지고 있다는 점이다. 그리고 이제 남은 건 교사의 수업 이다. 수업을 어떻게 디자인하고 실천하고 또 평가할 것인지가 제일 중요한 고민으로 자리 잡았다.

02

코로나19와 함께 시작된
온라인 학급경영

개학이 하루하루 미뤄지더니 급기야 온라인 개학이 결정되었다. 마침 올해 1학년 담임을 맡게 된 필자로서는 더더욱 당황할 수밖에 없었다. 신입생들과 직접 얼굴 한번 마주하지 못한 채 그들의 목소리와 처음 만나게 되었기 때문이다. 필자에게 있는 정보라곤 학생들의 출신 중학교와 중학교 때의 성적뿐이었다. 일단 학생들의 번호 순서대로 전화 통화를 한 뒤 학부모님들과도 통화를 했는데, 학생들과의 대화는 짧게 끝나버린 반면, 부모님들과의 통화는 생각보다 오랜 시간이 걸렸다. 솔직히 부모님들과 이렇게 길게 통화를 하게 될 줄은 몰랐는데, "혹시 ○○이에 대해서 제가 미리 알고 있으면 좋을 만한 부분이 있을까요?"라는 질문이 떨어지기 무섭게 아이들에 대한 이런저런 정보(?)를 쏟아내셨다.

비록 예년처럼 갓 입학한 1학년 학생들과 일일이 눈을 맞추며 맞이하지는 못했지만, 지금 생각해보면 이때 많은 시간을 들여서 부모님들과 통화를 했던 것이 입학 후 학생들을 지도하는 데 큰 도움이 되었다. 또한 이번 1학기는 경험을 통해 학생들의 성향을 파악하기에는 등교 일수가 워낙 적었기 때문에 부모님과 통화를 하면서 메모했던 것을 틈틈이 다시 찾아보면서 학생들을 파악할 수 있었다. 새삼 시간과 에너지를 많이 들이기를 잘했다고 생각했다.

∘ class 123을 활용한 맞춤형 소통 채널 구축

온라인 수업을 준비해야 한다는 소식을 접했을 때, 가장 시급한 문제는 학급 학생들과의 실시간 소통 채널을 준비하는 것이었다. 거의 매일 공지사항과 소식을 전달해야 했기 때문에 우선 카카오톡에서 학급 단체톡방 같은 것을 만들어야만 했다. 필자가 그동안 대부분의 담임선생님들께서 많이 사용하시는 카카오톡을 기피해온 이유는 학급 단체톡방이 학생들 간 오만가지 대화의 장이 될 수도 있기에 괜한 사건 사고가 일어날까 염려스러웠기 때문이었다. 예컨대 아직 입학도 하기 전에 서로를 잘 모르는 상황에서 프로필 사진만 보고 시비를 건다거나, "얘는 중학교 때 어떠어떠했다더라…"라는 '카더라 식' 소문에 휘둘려 이것이 다른 친구에 관한 근거 없는 '저격글'로 이어지면 자칫 사이버 폭력이 일어날 수 있을 거라는 점도 우려스러웠다.

카카오톡 대신에 학급 학생들에게 공지사항을 알리는 수단으로 선택한 것은 **class 123**이라는 앱이다. 이는 pc버전으로도 사용하기 편리하게 되어 있어서 학생들의 정보를 입력하거나 할 때는 pc버전으로, 틈틈이 학생들의 수신 상황은 핸드폰에서 앱으로 확인했다. 이 앱의 강력한 장점을 꼽으면 뭐니 뭐니 해도 **실시간 열람 확인**이다. 즉 어느 학생이 나의 글을 확인했는지를 그때그때 알 수 있다는 점이다. 또한 부모님들도 초대할 수 있기 때문에 교사가 작성하는 알림장을 부모님과 학생 모두에게 알릴 것인지, 아니면 학생들만 읽게 할 것인지를 직접 설정할 수 있다. 부모님과 학생들 중 몇 명이 글을 확인했는지 숫자로도 나오고, 숫자를 클릭하면 읽은 학생과 읽지 않은 학생들의 명단과 확인한 시간을 볼 수 있다. **미수신자 재발송** 기능이 있어서 아직 글을 읽지 않은 학생들에게만 다시 한 번 메시지를 보낼 수 있고, 1:1 편지 기능으로 학생 한 명에게 한 명에게 따로 개별 메시지를 보낼 수도 있다.

이에 반해 카카오톡에서는 글을 읽은 학생이 전체 인원의 몇 명인지만 확인할 수 있기 때문에 어느 학생이 확인을 하고 또 못 했는지를 알 수 없다. 이러한 점에서 class123 앱이 가진 기능은 매우 편리하다. 또한 사용료가 무료이고, 학생들이 가입할 때 교사가 학생들마다 코드(code)를 부여하는 방식이기 때문에 보안 측면

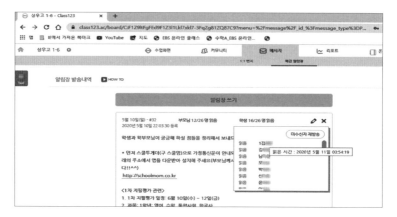

학급 알림장

Class123 앱의 학급 알림장 기능을 이용하면 각각의 학생들이 공지를 제대로 확인했는지 확인할 수 있어 편리하다. 계속 공지를 열람하지 않는 학생들에게만 추가 발송도 가능하다.

에서도 안전하다. 학생들에게 칭찬스티커를 주는 기능, 자리 바꾸기 프로그램 등의 편리한 기능도 있다. 다만 칭찬스티커, 자리 바꾸기 프로그램은 아직 사용해보지 않았고, 필자의 경우는 주로 학급알림장, 1:1 편지 기능을 이용하고 있다.

class123 앱을 사용하면서 학생들이 입학을 하기 전까지 학생들 사이에서 일어날 수 있는 사소한 문제 상황의 빌미, 예컨대 카카오톡 프로필 사진 등의 개인정보 공개, 단체톡방 목록에 있는 친구에게 무작정 말을 건다든가 등을 제공할 수 있는 여지를 어느 정도 차단할 수 있었다. 더불어 수신확인자 명단, 수신시간 확인 기능 덕분에 공지를 할 때 어떤 학생들을 좀 더 신경 써서 봐야 하는지 등에 관한 정보를 한층 수월하게 터득할 수 있었다.

수시 전달사항을 위한 카카오톡의 단체톡방 활용

온라인 입학을 하기 전까지는 개별 학생을 구분할 수 있는 기능이 있는 class123 앱을 이용하였다. 하지만 입학 이후에는 결국 카카오톡의 학급 단체톡방을 이용하게 되었다. 사실 하루에도 여러 번 전달사항이 생기는데, 단체 채팅방에 수시로 전달사항을 입력하는 것이 훨씬 편리했기 때문이었다. 수신자 명단을 꼭 개별적으로 확인해야 하는 경우를 제외하고는 지금도 소소한 전달사항들은 단체톡방을 주로 이용하고 있다.

학생들을 처음 만나서 개별 성향을 잘 알지 못하는 상황에서는 class123과 같은 다양한 기능이 있는 프로그램을 추천하고, 학생들의 성향 파악이 된 후에 학교에서 실시간으로 공지사항을 전달할 때에는 카톡을 이용하는 것이 효과적인 방법이라고 생각한다. 메시지 확인을 잘 하지 않는 학생들이 어느 정도 파악된 상태라 집중적으로 재확인하면 되기 때문이다.

학생들의 휴대폰을 걷지 않고 알게 된 장점들

조례와 종례는 확실히 예전에 비해 간단히 이루어지고 있다. 필자의 경우 조례는 건강설문 확인으로 대체하고 있고, 종례는 카카오톡 단체톡방에서 인사로 마무리한다.

이전에는 학생들이 등교하면 으레 조례시간에 휴대폰을 모두 수거했다. 하지만 코로나19 대유행 이후 처음으로 학생들이 등교했을 때부터는 휴대폰을 걷어가지 않았다. 별것 아닌 것 같지만 휴대폰 수거는 교사와 학생 간에 소소한 잡음을 일으키는 경우가 많다. 담임교사로서 조례시간에 핸드폰을 걷고, 종례시간에 다시 나눠주는 것에서 자유로워지면서 학생들과 그간 벌여온 사소한 실랑이가 사라졌다.

예컨대 핸드폰을 내지 않은 학생에게 어떤 사유로 인해 내지 않는지, 핸드폰을 낸 학생들에 대해서는 혹시 제출한 핸드폰이 공기계는 아닌지 등등 핸드폰을 제대로 제출한 학생과 그렇지 않은 학생들 사이에서 형평성 논란이 일어나지 않도록 공정하게 처리해야 하는 잡무(?)가 사라진 점이 담임교사로서 가장 좋은 점이다. 또한 일과 시간표 변경 등과 같이 바로 알려야 하는 공지사항이 있을 때 군이 반장을 호출하지 않고도 반 학생들에게 일괄적으로 안내할 수 있는 점도 효율적이다. 학생들이 학교생활에서 휴대폰을 계속 소지하게 되면서 개개인에게 담임교사로서 필요한 연락을 그때그때 할 수 있다는 것이 코로나19 환경에 어울리는 변화다. 무엇보다 수업시간에 수업에 필요한 자료를 바로바로 검색하는 등 수업의 보조도구로 활용할 수 있었던 점도 편리하다.

담임교사로, 또한 교과를 담당하고 있는 교사로서 온라인 수업을 준비하는 데 대한 뚜렷한 가이드라인이 없이 마주하게 된 상황에 대해 막막함을 가지고 있었던 시기가 있었던 것은 분명하다. 하지만 한 학기를 지내며 확인하게 된 것이 있다. 그건 바로 힘들게 공을 들인 것은 그만큼의 가치를 지니게 되고, 차곡차곡 자신의 노력으로 채워 나가게 되면 공들인 노력만큼의 큰 보람을 얻게 된다는 점이다. 이러한 생각을 바탕으로 자신만의 콘텐츠를 계속해서 발전시켜 나간다면, 분명 보람찬 나날들로 학교생활을 채워 갈 수 있을 것이다.

03

원활한 온라인 수업 진행을 위한 환경 정비 과정

세상은 코로나19와 함께 새로운 국면을 맞이했다. 불과 수개월 만에 전 세계 사람들의 생활방식이 이전과는 많은 점에서 달라졌다. 즉 경제, 문화, 정치, 사회 전반의 커다란 변화를 가져온 것이다. 교육 또한 예외가 아니다. 무엇보다 온라인 수업이라고 하는 과거와 다른 수업 방식으로의 전환이 급속하게 이루어진 결정적 계기가 되었다.

코로나와 함께 시작된 학교 교육의 대변환

우리나라에 살고 있는 사람이라면 대부분 인정하겠지만, 대한민국은 교육을 가장 중요한 가치로 여기다 보니 좋은 학군이 형성된 지역의 집값은 다른 지역에 비해 매우 높게 책정될 정도이다. 코로나19로 인해 삶의 전 영역에서 일어난 변화들 중 국민들은 교육에서의 변화에 유독 큰 관심을 기울였다. 이를 증명하듯 연일 뉴스에서는 관련 내용들이 다뤄지며 중요한 사안으로 주목을 받았다.

개학 연기를 거듭한 끝에 결정된 온라인 수업 첫 학기, 유례없는 사건인 만큼 많은 학교에서 당혹감을 느끼며 어려움을 겪기도 했겠지만, 학교 차원의 지원과 교사들의 적극적인 노력, 학생 및 학부모들의 협조로 나름 슬기롭게 위기를 극복해나가고 있을 것이다. 우리 학교 또한 시행착오가 있기는 했지만, 많은 교사들의 적극적인 대처 마련과 학생들과 학부모님들의 협조로 큰 무리없이 온·오프라인 수업을 해나가고 있다. 이에 코로나19가 발발한 시점부터 현재까지 학교가 수업 측면에서 준비하고 대응한 사항을 공유하고자 한다.

언론을 통해 정식으로 코로나19로 인해 3월 2일로 예정된 개학을 잠정 연기한다는 발표가 처음 보도되었을 때, 아마도 학생들은 방학이 연장된다는 생각에 환호했을 것이고, 이와 달리 학부모와 교사는 상황이 앞으로 어떻게 흘러갈지에 촉각을 곤두세울 수밖에 없었다. 부장 교사들은 이미 2월 중순부터 매일 학교에 나와서 연일 비상대책 회의를 열고, 하루 종일 앞으로의 학사일정과 수업 방식에 대한 논의를 했다. 그 와중에 교육부의 발표와 그에 따른 공문이 연일 쏟아졌는데, 주요 내용은 다름 아닌 "학교는 온라인 수업을 위한 환경을 구축하고 준비하라"는 것이었다.

사실 온라인 수업에 대한 공문은 개학 2~3주 정도 전이 되어서야 갑작스럽게 하달되었기 때문에 솔직히 매우 화가 나고 이걸 어떻게 준비해야 하나 막막하기만 했다. 처음 개학이 연기되었다는 발표와 함께 신속히 학교 현장에서 온라인 수업을 준비하라는 지시가 내려왔다면 더 많은 학교들이 여유 있게 준비할 수 있었을 것이다. 물론 교육부도 섣부른 판단을 내리기보다는 코로나19의 상황을 예의 주시하며 대응한 것이겠지만, 학교 현장으로서는 턱없이 부족한 준비 시간으로 인해 상당한 혼선이 불가피했다. 그럼에도 불구하고 일단 4월 개학 예정일에 3학년부터 순차적으로 등교를 시작하기 전까지 당장 3월 중순부터 1·2·3학년 3개 학년 모두 온라인 수업이 가능하도록 환경을 구축해내야만 했다. 온라인 수업 방식에 대한 주요 논의 사항은 다음과 같았다.

- 어떤 온라인 수업 플랫폼을 사용할 것인가
- 자료 탑재 및 과제 제공식 수업 vs 실시간 쌍방향 수업

온라인 수업 시행에 관한 공식적으로 발표되고 난 후 온라인 수업이 가능한 플랫폼 및 프로그램에 대한 안내 공문이 내려왔다. EBS 온라인 클래스, 에듀온, Google Suite for Education, zoom 등의

프로그램 중 학교 상황에 맞는 프로그램을 골라서 쓰라는 것이었다. EBS라는 글자 외에는 솔직히 모두 처음 보는 생소한 것들이었고, 그나마 EBS도 EBSi 사이트만 이용해보았을 뿐 온라인 클래스 사이트에 관해서는 교사들 모두 거의 문외한이나 마찬가지였다. 교육부는 학교 현장에 맞춰 유동적으로 운영하라고 배려한 것이겠지만, 정작 학교 현장에서는 안 그래도 준비할 시간이 촉박한데 열거된 프로그램들을 전부 사용하고 비교 분석까지 해야 하는 번거로움이 추가되었을 뿐이었다. 차라리 모든 학교가 통일된 프로그램을 쓰도록 했다면 훨씬 편하지 않았을까 하는 생각도 들었다. 하지만 아마도 그랬다면 서버 과부하 문제나 수업 자율성 제한 등의 또 다른 문제들이 불거져 나왔을 것이다. 아무튼 분명한 사실은 불안해하고 있을 많은 학생과 학부모님을 위해 교육부는 교육부대로, 교육청은 교육청대로, 학교는 학교대로 나름의 고충을 안고 최선의 선택을 위해 노력했다는 점이다.

여러 차례의 회의를 반복한 결과 우리 학교는 기본 플랫폼으로 **EBS 온라인 클래스**를 활용하면서 **줌(zoom)**을 이용한 **실시간 쌍방향 수업**을 실시하기로 결정했다. 여러 프로그램과 사이트를 두고 많은 고심을 한 끝에 EBS 온라인 클래스와 줌으로 정한 이유는 뭐니 뭐니 해도 친밀함과 단순함 때문이었다.

무엇보다 갑작스럽게 온라인 수업을 준비해야 하는 교사들의 심리적 부담감을 최소화할 필요가 있었다. 이를 위해 가장 익숙한 사이트와 프로그램이 좋다고 생각했다. EBS는 대부분의 교사와 학생들이 회원으로 가입되어 있고, 또 다들 한 번은 사용해본 적이 있을 것이기에 최소한 새로 회원가입부터 해야 하는 번거로움은 피할 수 있다고 판단했다. 또한 코로나19 상황에 빠르게 대처하여 사이트에 교사용과 학생용 사용 매뉴얼과 사용법 설명 영상까지 게시하여 학교 현장에서 온라인 수업 환경을 구축해야 하는 교육정보부의 입장에서는 큰 수고를 덜 수 있어 무시할 수 없는 장점이었다. 왜냐하면 학교 현장에서 온라인 수업을 위한 환경 구축과 세팅을 하고 교원들 연수를 담당하는 것은 오롯이 교육정보부이기 때문이다. 사용 매뉴얼을 제작하고 사용법을 설명하는 영상까지 제작해야 하는 번거로움을 EBS가 대신해주었으니 당연히 EBS 온라인 클래스 쪽으로 기울게 된 것이다.

줌의 경우에는 원래 실시한 화상회의를 위해 제작된 프로그램이지만, 이번 코로나19로 인해 학교 현장에서 널리 사용하게 된 프로그램이다. 사실 'Google Suite for Education'에도 비슷한 기능을 하는 '미트(Meet)'라는 프로그램이 있지만, 실시간 화상 수업 기능에만 초점을 맞춘 줌과 달리 한 계정에 여러 가지를 사용해야 하는 구글 클래스는 처음 접하는 선생님들한테는 낯설고 복잡하게 느껴질 수밖에 없었다. 단순함과 기능의 집중을 위해 줌을 선택한 이유이다. 특히 Google Suite for Education을 사용하려면 관리자 이메일 계정을 생성해야 하는데, 이 과정이 다소 복잡한 편이다. 만약 교육청에서 모든 학교의 관리자 이메일 계정을 일괄 생성해 공문을 보내주기 전까지는 이를 사용하는 데 부담이 적잖이 컸기 때문이다.

◦ 온라인 수업을 위한 환경 구축과 세팅 작업

수업 진행을 위한 플랫폼과 프로그램이 정해지고 난 후 학교 선생님들이 많은 걱정을 한 부분은 온라인 수업이 실제 오프라인 수업과 유사하게 진행될 수 있을 것인가, 온라인으로 쌍방향 수업을 진행할 때 학생들의 학습 효율성은 어느 정도일 것인가, 그리고 3개 학년을 동시에 실시간 쌍방향 온라인 수업이 가능하게 환경을 어떻게 구축할지 등의 문제였다. 수업 방식과 기본 플랫폼이 정해지고 나니 실제 수업이 진행될 수 있도록 수업 환경을 구축하고 세팅을 하는 등의 업무 처리가 시급했다.

우선 선생님들이 교과교실이나 본인의 자리에서 수업을 하는 것이 가능한지를 시험해보았다. 다양한 환경에서 줌에 접속하여 온라인 수업에 장애물이 없는지를 조사했다. 교무실이라는 한 공간에서 여러 명의 선생님이 동시에 말을 하자 생각보다 문제가 심각했다. 특히 줌 프로그램에서 오디오를 켜놓게 되면 간섭현상이 일어나 소리가 울리면서 '웅웅'거리는 현상이 꽤 심해 서로의 수업

각각의 교실에 온라인 수업을 위한 환경 구축
교무실이나 교과교실에서 여러 선생님이 함께 온라인 수업을 진행할 수 있는지 테스트한 결과 소음 간섭이 심하다는 판단하에 등교수업 때처럼 교사들이 수업을 진행할 교실에 들어가서 각자 수업을 진행하는 것으로 결정했다.

에 방해가 될 정도였다. 이 문제를 해결하려면 각자 분리된 공간에서 수업을 진행하는 수밖에 없었다. 결과적으로 30곳의 수업을 할 각기 다른 장소가 필요해졌는데, 교과교실과 교무실로는 턱없이 부족했다. 그렇다면 원래 오프라인 수업을 할 때와 마찬가지로 그냥 해당 수업 교실에 들어가서 수업을 하면 어떻겠냐는 아이디어가 나왔다. 수업 시간표대로 1학년 1반부터 3학년 10반까지 30개 교실에 들어가서 수업을 하는 게 가장 안정적이지 않겠냐는 의견이었다.

그런데 공간 문제가 해결되자 또 다른 문제가 불거졌다. 즉 온라인 수업을 하기 위해 매시간 선생님들이 자신의 업무용 노트북을 들고 해당 교실로 이동해 키보드와 마우스, 인터넷을 새로 연결해야 하는 번거로움이 생긴다는 점이었다. 그래서 가능하다면 30개의 교실 전체에 온라인 수업이 가능한 환경을 미리 구축해놓고 선생님들은 시간표대로 들어가서 수업을 할 수 있도록 만들면 좋겠다고 생각했다.

교실마다 온라인 수업이 가능한 환경 구축

교실마다 칠판과 분필, 책상과 의자가 구비되어 있듯이 30개의 교실에 노트북, 마우스, 키보드를 세팅해놓고 매번 선을 뺐다 꽂았다 할 필요 없이 자리에 앉아서 줌과 EBS 온라인 클래스 사이트를 켜서 수업을 진행하는 그림을 머릿속에서 그려보았다.

먼저 30대의 여분 노트북이 필요했는데 학교에서 보유하고 있던 여분의 노트북은 고작 몇 대에 불과했다. 작년 말 MS사에서 윈도우8 보안 패치 서비스 제공을 중단하겠다는 발표로 인해, 올해 2월까지 학교의 모든 업무용 노트북 및 데스크탑의 운영체제를 윈도우10으로 업그레이드 하였지만, 내용 기한이 지난 여분의 노트북은 비용 절감을 위해 업그레이드를 하지 않아 더 이상 사용할 수 없었다. 이런 상황에서 30대의 여분 수업용 노트북을 구하는 것은 불가능했다.

난감하던 찰나에 2019년 말 교육청에서 컴퓨터실 환경개선사업으로 받아둔 학생용 노트북 29대가 생각났다. 2019년 말 교육청에 지원받을 PC로 데스크탑이 아닌 노트북을 선택해 보고한 것이 이 시점에서 '신의 한 수'가 된 셈이었다. 물론 엄밀히 말하면 학생용 노트북을 수업용으로 사용해서는 안 된다. 하지만 학생들이 등교하지 않는 상황에서 보관함에 마냥 넣어두고 썩히기보다는 학생들을 위해서 활용하는 편이 효율적이라는 판단이 들었다. 이 사실을 다음 날 부장 회의에 가서 얘기하였고, 교감선생님과 부장선생님들 역시 찬성하여 30개의 모든 교실에 각각 노트북을 세팅할 수 있었다.

효과적인 쌍방향 수업 구현을 위한 듀얼 모니터 시스템 구축

드디어 노트북을 연결하여 줌으로 실시간 쌍방향 수업을 테스트해보니 아무래도 노트북 화면이 작아서 학생들의 얼굴 화면과 수업 자료를 동시에 띄우기가 어려웠다. 게다가 수업 자료를 회의실에 공유할 경우, 교사가 학생 개인 화면을 볼 수 없다는 문제점이 드러났다.

이러한 문제를 해결하기 위해 예전 컴퓨터실에서 사용했던 데스크탑 모니터 30개를 가져와서 노트북에 연결하여 듀얼 모니터로 수업을 진행할 수 있게 했다. 이 과정에서 2019년 HDMI 케이블을 사용하는 새 노트북과 DVI를 사용하는 모니터가 호환되지

원활한 온라인 수업을 위한 환경 구축
순차적으로 등교 수업이 시작되면서 일괄적으로 모니터와 노트북을 수거하여 정보부실에 보관했다. 이 과정에서 기기 결함이 발생하기도 했지만, 담임교사들이 점차 적응하면서 순조롭게 금요일에 회수하고, 월요일 아침에 설치하는 사이클이 돌아가고 있다.

않는 문제는 유지보수 업체를 통해 HDMI-DVI 연결 케이블을 구매하여 해결하였다.

연수자료 제작과 온라인 수업 연수

실시간 쌍방향 수업을 위한 환경 구축 및 세팅이 어느 정도는 완료되었다. 다음으로 해야 할 업무는 선생님들이 온라인 수업을 원활하게 진행할 수 있도록 교육 연수를 진행해야 했다. EBS 온라인 클래스는 교사용 사용법 안내 영상까지 있었지만, 선생님들 앞에서 직접 사용하는 과정을 시연과 함께 설명할 필요가 있었다. 하

온라인 수업을 위한 교사대상 교육 연수
여러 선생님들이 저마다 자신의 온라인 수업 환경과 설비를 준비하여 개학에 대비했다. 그 덕분에 온라인 수업 교육 연수까지 성공적으로 마칠 수 있었다.

지만 줌의 경우 필자 또한 처음 사용해보는 것이다 보니 수차례 연습을 해보고, 선생님들에게 연수할 자료를 제작하는 데만도 많은 시간과 노력이 필요했다.

2월 말 방학이 끝나고 전체 교사 출근일에 교육 연수를 진행하기로 일정이 잡혔다. 주어진 시간은 2~3일 정도로 촉박했기에 연수 진행자라고 해서 모든 기능을 이해하고 연수자료를 만들어 모든 선생님들이 온라인 수업을 할 수 있는 준비가 되도록 교육하는 것은 상당히 부담스럽고, 솔직히 필자의 역량을 넘어서는 일이라고 생각했다. 하지만 우려했던 것과 달리 온라인 수업에 관심을 가지고 미리 여러 자료나 영상을 찾아보고 연습을 하고 온 선생님들이 상당히 많았고, 적극적으로 참여해준 덕분에 교육 연수는 성공적으로 마칠 수 있었다.

격주로 진행한 온라인 수업에서 나타난 문제

온라인 개학과 함께 1·2·3학년이 동시에 온라인 수업을 진행했다. 그러다가 4월 중순, 드디어 3학년부터 순차적 등교 수업이 이루어졌다. 대입 진학률이 높은 우리나라의 특성상 고3은 입시를 배제하고 생각하기 어렵다. 그만큼 아직 학교 교육에서 입시가 차지하는 비중이 매우 높은 만큼 사회적 합의를 통해 고3은 매일 등교 수업을 하고, 1·2학년이 격주로 번갈아 등교 수업을 하는 것으로 지침이 정해졌다.

그런데 막상 등교 수업이 결정되자 성가신 문제가 생겼다. 이미 1·2학년 각 교실에서 온라인 수업을 진행하고 있었기 때문에 등교 수업을 하게 되면 온라인 수업을 위해 교실에 세팅해놓은 노트북과 모니터를 치워야 했던 것이다. 즉 노트북과 모니터 그리고 케이블과 연결선을 분리하여 학년 교무실이나 정보처리실에 보관했다가 온라인 수업 주간이 되면 다시 각 교실마다 세팅을 하는 일이 반복되었다. 예컨대 금요일 일과가 끝나면 다음 주 등교 수업을 하는

1학년의 10개 반을 돌아다니며 노트북과 모니터, 연결 케이블을 수거하여 정보처리실에 가져다 놓은 다음, 2학년 10개 교실에는 온라인 수업이 가능하도록 다시 세팅을 해야 했던 것이다.

처음에는 이 번거로운 업무를 교육정보부 교사 2명이 도맡아서 했다. 하지만 정보처리실과 교실을 오가며 기기를 옮기는 데 너무 많은 시간이 걸렸고, 체력적으로도 힘이 들었다. 그래서 각 학년 담임선생님들의 도움을 구해 각 반에서 정보처리실로 노트북과 모니터를 가지고 오고 가는 일은 각 담임선생님들이 맡고, 교육정보부 교사 2명은 각 반을 돌며 기기와 연결 케이블이 잘 이어졌는지와 인터넷이 잘 되는지, 그리고 듀얼 모니터가 잘 작동되는지를 확인하는 것으로 업무분장이 정리되었다. 사실 번거롭기 짝이 없는 일이었지만, 항상 친절하게 잘 도와주신 담임선생님들께 이 기회를 빌어서 감사의 말씀을 드리고 싶다.

또한 생각보다 기기 관련 문제도 빈번했다. 솔직히 처음에는 새 노트북과 새로 구매한 연결 케이블을 사용하도록 했으니, 최소한 기기와 관련된 문제는 거의 발생하지 않을 거라고 예상했는데, 완전한 오산이었다. 무엇보다 주기적으로 케이블 연결을 반복하는 것이 문제였다. 온라인 수업 주간이 시작되면 노트북과 모니터에 연결 케이블을 꽂았다가 온라인 수업 주간이 끝나면 도로 연결 케이블을 빼는 일이 주기적으로 반복되다 보니 금세 HDMI-DVI 연결 케이블에 말썽이 생기기 시작했다. 심지어 새 노트북의 HDMI

포트와 USB 포트마저 빈번하게 손상되었다. 특히 HDMI-DVI 케이블의 경우 불량률이 높은지 사용한 지 몇 달 만에 듀얼 모니터 화면이 켜지지 않는 문제가 생겼고, 연결 케이블을 교체하거나 아예 모니터를 교체해야 했다. 다행히 처음 구매할 때부터 연결 케이블은 필요한 수량보다 넉넉하게 구매해두었고, 학교에 비치된 모니터도 30개 넘게 있어서 큰 문제는 아니었지만, 자주 발생하다 보니 은근 성가시고 스트레스를 받는 일이 되었다.

성공적인 온라인 수업의 첫걸음은 욕심 버리기

2020년 3월부터 지금까지 우리 학교는 실시간 쌍방향 온라인 수업을 나름 성공적으로 이어가고 있다. 특히 1학기에 실시간 쌍방향으로 수업을 한 의정부 지역 내 유일한 학교로 학생과 학부모님들의 만족도가 높고 긍정적인 평가를 받고 있다. 물론 여전히 부족한 부분도 많고, 이를 개선하기 위한 노력도 이루어져야 한다. 학생이나 교사들뿐만 아니라 필요하다면 학부모님들이 제안하는 다양한 의견에도 귀를 기울여 반영하려고 한다.

2학기에 접어들면서 이제 많은 학교들이 실시간 쌍방향 수업을 시작했다는 이야기가 들려온다. 비록 한 학기지만, 먼저 해본 입장에서 해주고 싶은 조언이라면 "너무 잘하려고 욕심을 내지 마라."는 것이다. 아무리 공들여 준비한 실시간 쌍방향 수업이라고 하더라도 올해 처음 시도된 것이나 마찬가지이다. 그러한 수업의 질이 작년까지 오랜 시간을 다듬어온 오프라인 수업과 같을 순 없다. 우선 수업 결손이 생기지 않도록 최소한의 선에서 할 수 있는 만큼만 하며, 새로운 수업 방식에 적응하고 익숙해지는 것이 필요하다. 처음부터 너무 거창하게 준비하고 잘하려고 하면 심리적인 부담만 가중될 뿐, 장기적인 안목으로 보면 투자한 노력과 수고가 길게 지속되기는 어려운 것이 현실이다. 따라서 너무 큰 욕심을 내기보다는 현재 자신이 가장 잘할 수 있는 최소한의 것부터 준비하고 보여준다면 실시간 쌍방향 온라인 수업도 금방 익숙해지고 양질의 수업을 만들어갈 수 있을 것이다.

아울러 학생과 학부모님께도 덧붙여 당부하고 싶은 말이 있다. 설사 지금은 불안하고 답답한 점이 많다고 하시더라도 모든 일은 첫술에 배부를 수는 없는 법이다. 코로나19와 함께 느닷없이 시작된 온라인 수업이 아닌가? 첫술에 만족스러운 수준의 수업이 만들어지기는 어렵다는 것을 사려해주시기 바란다. 앞으로 모든 학교에서 함께 성장하며 배움의 질을 높이는 최선의 수업들이 디자인되고 또 실천되기를 바라마지 않는다.

이제 다음 장부터는 본격적으로 교과별 온라인 수업 디자인 실천 사례들을 만나볼 것이다. 제대로 준비할 겨를도 없이 시작되었지만, 위기를 기회로 삼아 어떻게 해야 온라인 수업이 가진 특징들을 잘 활용해 최선의 과목별 수업을 해나갈 것인지에 대한 각 교과별 담당 교사들의 고뇌가 고스란히 드러나 있다. 아울러 진로와 연계한 온라인 창의적 체험활동에 관한 사례 및 온라인 진학지도 등도 함께 소개하였다. 이 책에 담긴 사례들이 온택트 시대 수업 디자인의 정답은 아닐 것이다. 실제로 수업을 담당한 교사들도 지속적인 수업성찰과 시행착오를 거치며 지금도 계속해서 수업을 보완해 나가는 중이다. 하지만 시행착오조차 경험의 일부이고, 이런 소중한 경험들이 쌓여 있는 생생한 기록인 만큼 독자들에게 분명 의미 있는 시사점을 줄 수 있을 것이다. 또한 이를 바탕으로 응용하고 발전시켜 자신만의 온라인 수업을 만들어가기를 바란다.

2장

어쩔 수 없이 시작된 온라인 수업. 낯설고 혼란스러웠지만, 과목의 특성상 학생들 간의 자유로운 토론이나 쓰기, 발표를 이끌어내는 것은 매우 중요했다. 처음에는 과연 온라인 수업으로 이러한 형태의 수업을 구현할 수 있을 것인지에 관해 회의적이었으나 다소의 시행착오를 경험하면서 온라인 수업 안에서도 이러한 과정을 아우를 수 있게 차근차근 수업을 만들어가는 중이다. 이에 이 장에서는 국어과 중에서 고전읽기를 중심으로 어떻게 온라인 수업을 디자인하고 실천했지에 관해 이야기하려고 한다. 저마다 다른 개성을 지닌 교사들이 만들어가는 수업이 천편일률적일 수는 없다. 아울러 특정한 수업 방식이 정답이라고 말할 수도 없을 것이다. 중요한 건 온라인이나 오프라인이냐의 형식적인 문제가 아닌 학생들이 교과에서 추구하는 교육 목표와 역량을 최대한 달성할 수 있게 돕는 데 있지 않을까? 여기에 소개한 내용은 실제 경험을 바탕으로 한 서술인 만큼 현장에서 관련 과목 교사들이 수업을 만들어가는 데 작게 나마 도움이 되기를 바란다.

국어과 고전읽기 온라인 수업

"토론, 쓰기, 발표가 살아나는 자발적 배움의 강화"

주요 사용 툴과 앱

#zoom: 화상회의(쌍방향 수업 진행. 인터뷰, 질문 방식 등 활용)

#EBS 온라인 클래스(배경지식 영상, 음성파일 등 활용. 각종 공지 사항 게시)

#유튜브 EBS 라디오 문학관(도서 음성파일 지원), 유튜브 영상 강의 활용

#네이버, 다음 등 인터넷 포털 사이트 정보 활용

#카카오톡 단톡방: 실시간 전달사항

01

누구나 할 수 있는
온라인 수업을 추구하며

불과 일 년 전, 아니 솔직히 코로나19 때문에 처음 개학이 연기될 때까지만 해도 이렇게 온라인 수업 중심으로 학생들과 계속 수업 하게 될 거라는 예상은 미처 하지 못했다. 하지만 온라인 개학 결 정과 함께 온라인 수업은 학교가 선택할 수 있는 여러 가지 선택 지 중 하나가 아닌 유일한 선택지가 되고 말았다. 피할 수 없다면 즐기라는 말도 있지 않은가. 누구도 반기지 않는 바이러스의 출현 과 함께 어쩔 수 없이 시작된 온라인 수업이지만, 상황을 피할 수 없는 만큼 교사로서 기꺼이 최선을 다하는 것이 마땅하다. 처음 든 생각은 무엇보다 어렵고 복잡해서는 안 된다는 점이었다. 나아 가 교과의 성격과 교과가 추구하는 목표를 최대한 효율적으로 달 성하기 위한 수업 디자인에 관한 고민이 이어졌다.

내가 할 수 있다면 모든 교사가 할 수 있다는 마음으로

필자가 담당하고 있는 '고전읽기'라는 과목의 특성상 책을 함께 읽고 다양한 방식의 토론, 쓰기, 발표 등의 수행평가를 진행해야 한다. 과연 온라인 수업에서 이러한 과정이 가능할까에 대한 고민부터 시작됐다. 우리 학교는 처음부터 모든 온라인 수업에 **줌(zoom)**을 활용한 **실시간 쌍방향 수업** 방식을 선택했다.

평소 컴퓨터와 스마트폰 등 하루 종일 함께하는 기기들조차 아주 기본적이고 자주 사용하는 꼭 필요한 기능만을 숙지한 수준이던 필자였다. 이런 필자의 눈앞에 펼쳐진 모든 것들이 처음 접한 신문물처럼 그저 낯설고 생소하기만 했다. 하지만 달리 생각하면 '내가 온라인 수업에 적응할 수 있다면 이것은 대다수의 교사들이 어려움 없이 온라인 수업 환경에 적응하지 않을까?' 하는 마음으로 나름의 의미를 부여해보며 온라인 수업, 그것도 실시간 화상 대면 수업의 대열에 합류하게 된 것이다.

시간이 제법 흘러 이제는 처음의 낯섦은 거의 사라졌다. 어느 정도 줌 환경에 적응하기도 했고, 나아가 슬슬 '구글 클래스룸' 등의 다른 플랫폼을 활용해보면 어떨까 하는 고민도 하게 되었다. 하지만 처음 줌 수업에 필요한 여러 기능을 숙지하며 실제 수업에서 마주했던 여러 당황스러운 기억을 떠올리면 여전히 묘한 긴장감에 사로잡히곤 한다.

쌍방향 수업에서 자신의 모습을 감춰버린 학생들

2학기 초반이 지난 현시점에서 줌 수업의 장점을 살릴 수 없게 만드는 학생들의 참여 형태가 여전히 논란거리이자 해결 과제로 남아 있다. 실제로 화면을 아예 켜지 않고 수업에 임하는 학생이 상당수이다. 예컨대 일부 학생들은 화면을 켜놓은 채 교묘하게 게임이나 유튜브 영상 등을 시청하기도 한다. 또한 너무 많은 학생들이 화면을 켜지 않은 채 수업에 임하다 보니 자기 홀로 화면에 등장하는 것이 부담스러워 막상 카메라를 켜놓고도 얼굴은 좀처럼 보여주지 않는 학생도 있다. 즉 화면만 켰을 뿐 자신의 모습은 카메라 시야에 담기지 않게 감추는 것이다. 이렇게 드문드문 꺼진 화면과 학생의 얼굴이 보이지 않는 텅 빈 화면을 마주하며 수업을 시작해야 할 때면, 맥이 빠질 수밖에 없다. 실시간 쌍방향 수업이라는 말을 쓰는 것조차 무색하게 느껴질 지경이다.

오롯이 교사 개인의 역량에만 의지하여 당근과 채찍을 번갈아 사용해가며 학생들의 모습이 화면에 등장하도록 독려하기란 솔직히 매우 힘든 일이다. 우리 학교의 경우 2학기 학교 전체적으로 출결과 화면 등장을 연동시키려는 고민과 이에 따르는 대책 및 세부 대안들이 여전히 진행형이다.

따라서 이후 제시한 수업기록은 적응하고 당황하며 익숙해졌지만, 여전히 고민되는 '온라인 줌 수업 적응기' 이상도 이하도 아닌

수업 중 군데군데 줌이 꺼진 화면
온라인 수업에서 화면에 얼굴을 보여주는 학생도 있지만, 카메라를 아예 꺼놓거나 다른 곳을
비추고 수업에 임하는 학생들도 적지 않다.

한 교사의 몸부림 정도로 봐주시면 되겠다. 다시 한 번 밝히지만,
필자가 '줌'을 활용한 쌍방향 온라인 수업을 나름대로 성과를 내며
진행한 것이라면 대다수 선생님들 역시 너무나도 당연하게 온라
인 수업 형태에 멋지게 적응해낼 수 있지 않을까 생각한다.

02

대면 수업의 내용을 최대한 담아낸 온라인 수업 디자인

온라인 수업이라고 하는 과거와는 다른 방식으로 수업을 진행하게 되었지만, 이제 와서 돌아보면 온라인 수업은 교실 대면 수업을 최대한 구현하는 방식으로 진행하면 되지 않나 생각한다. 처음 온라인 수업을 시작할 때는 기술적인 방식을 사용해 체계적이고 기술적으로 완벽한 수업을 해야하는 것이 아닌가 걱정하는 마음이 컸다. 하지만 한달 두달 실제 온라인 수업을 진행하면 할수록 실제 수업과 같이 자연스럽게 차시별로 적응력이 높아지게 되었다. 아래에서 두 가지 유형의 줌 수업 활용 사례를 수업 계획안 형식으로 제시해보고자 한다. 차시별로 학습 목표와 주제 등을 정리하였다. 계획안을 보면 알 수 있지만, 온라인 수업도 일반 대면 수업과 마찬가지로 진행상의 흐름은 동일하다. 수업에 앞서 학생들과 인사하고 배울 내용을 환기시키는 '도입' 부분과 본격적인 수업을 진행하는 '전개' 단계, 끝으로 차시를 마무리하고 다음 차시 수업을 예고하는 등의 시간인 '정리' 단계로 구분하였다. 각 단계별로 이루어져야 할 교수-학습 활동 및 유의사항에 대해서도 계획하였다.

다만 앞서 잠시 언급한 것처럼 계획서에 등장하는 '온라인 줌' 같은 단어를 제외하면 실제로 오프라인 수업 계획과 큰 차이를 파악하기 어려울 것이다. 실제 수업 진행을 함에 있어서도 그동안 대면 수업에서 다루었던 내용들을 최대한 반영하기 위해 노력하였다. 하지만 온라인이라고 하는 차별화된 환경에서의 상호작용 촉진이라든가 고전 수업에서 중요한 발표나 토론 등을 이끌어내기 위해 어떤 노력을 했는지에 대한 좀 더 구체적인 내용에 대해서는 바로 뒤이어서 설명할 것이다.

⦂ 수업 계획안 사례 1
고전의 의미 탐색과 고전에 담긴 시대와 문화 탐색

다음의 표에서 정리한 바와 같이 크게 도입부와 전개, 정리의 흐름으로 진행된 온라인 수업에서 학생들에게 '줌'을 활용하는 소통의 의미에 관해 전달하려고 애썼다. 이에 1차시에서는 주로 각자의 생각을 인터뷰 방식으로 나눠보자고 제안했고, 실제 인터뷰 활동을 진행하기에 앞서 인터뷰 영상을 시청했다. 그리고 앞으로의 수업에서 인터뷰 방식을 적극적으로 활용할 것이라는 점에 대해서도 충분히 고지하였다.

그리고 2차시 수업의 경우에는 고전소설 〈채봉감별곡〉을 바탕으로 단순한 책읽기에 머무는 것이 아니라, 소설 속 주요 사건을 학생 각자의 시점에서 바라보면서 생각을 확장해볼 수 있게 했다. 무엇보다 열린 질문을 활용함으로써 특정 사안에 대해 자유롭게 **자신의 생각**을 말해볼 수 있는 기회를 부여하였다. 자유롭게 의견을 발표하고 다른 친구의 의견을 경청하는 시간은 매우 중요하다. 발표를 통해 스스로의 생각을 한층 정리하고 발전시킬 뿐만 아니라, 타인의 의견에서 자신이 생각하지 못한 새로운 아이디어를 얻을 수도 있기 때문이다.

1차시			
단원명	1. 줌 수업 활용 안내 및 고전의 의미 탐색	교과서	51쪽
단원 학습 목표	• 고전의 의미를 이해한다. • 줌 수업 방식으로 인터뷰를 진행하는 것의 의의를 이해한다. • 줌 수업 환경으로 소통할 때 필요한 절차를 이해한다.		
학습 주제	온라인 줌 수업의 소통 방식과 고전의 의미		
차시 학습 목표	• 소크라테스의 변명 내용 이해 • 소크라테스의 삶 이해		

학습 과정	학습 내용	교수·학습 활동	자료	지도상의 유의점
도입 5분	• 줌을 통한 상호 소통 • 인터뷰 안내	• 학생들과 인사 • 모두 화면을 켜고 소리내어 소통할 수 있도록 유도 • 학생들과 인사를 나누며 줌 수업의 의미와 소통의 의미를 이야기하고 이에 대해 각자의 생각을 인터뷰 형식을 통해 나누어보자고 제안.		
전개 40분	• 인터뷰-1	• 실제 인터뷰 영상 시청 • 다음과 같은 주제들에 대해 학생 개개인의 의견을 묻는다. - 인터뷰의 의미 / 인터뷰의 대상은 - 인터뷰를 할 때의 기분, 감정/ - 인터뷰를 통해 얻을 수 있는 장점 및 단점	• 영상 자료	모든 학생들이 화면에 등장하도록 유도하고 이런 경험에서 느껴지는 감정을 잘 표현할 수 있도록 돕는다. 부담을 많이 느끼는 경우 천천히 적응할 수 있도록 기다린다(인터뷰 시간은 학생당 1분 내외).
	• 인터뷰-2	• 다음과 같은 주제들에 대해 학생 개개인의 의견을 묻는다. - 삶에 필요한 지혜의 유형/ 고전의 의미와 가치 - 고전 수업을 통해서 얻고 싶은 것/바라는 점 - 자유 발언		• 정답이 없는 질문이므로 솔직하고 부담 없이 답할 수 있도록 하고, 중간중간 교사가 사회자로서 피드백을 한다.
정리 (5분)	• 내용 정리 • 다음 차시 예고	• 줌 수업 상황에 필요한 하나의 방식으로서 인터뷰의 의미에 대해 정리 • 다음 차시에는 〈채봉감별곡〉에 대해 본격적으로 학습할 것임을 예고하며 인터뷰의 방식을 수시로 사용할 것을 언급		

2차시		
단원명	1. 고전에 담긴 시대와 문화	교과서
단원 학습 목표	• 고전이 쓰인 시대와 문화 등의 맥락을 고려하면서 고전의 지혜를 이해한다. • 채봉감별곡의 주요 사건의 맥락을 이해한다.	
학습 주제	고전소설 〈채봉감별곡〉	
차시 학습 목표	• 소크라테스의 변명 내용 이해 • 소크라테스의 삶 이해	

학습 과정	학습 내용	교수·학습 활동	자료	지도상의 유의점
도입 5분	• 줌을 통한 상호 소통 • 분할 화면 • 본시 안내	• 학생들과 인사 • 모두 화면을 켜고 소리내어 소통 할 수 있도록 유도		
전개 40분	• 내용 학습 • 질문·답변 • 인터뷰	• 현대판 '매관매직'과 관련된 뉴스 를 시청하고 '내가 취직이나 승진 을 대가로 금품 요구를 받았다면 어떻게 할지 혹은 어떤 감정을 느 낄지'질문한다. • 결혼 문제로 내외적을 갈등을 겪 는 사례 영상을 시청하고 '자신의 결혼 상대방에 대해 부모님이 반 대하는 경우 어떻게 할지 혹은 어 떤 감정을 느낄지' 질문한다.	• 영상 자료	• 정답이 없는 질 문이므로 솔직하 고 부담 없이 답 할 수 있도록 하 고 중간중간 교사 가 사회자로서 피 드백을 한다.

전개 40분	• 본문 화면 공유	• 〈채봉감별곡〉 앞부분 줄거리를 일별하고 학생들과 본문 내용을 함께 읽는다. • 각 구절의 배경, 인물의 심리, 미래 사건 예상 등을 수시로 질문하고 내용을 이어 간다.	• 교재 본문	• 교사가 본문을 먼저 읽고 학생들은 차례로 소리내어 본문을 읽는다. • 읽는 것에 그치는 것이 아니고 주요 질문 사항을 생각해 답변하도록 하며 '정답'이 없다는 것을 강조한다.
정리 (5분)	• 학습 내용 정리 • 다음 차시 예고	• 이번 차시에서 학습한 내용을 간단히 정리하도록 한다. • 다음 차시에는 본문 내용에 관한 간단한 영상을 시청하고 내용을 이어나갈 것임을 설명한다.		

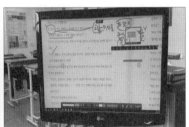

〈채봉감별곡〉 책읽기와 질문수업

온라인으로 함께 책을 읽고, 책속의 내용을 바탕으로 자신의 생각을 이야기하고, 자유롭게 질문하는 동안 한층 깊은 사고력을 발휘할 수 있기를 기대하였다.

수업 계획안 사례 2
시대를 초월한 고전의 가치 탐색

4차시 수업에서는 플라톤의 〈국가〉에 등장하는 '동굴의 비유'에 관해 다루었다. 또한 학생들이 '이데아'의 개념 이해를 돕기 위해 〈교실 이데아〉라는 가요를 활용하여 학생들에게 들려주고 가사를 잘 새길 수 있는 기회를 주었다. 학생들이 이데아에 대한 개념 정립이 어느 정도 이루어졌다고 판단된 후에 본격적으로 학생들과 함께 동굴의 비유 영상을 시청한 후에 역시 열린 질문과 인터

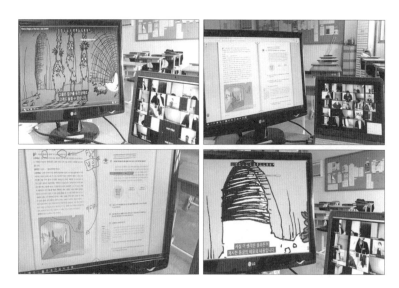

'동굴의 비유'에 관한 수업 장면들
동굴의 비유와 관련된 영상자료를 함께 시청하고, 학생들과 수업자료를 공유하였다. 함께 영상을 시청한 후에는 질문과 인터뷰하는 시간을 가졌다.

뷰로 수업을 이어갔다. '동굴의 비유'가 의미하는 것이 무엇인지 학생들이 다양하게 이해해볼 수 있도록 SF영화 〈매트릭스〉와 '동굴의 비유' 사이의 연관성도 탐색해보는 시간을 가졌다.

4차시			
단원명	2. 시대를 넘어선 고전의 가치	교과서	14쪽~18쪽
단원 학습 목표	• 플라톤의 〈국가〉 편에 등장하는 소크라테스와 글라우콘의 대화를 이해한다. • 이데아의 의미를 이해한다. • 동굴의 비유가 설명하는 상황에 대해 이해한다.		
학습 주제	플라톤, 〈국가〉 중 '동굴의 비유'		
차시 학습 목표	• 동굴의 비유가 의미하는 것을 다양하게 이해해본다. • 영화 '매트릭스'와 '동굴의 비유' 사이의 연관성을 탐색해본다.		

학습 과정	교사 준비	교수·학습 활동	자료	지도상의 유의점
도입 (5분)	• 줌 로그인 음향 비디오 켜기 • 분할 화면 • 본시 안내	• 플라톤이 이데아론을 설명하기 위해 '동굴의 비유'를 기획했다는 것을 알린다. • '교실 이데아'라는 곡을 들려주고 가사를 잘 새겨 듣도록(자막으로 보여줄 수도 있음) 한다.		• 최대한 화면을 켜고 상호 대면하며 대화할 수 있도록 독려한다.

전개 (40분)	• 내용 학습 • 인터뷰-1 • 본문 내용 　공유	• '교실 이데아'라는 제목에 대해 각자 '교실 ○○○' 형식으로 말해보도록 유도하며 인터뷰 형식으로 다수의 학생에게 의견을 묻는다. • 학생 나름대로 '이데아'에 대한 의미를 추측할 정도가 되었다면 교사의 의견을 제시하고 플라톤이 말한 '이데아'의 의미에 대해 간략히 설명한다. • 공유 화면을 통해 플라톤의 '국가' 편에 등장하는 소크라테스와 글라우콘의 대화를 보여주며 '동굴의 비유'를 이미지로 표현한 자료와 비교한다. • '동굴의 비유'에 나타난 내용을 설명하는 짧은 영상을 한 편 소개한다.	• 영상 　자료 • 교재 　본문	• 정답이 없는 질문이므로 솔직하고 부담 없이 답할 수 있도록 유도하고 중간중간 교사가 사회자로서 피드백을 한다.
정리 (5분)	• 학습 내용 　정리 • 다음 차시 　예고	• 이번 차시에서 학습한 내용을 간단히 정리하도록 한다. • 다음 차시에는 '동굴의 비유'의 본문을 살펴보면서 자신이 이 비유에 등장하는 '죄수'라면 각 단계에서 어떤 감정을 느끼고 무엇을 생각할지 인터뷰를 진행한다.		

03

발표와 토론이 살아나는 쌍방향 수업을 위한 방법들

우리 학교는 처음부터 쌍방향 온라인 수업을 전제로 하였다. 물론 교육과정을 충실히 다루어 전달하기 위한 영상 제작도 병행하기는 했지만, 모든 교과의 담당 교사들은 매 수업시간마다 줌에 접속하여 학생들과 인사를 나눈 후에 수업을 진행하는 것을 원칙으로 한다. 하지만 아무리 그래도 온라인 수업은 학생들을 대면 수업에 비해 학생들을 자발적으로 수업에 참여시키기가 상대적으로 훨씬 더 어렵다. 게다가 앞서도 줌 화면을 끄고 수업에 임하는 학생들도 상당수인 점과 이에 관한 고충을 이야기한 바 있다. 그만큼 학생들의 **자발적 참여**는 성공적 온라인 수업을 위해 더욱 중요해졌다. 특히나 국어과 고전읽기 수업을 단순히 책읽기나 일방적인 지식 전달로 한 학기 내내 이끌어간다면 의미 있는 배움이 일어날 리 만무하다. 따라서 어떻게 하면 학생들이 적극적으로 토론하고 발표에 참여하도록 유도할 것인지에 대한 고민이 컸다. 이에 개인적으로 나름 효과를 보았다고 생각하는 것들에 관해 독자들과 함께 공유하려고 한다. 무엇보다 줌 수업에서 누구나 쉽게 활용해볼 수 있으면서 효과 또한 강력하다고 생각한 것들이다.

● "온라인 수업에 생동감과 흥미를 불어넣다!"
줌 인 인터뷰

고전읽기 수행평가 가운데 고전작품을 읽고 느낀 점, 주요 부분의 설명, 삶과의 연관성 파악 등에 대해 정리하고 구술발표하는 과정이 있다. 이 과정에서 학생들이 경험하는 감정과 사고방식의 변화는 그저 단기적인 수행평가에 따른 결과라고 보기엔 놀라울 정도로 수행구술평가는 극적인 교육적 효과를 수반한다.

　수행구술평가의 이러한 사례는 온라인 수업 장면에서 일어나는 '인터뷰'가 가진 장점을 최대로 활용해야 하는 근거와 동력을 제공한다. '인터뷰'는 꼭 유명인사만 하는 것이 아니다. 그 주제가 어떤 것이든 삶에 대한 자신의 경험과 생각을 이야기해볼 기회를 얻는 순간, '나'는 그 사안에 관한 '인터뷰' 대상 혹은 주체가 될 수 있다. 학생들이 특정 주제에 대해 저마다의 느낌과 생각을 털어놓게 되는 상황에서 자연스레 접하게 되는 주체로서의 경험과 능동적으로 수업에 참여하고 있다는 의식 등은 해당 학생을 이전과는 다른 자기인식의 자리로 옮겨 놓을 수 있다.

실용적인 차원에서 보더라도 스마트폰 세대인 요즘 학생들의 흥미를 만족시켜준다는 측면에서 인터뷰 수업이 갖는 교육적 효과가 있다. 학기초, 화면에 얼굴이 드러나면 화면 너머 타인이 자신의 외모를 관찰하고 판단한다는 데 대한 막연한 두려움 때문에, 그리고 화면을 끈 상태에서 누릴 수 있는 편안함에 대한 유혹으로 80%에 가까운 학생들이 화면에 얼굴을 드러내지 않고 비디오를 끈 채 줌 수업에 참여했다. 혹은 화면이 보이지 않는다는 이유로 아예 수업 자체에 참여하지 않았던 학생들도 있었다. 그런데 많은 학생들이 2학기에는 학교 차원에서 출결석 처리를 비디오 화면 켜기와 연동시키면서 절반 이상의 비율로 교사와 줌 화면으로 소통하기 시작했다. 세수조차 하지 않고 잠옷 바람으로 수업에 임했던 1학기와 달리 출석 인정을 위해서 얼굴 공개 이전에 씻고 꾸미고 마음의 준비(?)까지 해야 하는 상황이 어쩌면 학생들에게는 낯설고 번거로웠을 것이다. 하지만 막상 자신에게 화면이 '줌인(zoom in)'되고 스스로의 생각과 느낌을 타인들에게 화면을 통해 알릴 수 있는 기회가 오자 학생들은 묘한 긴장감과 함께 흥분과 재미를 느끼며 이것을 표현하기 시작했다. 나아가 진로 희망을 방송 및 예능인으로 삼고 있는 학생들의 경우 한층 더 이러한 상황을 즐기며 적극적으로 참여하는 모습이었다.

이러한 경험은 발표 형식의 구술평가에 대한 자연스러운 훈련 과정이자 차후 면접과 실기 등의 자기표현 상황 및 각종 테스트에도 큰 도움이 될 것으로 보이며, 무엇보다 온라인 수업 상황에 생동감과 흥미를 불러일으켜 수업을 지루하지 않게 만드는 좋은 원동력으로 작용할 수 있다.

🔍 줌 인 인터뷰에 대한 성찰 ⌄

수업 초반 각자의 생각이나 느낌을 묻는 것으로 인터뷰를 시작했다. 학생들은 '부끄럽다', '불편하다', '감시받는 느낌이다', 심지어 '짜증난다' 등의 부정적 감정과 '다른 친구들이 보이니 같이 열심히 해야 될 것 같은 느낌이다', '묘한 기분인데 나쁘지 않다', '집중력이 올라간다' 등의 긍정적 감정을 표현하기도 했다. 그리고 긴장된다거나 흥분 상태가 조금 느껴진다는 식의 긍정도 부정도 아닌 듯 보이는 다양한 감정도 경험하고 표현했다.

교사가 먼저 자신의 경험과 감정을, 예를 들어 "화면에 여러분이 보이니 일단 반갑고 조금 긴장되기도 한다"는 정도로 표현하고 학생들도 편안하게 자신의 경험을 이야기할 수 있도록 돕는다. 이 과정에서 학생들은 부담스럽고 긴장되지만, 지루하지 않고 다소 흥분된 경험 혹은 고양된 느낌을 경험하고 나아가 인터뷰에 대한 거부감을 낮추는 효과도 기대할 수 있다.

물론 화상수업 진행 과정에서 자신의 얼굴이 공개되어야 한다는 사실에 대해 노골적으로 불평과 불만을 표출하는 경우도 있었다. 항상 그렇듯 수업의 목적과 형식의 기본적인 전제에 대해 부정적인 생각과 행동을 표출하는 학생들은 전혀 없을 순 없다. 그런 불만을 드러내는 학생들에게는 유연한 태도로 '그럴 수 있다, 하지만 온라인 수업도 수업의 일부이고, 줌 수업의 동력은 서로 간에 대화하고 소통하는 것에 있다'고 주지시키며 화상대면 환경이 긍정적으로 받아들이는 학생들의 참여를 독려한다면 수업 분위기를 적절하게 잡아 나갈 수 있을 것이다.

줌 인 인터뷰
화면에 얼굴을 보여주는 것에 다소 거부감을 가진 학생들에게 줌을 통해 서로 대화하고 소통하는 데 의미가 있다는 것을 받아들이게 하는 것은 중요하다.

● "집중력과 진솔한 감상의 도출"
함께 책읽기와 음성파일을 통한 책듣기

고전읽기 수업에서는 함께 책을 읽는 것이 중요하다. 이는 온라인 수업이라고 예외일 수 없다. 그런데 줌을 통해 공유된 교재의 특정 부분을 10~15분간 소리내어 읽도록 하는 활동은 온라인 수업에 생동감을 불어 넣었다. 아울러 수업은 곧 소통의 일환이라는 것을 학생들에게 새삼 일깨우는 데도 긍정적인 효과가 있다. 다만 단순히 출석 확인 차원에서, 또 수업에 집중시키기 위해 의무적·기계적으로 돌아가며 책을 읽는 것은 자칫 읽기를 통한 자기이해 효과를 반감시킬 수도 있다는 점을 기억할 필요가 있다.

이에 함께 읽는 과정에서 학생 하나하나를 줌인시키고 해당 구절을 자신의 삶과 관련하여 생각하고 답변하게 하는 활동을 보충적으로 수행해볼 수 있다. 소리를 내어 해당 구절을 읽어 나가는 상황을 지켜보며 구절에 대한 이해도가 어느 정도인지 살피는 것도 좋다. 예를 들어 문장의 의미와 맥락을 살피며 읽는지, 적극적으로 읽는지, 공감하며 읽는지 등을 관찰할 수 있다. 소리내어 책을 읽는 방식에 대한 다양한 논의가 있어왔고, 실제 수업을 진행하면서 수시로 장단점을 확인하고 있기 때문에 수시로 읽는 과정 혹은 방식을 보완하며 진행 중이다. 책읽기 수업과 관련한 줌 수업 과정에서 소리내어 읽는 과정은 반드시 필요하다고 생각하고 방식과 과정을 계속 수정 보완할 예정이다.[1]

음성파일을 통한 책듣기는 생각보다 학생들의 호응이 좋다. 모바일 환경에 익숙한 요즈음 청소년들에게 과연 '책 읽어주는 남자'(물론 전문 성우의 음성파일)가 통할지 솔직히 의문을 안고 시작했는데, 결과는 예상 밖이었다. 책을 낭독하는 20여 분의 시간 동안 대부분의 학생들이 집중해서 듣고 진지한 한줄 감상평을 기록했

---

1. 마이클 오피츠 외, 《돌려 읽기는 이제 그만! 독서능력을 신장시키는 음독 전략》(윤준채 외 옮김), 사회평론아카데미, 2018. 참조

다. 주인공, 사건, 갈등관계, 인상적인 부분 등에 대한 각자의 솔직한 느낌들을 한줄 감상평에 담아낸 것이다. 오히려 오프라인에서 책을 읽히고 감상문을 쓰는 경우보다 훨씬 더 책 내용에 집중하는 것 같았다. 필자 역시 책을 '듣는' 경험의 의미를 온라인 수업을 통해서 새롭게 인식하게 되었다. 책은 보는 것이지 듣는 것이 아니라고 생각해왔는데, 막상 눈을 감고 책의 내용을 듣게 되는 순간 온갖 이미지들이 떠오르고 연관된 상황에 대한 상상력이 한층 더 자극되는 것을 경험했다.

> ## 🔍 함께 책읽기와 음성파일에 대한 성찰　　⌄
>
> 오늘 수업에서 함께 읽고 싶은 부분을 사전에 체크하고 해당 부분의 앞뒤 부분의 맥락 혹은 줄거리를 10분이 넘지 않게 강의식 설명을 진행하였다. 수업을 진행할 때 다루고자 하는 내용의 너무 구체적 부분까지 세세히 전달하려고 욕심을 낼수록 학생들은 쉽게 지루해한다. 그러면 이후 함께 책을 읽는 과정 역시 힘을 잃고 만다. 많은 행간과 궁금증이 생기는 것을 당연하게 받아들이고, 함께 책을 읽으면서 그 행간을 채우면 된다. 지정된 부분을 줌 화면에 공유하고 되도록 많은 학생들이 차례로 본문 내용을 소리내어 읽도록 했다. 강조하고 싶은 부분 혹은 깊이 생각해야 할 부분이 있으면 윤독을 잠시 멈추고 인터뷰를 진행한다는 기분으로 질문과 답변 시간을 가졌다. 멈추고 인터뷰하는 부분과 횟수는 사전에 계획한다.
>
> 화면에 얼굴이 드러나는 것을 꺼리는 학생들도 수업 과정의 일환으로 책을 읽는 차례가 오면 무조건 화면을 켜 소리내어 읽도록 했는데, 이

책읽기 음성파일을 활용한 수업

다같이 책읽기 음성파일을 들을 때는 화면이 꺼져 있는 상태가 집중하는 데 더 낫
다. 오롯이 소리에만 귀를 기울일 수 있기 때문이다. 다만 음성파일을 듣고 난 후
에는 다시 화면을 켜고 질문과 답변 시간을 가졌다.

과정에서 단순하지만 참여하는 수업, 간단하지만 자신을 표현하는 활동
에 대한 공감을 느끼는 학생들이 있었다.

약간의 시간(5분)을 주고 묵독한 뒤 감상을 공유하는 것도 함께 읽기 과
정으로 유용했다. 인상적인 부분, 기억나는 단어, 개인적인 느낌 등을
인터뷰 방식을 활용해 발표하도록 하면 책을 활용한 수업에서 필수적인
책읽기라는 목표가 일정 부분 달성된다고 보인다.

음성파일을 통한 책듣기는 화면에 얼굴이 보이는 것이 오히려 집중에
방해가 되는 경우에 해당되므로 잠시 비디오 끄기를 실행하도록 하고
15~20분간 오롯이 책 '듣기'에만 집중하도록 했다.

"의미 있는 다양한 질의응답을 이끌어내다"
질문초점수업

앞서 '줌 인(zoom in)' 인터뷰 활동을 통해 학생 스스로 주체적 인식의 자리에 서게 할 수 있다고 밝혔다. 이 과정에서 소크라테스가 활용했던 질문의 방식을 수시로 활용하는 것이 도움이 된다. 예를 들어 《채봉감별곡》과 같은 우리 고전 작품의 줄거리를 제시한 후에 주요 사건에 관해 질문을 던져보는 것이다.

- 내가 만약 채봉이라면…

  부모님이 강요하는 결혼에 대해 어떻게 느낄까?

  사랑하는 사람을 제쳐두고 결혼할 것인가? 등등

이처럼 먼저 주인공의 관점에서 그가 느끼는 정서에 대해 충분히 공감하게 하고 나서, 주인공을 어려운 상황에 처하도록 만든 반동 인물들의 생각과 행동에 대해 생각해보게 하는 것이다. 그러고 나서 또다시 질문을 던진다. 이번에는 주제와 관련된 추상적 개념을 담은 질문들이다. 예컨대 다음과 같은 것들이다.

조선시대 부모들의 결혼에 대한 관념을 평가해본다면?

결혼이란 문제는 인생에서 어떤 의미를 지니나? 등등

이처럼 시대적 가치관과 인간 존재의 기본적인 조건에 관한 질문으로 심화할 수도 있겠다. 기본적인 질문들부터 좀 더 생각해야 답변할 수 있는 심화된 주제를 다루는 질문까지 단계적으로 진행될 때 질의응답 활동의 한층 높은 효과를 기대할 수 있다. 다양하고 의미 있는 질문을 준비하는 과정에서 전국국어교사모임의 '질문초점수업'에 대해 알게 되었고, 현재 온오프라인 수업에 적용하기 위해 노력 중이다.

🔍 질문초점수업에 관한 성찰 ⌄

"내가 주인공이라면 매관매직의 수단으로 자신의 결혼을 이용한 아버지를 어떻게 생각할까?"라는 질문에 대해서 "미쳤다고 생각한다"는 매우 솔직하고 적극적인 답변을 내놓은 학생이 있었다. 배경이 보수적인 18세기 조선시대이고, 당시 아버지의 권위가 어땠을지도 고려해보라는 교사의 말을 듣고 "그래도 이해가 안 가는 것은 마찬가지이지만, 주인공이 얼마나 힘들었을지 생각해보게 된다"는 답변이 돌아왔다. 대체로 "그런 상황은 생각해보지 않았지만 힘들 것 같다"는 정도의 답변이 많았고, 좀 더 적극적인 학생은 "차라리 집을 나가버릴 것 같다"고도 이야기했다. 이렇게 다른 학생이 이야기한 것에 대해 꼬리를 무는 식으로 질문을 이어나가는 질문 활동을 통해서 줌 수업의 소통적 기능을 달성할 수 있었다. 기본적으로 화면을 커고 '줌 인'하여 서로 대화하는 비율이 높을수록 줌 수업은 실제 교실 수업 환경 못지않은 소통의 장으로 거듭날 수 있다고 생각한다.

처음 질문을 던질 때는 가볍고 길게 생각하지 않아도 느낌만으로 답할 수 있는 것부터 시작하는 것이 좋겠다. 예컨대 플라톤의 '동굴의 비유'에서 생애 처음으로 동굴 밖을 나간 사람이 빛과 사물을 접했을 때를 상상해보고 느낌과 생각을 물어보기도 했다. 학생들은 "무섭고 당황스러울 것 같다", "기절할 수도 있다", "뭔가 시원할 것 같다", "현실로부터 도피하고 싶을 것 같다", "허무한 느낌이 들 것 같다", "믿기지 않을 것이다" 등등과 같은 다양한 답변들을 내놓았다. 아예 "동굴 밖으로 나가지 않을 것이다"라고 말해서 동굴에서 평생을 적응한 사람의 마음을 공감하고 있음을 알린 학생도 있었다. 이어서 동굴 밖의 현실에 적응한 사람이 다시 돌아와 자신이 보고 들은 것을 여전히 동굴 안에 있는 동료나 가족들에게 이야기했을 때, 너라면 어떤 생각을 했을 것 같으냐는 질문에는 '믿지 않는다', '화를 낼 것 같다', '말도 안 된다고 생각했다' 등 교사가 예상했던 반응들을 확인할 수 있었다.

학습하고자 하는 본문 내용에 대한 공감이 중요히다고 판단되는 수업에서는 수시로 질문을 사용하고 피드백을 준 뒤 곧이어 동영상 자료(유튜브) 등으로 내용을 바로 확인하니 한층 더 생동감 있는 줌 수업을 전개할 수 있었다.

줌수업에서 질문에 대한 다양한 의견을 내놓고 있는 학생들의 모습

친구의 의견에 꼬리에 꼬리를 물고 자신의 의견을 낼 수 있는 분위기를 만들자 현장 수업 못지않게 소통이 살아나는 것을 확인할 수 있었다. 단지 얼굴을 확인하는 것이 아니라 줌을 통해서도 오프라인 못지않은 소통을 이끌어낼 수도 있을 것이라는 생각이 들었다.

。 '보고 또 볼 수 있는 교육과정 콘텐츠'
온라인 클래스 활용

지필고사에 대비할 수 있도록 온라인 수업에서 화면을 공유하고 설명했던 본문 내용과 해설은 파일 형태로 온라인 클래스의 공지사항에 업로드했다. 복습용으로 학기말에 한 번씩 훑어봐도 좋다.

일부 고전에 대해서는 영상 안내자료도 탑재하여 줌 수업에 미처 참여하지 못한 학생들이 내용을 일별할 수 있도록 했다. 가끔 수업이 설명으로만 흐르지 않도록 영상자료를 활용하는 것도 좋다. 때때로 모 방송사의 인기 프로그램을 활용하며 중간중간 설명을 덧붙이기도 했고, 한줄 감상평 남기기 활동도 진행하기도 했다. 전체적인 수업 비중을 살펴볼 때, 줌 수업을 80% 온라인 클래스 영상 활용 수업을 20% 정도로 진행했던 것 같다. 수행평가에서 반드시 읽어야 하는 고전목록 30선을 선정하고 온라인 클래스 공지사항에 올린 뒤 이것을 줌 수업에서도 수시로 공유했다.

온라인 클래스 공지사항
수행평가에서 꼭 읽어야 할 고전목록은 온라인 클래스 공지사항에 올려놓고 학생들과 공유하였다.

철학 고전 가운데 플라톤의 대화편 〈국가〉에 대한 수업에서 영상자료를 활용한 사례를 제시해보려 한다. '플라톤의 동굴의 비유'에 대한 안내 동영상을 활용하기 위해 우선 플라톤의 '이데아론'의 의미를 생활 속에서 생각해볼 수 있게 서태지와 아이들의 〈교실 이데아〉 유튜브 영상 및 가사를 들려주었다. 가사를 들어본 뒤 왜 제목을 교실 '이데아'로 붙였을까에 대해 인터뷰 형식으로 질문과 답변을 진행했는데, 학생들은 '교실에 대해 **생각**을 해보라고', '교육에 대한 **관념**', '교육을 **비판**한 것' 등 제법 그럴싸한 생각들을 표현했다.

발표에 이어서 동굴의 비유에 대한 본문 내용을 함께 짧게 읽어가며(10분) 내용에 대한 간단한 해설 및 해석을 진행했고, 영상으로 이해를 도울 수 있는 동굴의 비유 애니메이션 유튜브 영상을 공유했다. 줌 화면을 공유하는 영상매체 활용 수업은 일반적인 교실 수업에서의 영상매체 활용 상황에 비해 다양한 종류의 자료들을 순발력 있게 활용하고 내용과 연결 짓기에 좋았다. 초반 수업에서 계획에 넣지 못했던 자료들도 각 수업의 1, 2차시 진행 상황을 보고 추가하게 된 경우가 많았으며, 이렇게 실제 수업을 통해 추가한 자료가 초반에 기획 단계에서 생각한 자료에 비해 그 호응도와 활용도가 좀 더 높았다.

다음 차시에서 영화 〈매트릭스〉의 한 부분을 보여주며(15분), 영화적 상징과 동굴의 비유 사이의 관련성이 무엇일지 각자 생각해보도록 시간을 주고(5분), 역시 인터뷰 형식으로 질문과 답변을 진행한 뒤 전체적인 피드백과 함께 마무리했다. 도입 차시에서 학생들이 영화에 대한 궁금증을 표현하는 경우 미리 일부 장면을 시청하기도 했다.

온라인 수업에서는 교실 수업 환경보다 다양한 영상, 음악, 자료 등을 손쉽게 활용할 수 있었다. 따라서 이를 줌 수업을 통해 공유하다 보니 자연스럽게 영상매체 활용도가 높아졌고 나아가 보다 더 다양하고 전문적인 방식으로 매체를 활용할 수 있을까에 대한 고민이 생겨 매체 연구 수업(전국모 참고)에 대한 개인적인 탐구로도 연결되었다. 결국 줌 수업은 실제 수업을 쌓아가면서 조금씩 발전할 수밖에 없다.

수업에서 공유한 영상 자료들

온라인 수업에서는 교실 수업에서보다 한층 다양한 영상, 음악 등의 자료를 활용함으로써 수업에 활기를 불어넣을 수 있다. 개인적으로도 영상매체들을 수업에 한층 더 다양한 방식으로 활용하는 방안을 고민하고 있다.

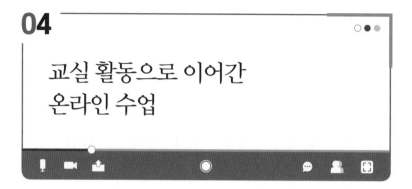

04

교실 활동으로 이어간
온라인 수업

대부분의 학교들이 온라인 개학 이후 초반에는 온라인 수업으로만 진행하다가 1·2학년의 등교 수업을 격주로 진행해왔을 것이다. 이와 함께 온라인 수업과 교실 수업 간의 연결성 문제가 또 하나의 해결 과제로 다가왔다.

° 온라인 수업의 생동감이 교실 수업으로 이어지다

등교 수업이 시작되자 줌 수업 때 다루었던 주제와 관련된 과제를 제시하고 각자 활동지를 작성해보는 시간을 갖기도 했고, 이를 바탕으로 한 피드백과 발표를 진행하기도 했다. 또한 줌으로 진행했던 설명 부분을 다시 판서를 활용하여 강의했고, 이에 대해 질문과 답변 시간을 가졌다.

그런데 고전읽기 과목에서 진행하는 수행평가로 인해, 등교 수업의 절반 이상을 책을 읽고 감상문을 쓰거나 이에 대한 구술평가를 진행하는 등 평가 시간으로 활용해야 했다. 그리고 이러한 상황은 2학기 들어서 크게 달라지지 않았고, 등교 수업일수를 보았을 때 수행평가와 활동 수업 중심으로 채워질 것이 예상되었다.

1학기의 예를 들면, 안타깝게도 시간이 지날수록 온라인 수업을 제대로 챙겨 듣지 않는 학생의 수가 늘어났다. 과목의 특성상 3단계 평가만을 기록하고 등급화된 성적이 나오지 않기 때문에 '과세특(과목별 세부정보 및 특기사항)'에 관심이 없거나 자신에게 필요한 과목이 아니라고 여긴 학생들의 이탈률이 조금씩 늘어난 것이다. 이러한 문제를 해결하기 위해 2학기 들어 출결 규정에 대한 학교 자체의 방침을 강화하고, 줌 수업에서의 적극적인 참여 태도를 생활기록부에 기록하겠다는 공지를 한 이후부터 조금씩 온라인 수업의 생생함이 다시 살아나는 중이다.

온라인 수업과 등교 수업이 함께 이루어지고 있는 상황에서 온라인 수업 분위기가 학생들의 적극적인 참여로 생동감이 넘칠수록 이것이 고스란히 교실 수업으로 이어지는 경향이 있다. 즉 온라인 수업의 생생함이 살아날 때, 현장 수업도 한층 연속성 있게 진행할 수 있다는 뜻이다.

생동감 넘치는 온라인 수업을 만들어가는 데 '줌'은 크게 기여할 수 있다. 단순히 얼굴을 보여주는 기능을 넘어 학생들로 하여금 실제 교실에 앉아 있는 것 같은 현장감을 느끼게 해주면서 자연스럽게 자신의 얼굴과 함께 생각과 의견을 표현하는 수단으로서 활용된다면 얼마든지 질문과 배움이 살아 있는 온라인 수업을 만들어갈 수 있을 것이다.

교실 수업이 살아 있는 학급이 온라인 소통도 잘된다

앞서 말한 내용과 같은 내용이지만 우선순위만 바꿔보았다. 그러나 이것은 매우 현실적인 분석이기도 하기 때문에 교실 수업의 활력이 살아나는 학급은 이후 온라인 줌 수업에서도 좀 더 생동감 있게 수업을 진행할 수 있다는 이야기가 된다.

물론 교사의 갖은 노력과 별개로 온라인 줌 수업의 여러 방식이 좀처럼 통하지 않는 학급도 있다. 교사라면 누구나 공감하겠지만, 학기 초 여러 반의 수업을 하다 보면 1~2주만 지나도 각 학급의 수업 분위기가 대강 파악되기 마련이다. 그리고 그러한 분위기는 대체로 한 학기 내내 유지되는 경우가 많다. 인터뷰, 질문, 책 읽고 소통하기 등의 방식이 어느 정도 잘 통하면서 수업이 원활하게 진행되는 학급이 있는 반면, 이보다 배 이상의 노력을 기울여도 기존 방식조차 제대로 적용되기 어려운 학급이 반드시 있다. 이럴 때 필자는 마음을 좀 내려놓고 오히려 이것을 역으로 이용해보면 어떨까 생각해보았다. 다시 말해 온라인 수업에서 면학 분위기가 잘 살아나지 않는다는 사실을 인정하면서 온라인상에서 할 수 있는 내용 설명 및 자료 활용을 중심으로 수업을 진행하는 것이다. 이렇게 온라인 수업에서 내용 전달에 대한 부담을 좀 덜고 나면 등교 후 대면 수업에서 좀 더 소통을 위주로 전개되는 수업을 진행해볼 여력이 생긴다. 예컨대 다른 학급에 비해 좀 더 많은 질문을 던지고, 학생들이 주체가 되는 표현 및 발표 활동 등에 주력하면서 이 반의 '체질'을 조금씩 개선해 나가는 것이다.

이와 같은 수업 방식, 즉 교실 면학 분위기를 살림으로써 온라인 줌 수업의 소통력을 함께 키워가는 노력은 지금도 계속 진행 중이다. 다만 아쉽게도 모든 학급에서 동일한 효과를 거두고 있는 것은 아니다. 효과가 두드러진 몇 개 학급이 있고, 변화를 설명하기가 애매모호한 반도 있는 것이 사실이다. 하지만 가장 현실적인 방식이면서 등교 수업의 본질을 구현하는 노력이라는 나름의 확신을 가지고 있기 때문에 꾸준히 진행해가면서 변화의 양상과 결과 등을 계속 지켜볼 생각이다.

욕심을 버릴수록
채워지는 수업

온라인 수업이 '진도'에만 얽매이면 답답하고 지루해질 수밖에 없다. 좀 실수해도 괜찮고, 실패해도 괜찮다! 그런데 막상 온라인 수업을 하다 보면 이런저런 답답한 상황과 마주하게 된다. 예컨대 반응은 느리고 화면을 아예 켜지 않는 학생이 부지기수인데 진도 나갈 시간은 부족하고… 하지만 이러한 상황에 잘 대처해내지 못했다고 해서 '교사로서 능력이 없다'거나 혹은 '직업과 생계로서의 교사 직분을 제대로 수행할 수 없다'는 등 자책하거나 너무 부정적으로 생각하지 않았으면 좋겠다. 좀 더 상황을 긍정적으로 바라보는 한편, 다만 그동안 해왔던 수업을 그저 화면을 보면서 한다고 조금 편하게 생각하면 어떨까?

한 차시의 줌 수업에서 전하고자 하는 목표는 가급적 최소화하면 좋겠다. 필자 역시 초반에는 욕심만 너무 앞선 나머지 이것저것 다양한 주제를 한 차시의 수업에 담아보고 싶었다. 그런데 50분 수업에서 주제를 다양히 전달하려고 하면 할수록 수업만 쓸데없이 번잡해지고 산만해질 뿐이었다. 수업 주제와 관련된 영상을 활용한 뒤, 각자의 느낌을 인터뷰 형식으로 진행하면 벌써 20~30분이 훌쩍 지나가고 만다. 이어서 마무리 영상을 활용하거나 교사의 설명으로 내용을 정리하고 출석을 확인하면 어느덧 수업을 마칠 시간이다. 어쩔 수 없이 '진도를 빼야' 하는 수업에서는 줌 화면에 공유된 본문을 함께 읽고 질문과 답변 시간이라도 갖기 위해 노력하고 있다. 교실 수업에서도 마찬가지이지만, 한 번의 수업에서 하나의 주제를 다룰 수 있다면 수업 환경이 한층 여유로워진다. 교사의 여유는 학생에게도 고스란히 전해지기 마련이다. 줌을 활용해 온라인 수업이 대면 상황에서 학생들과 소통할 수 있는 장점을 최대한 이끌어낼 수 있게 된다. 끝으로 필자가 항상 수업의 본질적인 형식에 대해 고민해왔던 주제를 하나 생각해보고 마치려고 한다.

▶ 수업의 목적은 생존을 위한 것인가?

생존을 위한 수업에 대해 생각하면 사회 심리학자인 에리히 프롬이 《소유냐 존재냐(To Have or to Be)》라는 저서에서 밝힌 교육적 관점을 떠올리게 된다. 프롬은 삶을 대하는 두 가지 중요한 태도로 소유 형식과 존재 형식을 말하는데, 여기서 소유형 학습과 존재형 학습을 구별한다.

소유형 학습은 "기억력과 필기 노트에 절대적으로 의존하며 새로운 것을 생산하거나 창조할 필요성을 느끼지 않는 것"이 특징이며, 이런 유형의 학습자는 배우지 않은 것에 대해 스스로 생각하거나 결정해야 할 상황에서 불안을 느끼기 쉽다고 말한다. 반면 **존재형 학습자**는 배우는 내용에 대해 "어휘나 관념을 담는 수동적인 그릇"이 되기보다 "능동적으로 생각하고 주체적으로 판단 및 적용하는 모습"을 보인다.

수업의 환경이 온라인으로 변화되었다고 해서 수업의 본질이 바뀐 것은 아니라면 온라인 수업 역시 **학생들을 삶의 주인공으로 '존재'할 수 있도록 도울 수 있다면 좋겠다.** 온라인 수업이 정보를 제공하는 것에만 주안점을 두거나 지필고사 대비 진도량에 쫓기는 방식으로 진행되다 보면 점점 학생들과의 소통에 소홀해지고 교사 자신도 수업에 흥미를 잃기 쉽다고 느꼈다. 따라서 온라인 줌 수업도 교실 수업과 마찬가지로 교사와 학생이 인간적으로 소통하고 **인간으로 '존재'**할 수 있도록 수업의 분위기와 내용을 설계하면 좋겠다. 교사가 자신의 시간표에 배정된 수업을 완료한 뒤 할 일은 다했다고 보여주기 위한 것이거나 학생들에게 교과서 '진도'를 바삐 빼야 하는 수단으로써 온라인 수업 형식이 정착된다면 코로나로 인해 어쩔 수 없이 현실이 되어버린 온라인 수업 때문에 그동안 어렵게 쌓아온 대면 수업의 많은 장점들이 퇴색되지 않을까.

지금까지의 수업을 돌아보면 수업 준비와 수업 과정을 통해 나 스스로의 삶을 돌아보게 되고 성찰하게 될 때 보람을 느낀 경우가 많았다. 그러니 수업이 정말 **즐거워지려면** 나와 학생이 모두 하나의 인간으로서 살고 있다는 경험, 즉 **'존재'하고 있다는 경험**이 필요하지 않을까?

우리는 누구나 행복하고 싶다. 교사로서도 인간으로서도. 잘 살기 위해서 그리고 인간으로 존재하는 것의 진정한 의미를 알기 위해서 내 삶의 많은 시간을 차지하는 교실과 수업은 행복해야 한다. 코로나로 만남이 단절된 지금은 화면 너머 있는 학생들과의 만남이 행복해야 한다. 학습 및 수업의 과정은 타자와 내가 직접 만나 소통하는 것이지만, 더 깊이 생각해보면 의식 혹은 마음의 수준에서 만나 상호작용하는 것이 아닐런지. 그렇다면 '줌 인'하는 과정은 결국 마음으로 온라인을 넘어 타인들의 의식과 감각에 접속하는 것이다. 이것은 실제로 소통하는 것과 크게 다를 것이 없다. 교실 수업도 마음과 마음이 만나야 비로소 소통하는 것이라면 온라인 줌 수업도 **공간을 넘어 마음과 마음이 만나야 소통할 수 있다**는 사실에는 변함이 없는 것일테니.

▶ 서로 다른 존재가 만나 함께 소통하는 수업이 되도록

차라리 '온라인'이니 '줌'이니 하는 개념들을 아예 머릿속에서 지워버리는 것도 좋지 않을까? '나도 했으니 모두 할 수 있다'는 마음으로 글을 쓰고 있는 필자에게 요즘 들어 더 이상 기술적인 요구보다는 어찌하면 실제 수업 현장과 같은 마음가짐과 행동으로 수업에 임할지가 점점 더 중요하게 고려되고 있다. 어떻게 하면 더 생동감 넘치게, 실제 수업 상황에서 학생들의 눈을 바라보며 발랄하게 생동감 있게 온라인 수업을 진행할 수 있을까?

그러니 온라인 수업이 기술적으로는 또는 진행상으로는 실패와 실수의 경험만으로 기억된다고 해도 아무 문제가 없을 것 같다. 다만 수업에서 나와 학생이 모두 인간으로 '존재'하고 감각적인 차원을 넘어, **존재로서 서로 만나 '소통'하는 현장**이 된다면 그것이 온라인이든 교실이든 간에 문제될 것은 전혀 없다.

'실수해도 괜찮아! 잘하고 있어!' 이런 메시지를 나와 여러분과 학생들 모두에게 전해드리고 싶다. 전염병이 아무리 우리를 갈라놓아도, 마음만은 갈라놓을 수 없으니 예전처럼 만나고 소통하면 그만이다. 온라인으로 서로의 마음을 전하면서 말이다.

3장

과연 온라인으로 학교 수업이 가능할까? 가장 큰 문제이자 장애물은 과도하게 많은 수업시간이다. 아침 8시에서 9시에 시작하는 수업은, 오후 4시에서 5시 사이까지 아이들을 하루 종일 학교에 잡아둔다. 아이들에게 학교가 마치 감옥처럼 느껴지는 이유이기도 하다. 그런데 중 고교 모두, 주당 30시간 이상의 정규수업시간을 온라인으로 충당한다고? 아이들이 그 시간 내내 모니터를 바라보며 견딜 수 있다고? 혹은 그것이 출석관리가 된다고? 바이러스의 창궐과 함께 찾아온 예측할 수 없는 변화는 모두에게 닥친 상태이고, 지금에 와서 코로나 말고 어느 누구도 탓할 순 없는 노릇이다. 다만 준비된 교사, 준비된 학생, 준비된 학부모들에겐 다행히도 기회의 시간이기도 하다. 준비된 사람은 차분히 대비할 수 있고, 준비되지 않은 사람은 도움을 받아야 한다. 영어 교과의 수업사례에서는 교사들의 협력수업과 수업 재구성의 경험이 코로나 온라인 수업에 대응하는 과정, 그리고 학생들이 코로나에 대응하는 과정을 지켜보며 어떻게 교사들이 그에 맞추어 함께 수업의 방식을 지속적으로 개선해 나가고, 그를 통해 영어 교과의 본질에 다가가려 하였는지를 나누고자 한다.

영어과
온라인 수업

• • • •

"온라인 모둠활동으로 말문과 관계 함께 열어가기"

주요 사용 툴과 앱

#아이패드 프로 3세대

#삼성갤럭시탭s6 : 수업영상 녹화

#플랫폼: EBS 온라인 클래스 / 구글 클래스룸 병행

#카카오톡 수업 단톡방: 실시간 전달사항

#구글 웹설문지 : 실시간 과제 및 영작 등 첨삭지도

#zoom: 화상회의

#Icannote: 필기프로그램

#bamboo 타블렛 : 수업필기

#아이캔노트: 판서 기능 활용

01

교사들 간 긴밀한 협조로 함께 세운 코로나 극복의 사다리

2019년 2월의 어느 주말이었다. 동학년 영어과를 함께 맡게 된 필자들은 각자의 집, 그 중간쯤 위치한 분식집에서 만나 돈가스와 떡볶이를 나누어 먹으며 수업에 대한 협의를 시작했다.

"수행평가는 어떻게 하죠?"

"내가 생각을 해봤는데, 우리가 각자 하고 싶은 건 많잖아. 그러니까 수행을 하나씩은 각자 하고 싶은 걸 하고, 그 교육과정 자료는 서로 다 공유하는 건 어때요?"

"아, 좋다! 그렇게 하죠. 각자 수업 하고 싶은 거 하면서 수행 연관 활동지는 똑같이 뽑아서 드리면 되겠군요."

"네네, 그러죠."

필자들은 벌써 여러 해 동안 영어 교과를 아이들에게 좀 더 효과적으로 가르치기 위한 고민을 각자, 또 함께해온 사이다. 학교의 모든 영어 교사가 교과교실을 쓰진 못하기 때문에 한쪽은 큰 바구니에 사인펜과 색연필, B4용지를. 다른 한쪽은 아이들 전체에게 수업노트를 받아서 첨삭을 하고, OHP 필름에 수업 내용을 인쇄하여 프로젝트를 들고 다니며 수업하는 것이 여느 해와 마찬가지로 그해 우리의 일상이었다.

그런데 고작 일 년 후, 코로나의 대유행으로 인해 개학이 미루어지며 급기야 온라인 개학이 결정되었다. 급작스럽게 찾아온 비상사태는 우리의 협업이 효과를 발휘하고 있다는 사실을 새삼 느끼게 해주었다. 고등학교 1학년 영어 수업을 여러 번 함께 하며 각자의 영어 수업 방식을 어느 정도 이해하고 있었고, 지난해에는 둘이서 각자 5학급씩을 맡아 1년 전체의 교육과정을 설계하고, 수행평가와 지필평가를 함께 치렀다.

우리의 장점은 각자의 확고한 주관, 그리고 자신의 주관 바깥에 존재하는 영역에 대해서는 서로의 영역을 완전히 존중하는 데 있다. 그만큼 서로의 생각과 관심 분야도 달라서, 개학이 미뤄진 한 달 동안 각자가 코로나에 대응할 방법을 생각했고, 다시 만난 자리에서는 금세 서로의 아이디어를 풀어내며, 앞으로 우리가 만들어갈 수업의 퍼즐을 맞출 수 있었다.

교사 각자가 생각해온 수업에 관한 고민은 다음과 같다.

고민 하나,
#모둠수업 #상호작용 #합리적 온라인 교육과정 설계

> "어떤 학교 교감샘이 선생님들한테 수업영상 찍을 준비하고 있어
> 야 한다고 했다는 거야…"

코로나19가 우리나라에는 본격적으로 확산되기 전, 대학 동기 2
명과 가진 저녁 식사 자리에서 나온 이야기였다. 그 이야기를 듣
자마자 무심코 이런 말이 튀어나왔다.

> "설마… 그 학교 미쳤네…"

당시 필자의 머릿속에 든 생각은 이러했다.

> '만일 수업영상을 찍어야 해도 왜 도대체 비슷한 수준의 교과서
> 를 바탕으로 한 수업일 텐데, 왜 각 학교가 동영상을 찍느라 시간
> 낭비를 해야 하지? 출판사에서 콘텐츠를 마련해주면 그걸 활용하
> 면 되지 않을까?'

그런데 불과 얼마 지나지 않아 온라인 수업은 우리의 현실이 되고
말았다. 작년에 수강한 구글 클래스룸 연수에서 받았던 책을 뒤적

거리기도 하고, 이미 줌 강의를 시작한 대치동 학원 후배에게 줌이 뭐냐고 물어보기도 하고, 몇 년째 어디에 처박혀 있는 줄도 몰랐던 와콤 태블릿도 겨우 찾아 책상 위에 올려두었다. 그리고 아내를 졸라서 겨우 사놓고도 잘 쓰지 않던 갤럭시탭도 꺼내 다시 펼쳐두었다. 하지만 혼자 결정할 수 있는 건 하나도 없었다.

사실 우선 결정해야 질문은 '**수업을 어떻게 해야 하지?**'가 아니라 '**무엇을 선택해야 하지?**'였다. 교육청 공문, 유튜브, 연구회 등등 나만 모르고 살아온 것 같은 어쩐지 고급스럽고 첨단처럼 보이는 정보의 홍수 속에서 어떤 플랫폼, 어떤 툴, 어떤 소프트웨어, 어떤 기기를 써야 할지를 판단하기란 쉽지 않은 일이었다. 또한 어느 순간 이런 화려한 최신 기술과 정보에 나의 수업을 억지로 구겨 넣어야 한다는 것에 깊은 회의마저 들었다. 그래서 우선은 학생과의 수업을 상상해보기로 했다.

- 온라인 수업의 걸림돌이 무엇일까? 내가 원격연수를 들을 때면 집합연수 때보다 자율성과 강한 의지력이 몇 배나 더 필요했다. 그렇다면 학생들도 더욱 힘들지 않을까?
- 어떤 수업 원칙을 지켜야 할까?
- 반응 없는 수업은 정말 하기 싫다.
- 같은 학년 수업을 가르치는 협력교사와의 업무분배는 어떻게 할까?
- 굳이 교과서 동영상을 찍어야 할까? 미리 찍어둔 콘텐츠는 없을까?

- 그래도 출석 등을 빼고 40분 가까이 요구되는 학습량은 부여해야 하는 게 아닐까?
- 거꾸로 수업을 적용하기는 좋겠네…

그러고 나서 어느 정도 수업의 밑그림을 그려보았다.

- 아이들의 반응이 없으면 수업을 진행하지 못하는 개인적 특성상 25대 1로 강의하면 대부분의 아이들은 화면에 얼굴조차 내밀지 않을 것이다(온라인 수업을 해본 결과 불행히도 이 예상은 맞았다). 조별로 진행할 수 있는 방법을 찾자.
- 최대한 수업 준비시간을 절약하자. 수업 1시간을 위해 몇 시간의 수업 준비를 한다고 허비하면 결국 지치게 되더라. 기본적인 수업 진행 매뉴얼을 짜서 협력교사와 업무 분담을 하자. 매뉴얼을 바탕으로 최대한 서로의 자율성을 보장하자. 교사들은 천편일률적인 기계가 아니다.
- 아이들의 집중시간은 아주 짧을 것이다. 학생들이 직접 수업하는 시간은 20분도 벅차다. 하지만 50분간 해낼 수 있을 학습량을 제공하자.
- 질 좋은 EBS 콘텐츠를 활용하지 않고 버려두는 것은 바보 같은 짓이다. 다만 예습용으로만 활용하자. 50분의 수업은 나와 학생들이 교감해야 하는 시간이니까.
- 자기평가(self-evaluation)를 통해 학생들이 자신의 학습 과정을 기록할 수 있도록 하자.

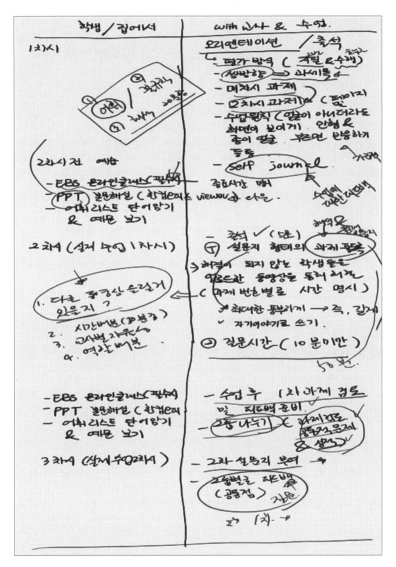

영어과 교사의 수업 스케치 노트

영어 온라인 수업의 밑그림을 직접 그린 수업 스케치 노트이다. 수업의 큰 그림을 미리 그려 두는 것은 차시별 수업 진행에 큰 도움이 된다. 내 수업이 궁극적으로 지향하는 바가 무엇인 지를 잊지 않게 해주는 일종의 나침반 역할을 해주는 것 같다.

#관계 #교육주체 #학교의 숙의체제와 민주적 상호 이해

재택근무 중 어느 날 선생님들과 대화를 하다가 아이디어가 문득 떠올랐다. 온라인 개학이 거의 확정되어 발표만 남겨두고 있는 시점에서, 예상되는 문제점이 수두룩하니 뭔가 빠르게 수를 내야 할 필요성이 느껴졌다. 그것도 시급하게.

학교는 무엇을 해야 하는가? 무엇보다 중요한 것은 학생들의 온라인 수업 참여를 이끌어내는 것이다. 다른 교사들과 대화를 나누다 보면 "애들이 모니터 앞에 하루 종일 어떻게 앉아 있어?"라며 문제 제기를 하는데, 솔직히 하나 마나 한 소리다. 왜냐하면 현재로서 그것 말고는 다른 선택지가 없고, 우리에게 닥친 일이고 피할 수 없으니 해야 할 뿐이다. 어떻게 아이들을 수업에 집중시킬지는 교사들과 학교가 감당해야 할 고민이다. 다른 방법이 있나? 온라인 수업을 남에게 맡기지 말고 필요하면 스스로 수업영상을 제작하면서 아이들에게 풍성한 과제물을 던져 학습을 유도하고 그것을 평가에 적극 반영하는 체제를 만들 수밖에 없다.

　그런데 그것을 알아서 하는 학교는 없다. 교육부와 교육청이 명확한 로드맵을 주지 않는 상황에서 대입과 평가가 걸린 마당에 과감한 도전을 시도해볼 만큼 배짱 좋은 학교가 과연 있을까? 고약하게도 지난해 내내 몇몇 불미스러운 입시 관련 사건으로 인해 촉발된 "수능 확대, 수시 축소" 담론이 쓸데없이 우리 교육계를 뒤흔들었다. 그 바람에 오히려 보수적인 교육 기조가 도로 확산될 조짐이고, 이는 현장 교사의 수업에 대한 주체성과 주도성마저 심히 훼손시킨 상태다. 평소 수업 연구를 열심히 하며 아이들과 폭넓은 공부 방안을 고민해오던 교사들마저 등 떠밀려 수능 교육을 준비하며 겨울방학을 보냈을 판이니, 이제 와서 갑자기 온라인 개학에 대비하라고 장비를 구매하고 사용법은 알아서 숙지하라고 해서 그게 원할하게 이루어질 리는 없다.

물론 교육부에서도 당연히 상황을 인지하고 급별로 유예기간을 두었다. 하지만 일반적인 수업 재구성도 길게는 1년, 짧게는 한 학기는 데굴데굴 자갈밭을 구르며, 소위 '맨땅에 헤딩'을 하고 고생하기 마련인데 온라인 개학이 잘 될 리가 있나. 많은 교사들이 나몰라라 온라인 수업을 대강 처리할 것이고, 당연히 많은 학생들도 나몰라라 온라인 수업을 대강 듣는 시늉을 할 것이다. 속이 타는 학부모만 뒤에 남아 아이와 싸우는 모습이 선하게 떠오른다.

그러므로 **학교가 온라인 개학에 맞춘 관리 방안을 내야 한다**는 것이 필자의 생각이었다. 학생들의 관리는 결국 학교의 책임이고, 학교의 관리가 사실상의 강제력으로 작용하여 학생들의 온라인 학습의 효율을 끌어올리는 수밖에 없다. 그래야 학생들이 개학했을 시에 학교생활에 적응을 더 잘할 것이고, 결과적으로 그것이 교사의 업무도 경감시킬 것이다. 학부모와 학생의 마찰도 줄어들 것이다. 비가 올 때 빨래를 걷지 않으면 나중에 빨래에서 퀴퀴한 악취가 나는 것처럼, 제때의 적절한 조치는, 특히나 교육에선 필수다.

앉아서 간단하게 설명글과 양식(121쪽 참조)을 작성했다. 그리고 학교 부장들이 모인 회의용 단톡방에 보냈다.

만약 부장교사들이 이 방안에 동의한다면 우리 학교에서 위 대책이 시행되는 것이고, 동의하지 않는다면 시행되지 않는다. 필자가 짐작하기에는 입시가 코앞인 고3은 몰라도 고1·2라면 충분히 효과를 기대할 수 있는 방안이고, 이것을 교사들이 제출받아 상담 및 출결 확인자료로 쓴다면 온라인 학습의 느슨함이 조금이나마 해결될 것으로 보인다.

이 양식은 교사의 업무 부담과 학생들의 작성의 귀찮음을 덜기 위해 최대한 간략하게 짠 것이다. 무엇보다 중요한 것은 따로 프린트하지 않고 기록할 수 있도록 배려하는 것이다. 온라인 개학으로 인해 무수히 많은 교육 공백이 발생할 것이고, 무엇이라도 수를 내서 누수를 틀어막아야 할 시기이다. 따라서 간단한 양식부터 어려운 양식까지, 무엇이든 일단 써봐야 했다. 앞으로 오프라인 전면 수업이 언제쯤이나 이루어질지 모르지만, 그때까지 교사의 중요한 역할은 학생들이 온라인 학습에 어떻게든 잘 적응하고 영어 교과라는 어려운 과목에서 집중력과 학구적 호기심을 놓치지 않게 돕는 것이라고 생각했다.

안녕하십니까 상우고등학교입니다. 4월 6일 전격개학이 불투명해지고, 온라인 개학의 가능성이 높아짐에 따라 본교에서는 온라인 개학에 대응한 가정학습 지원체제를 마련키로 하였습니다.

본교는 최상의 온라인 수업 체제를 완비하여 학생들의 수업권을 보장하고, 코로나19로 인한 수업결손 및 학력저하가 발생하지 않도록 노력을 할 것이오나, 많은 학생들이 가정에서 보호자 없이 혼자서 온라인 가정학습을 하게 되었을 경우에 발생할 수 있는, 자기관리역량의 부족으로 인한 온라인 학습의 낮은 성취도를 예방하기 위한 다양한 방안을 고민하고 있습니다.

따라서 학생들에게 안내하고자 하는 것은 "일일 학습 일지 작성 및 관리 프로그램"입니다. 학생들이 아침에 하루의 학습 계획을 스스로 세우도록 하고, 야간에 하루의 일기를 쓰듯 일과를 정리해 담임교사에게 제출함으로써 학생들의 가정학습 현황을 담임교사가 확인하고 그에 대한 상담이 지속적으로 가능할 것으로 기대합니다.

요령은 다음과 같습니다.

① 노트를 하나 마련합니다.
② 페이지를 반으로 나누어 상단엔 "오늘의 계획"을 쓰고,

학생들이 독서계획, 학습계획, 핸드폰 및 PC 사용시간 및 여가 시간을 자율적으로 기술하도록 합니다. 가능하다면 아침에 학부모님께도 보여드리고 간단한 상담 및 격려대화를 하면 좋겠습니다.
③ 페이지 하단에는 "오늘의 일과"를 쓰고 실제로 학생들이 핸드폰을 사용하지 않고 참은 시간, 공부시간, 독서시간, 여가시간 등을 기재하도록 합니다.
④ 학생들은 자정 전까지 하루의 계획과 일과를 작성한 기록장을 사진으로 찍어 담임교사에게 제출하면 그 날의 학습일지 작성이 완료됩니다.
⑤ 학습일지를 작성 및 관리하려는 것은 온라인 개학이 될 경우, 담임교사의 생활지도의 공백을 충당하기 위한 조치이므로 가정에서 이 활동으로 부모님과 마찰이 생기지 않는 것이 좋습니다. 따라서 학생 여러분은 스스로 계획을 세우고 그것을 되도록 지킬 수 있도록 노력해주시고, 온라인 클래스 학업계획과 진로계획에 대하여서는 담임선생님과 많은 대화를 해주면 좋겠습니다. 학부모들과 일지 작성으로 인하여 마찰이 발생하지 않도록, 학부모님들께도 여러분의 독립성을 지켜줄 수 있도록 요청할 것입니다.

아래는 실제 작성 예시입니다. 가정에서 빈 노트를 마련하시어 간단하게 손으로 틀을 짜서 하루 하루 작성하면 되겠습니다.

1학년 1반 ○○○
오늘의 계획
1) 독서계획 : 걸리버여행기 100p 읽기
2) 공부계획 : 온라인 강의 2시간 이상 듣고 오늘 주어진 활동지는 모두 마무리하기
3) 핸드폰 사용 시간 : 오전 10시부터 오후 3시까진 꺼놓기!
4) 여가시간 : 3시까지 공부하고 7시까지 쉰 다음에 저녁엔 책 더 읽기

오늘의 일과
1) 독서 : 걸리버여행기 215p까지 읽었다!
2) 공부 : 너무 졸려서 온라인 강의는 1시간만 들었다
3) 핸드폰 사용 시간 : 밥 먹을 때 1시부터 조금만 하려고 했는데 2시까지 인강 보면서 카톡을 했다
4) 여가시간 : 저녁 먹고 7시까지 롤 한다음에 껐다. 그런데 8시반까지 폰을 했다

학부모 서명 :

영어과의 수업 관리를 위한 자기점검기록부
이러한 양식들은 온라인 학습의 느슨함을 조금이나마 해소하기 위한 방안 중 하나이다. 교사들의 업무부담을 덜어주는 한편 학생들이 스스로 작성하기에 부담스럽지 않은 양식을 만들려고 애썼다.

고민 셋,
#모둠활동 #구글설문지 #디딤영상 #EBS온라인클래스

필자들은 주말 동안 쌓인 각자의 고민과 성과물을 한아름씩 끌어 안은 채 다시 마주 앉아 이야기를 시작했다.

"일단 수업을 이렇게 하면 될 것 같아요. 일단 줌으로 할 거잖아? EBS에서 수업을 다 끌고 와서 온라인 클래스에 강좌 개설까지 테스트해봤어요. 강의는 괜찮아요. 1년 수업 다 있고."

"네네, 그럼 수업은 '거꾸로'처럼? 미리 일단 보고 오는 걸로?"

"네, 수업영상은 반드시 미리 보고 오라고 하고, 그 다음에. 줌으로 소회의실을 만들 수 있어. 소회의실에 들어가서 개별적으로 첨삭을 해주면 되죠."

"오… 그럼 제가 활동지 만들고."

"네, 그 다음에 영작 문항들 첨삭은 제가 할게요."

"그럼 웬만큼 수업은 돌아가겠네요. 재밌겠다."

"아, 이거 코로나 때문에 미치겠네, 미치겠어."

일사천리로 진행된 회의에서 빠르게 수업 대책을 모의했다. 각자 가 할 일은 많았고, 수업은 완전히 새로운 것이었다. 1년 전체의 교육과정을 '거꾸로 수업'을 준용해서 하는 것은, 역시 몇 해 전에 함께 시도해본 바가 있다. 그때도 서로의 수업에 대한 고민의 여백을 채움으로써 수업은 원만하게 흘러갔다. 그러나 아이들을 단 한 번도 보지 못한 상태에서 거꾸로 수업을 소개하고, 미리 수업 영상을 보도록 하고, 아이들이 수업영상(디딤영상이라고도 한다)을 보고 왔다는 것을 전제로 수업을 진행한다는 게 말처럼 쉬운 일은 아니었다. 어쨌든 수업은 반드시 해야 한다. 온라인 개학을 불과 1주일 남긴 시점이었다. 우리는 각자 활동지를 만들고 그것을 공유했다. 구글 웹설문 양식을 활용해 전체 수업을 공유하는 것은 이번이 처음이었다. 지난해에는 수업을 협력하긴 했지만 활동지를 제작해 인쇄하고 그것을 나누는 것이었다면, 코로나로 인해 수업을 처음부터 다시 만들어가야 하는 상황에서 함께 모든 것을 공유하는 체제로 바뀐 것이다. 그렇게, 처음부터 차근차근 함께 시작해 나가기로 했다.

02

수업 설계 및 생활기록부
기재 근거 만들기

우리 둘은 역할을 분담해 수업을 빠르게 조직화하였다. 한 사람은 교육과정-수업-평가 일체화에 관심이 크다. 수업 활동지를 통해 교육과정을 학생과 나누고, 그것을 평가에도 반영하는 전략을 활용한다. 다른 한 사람은 효과적인 교수 전략에 관심이 있다. 학생들과 어떻게 대화를 나누고 영어 역량을 발달시킬지에 좀 더 집중한다. 이러한 점을 토대로 각자의 업무는 다음과 같이 정리되었다.

- 교사 A: 교육과정과 평가 연계 방안 설계, 활동지 제작, 2차 수행평가 설계
- 교사 B: 온라인 수업 관리 및 설계, 활동지 영상 촬영, 1차 수행평가 설계

● 공통 업무: 쌍방향 수업 상시 관찰 평가 및 학생 지도

이런 업무분담이 신속하게 이루어질 수 있었던 것도 그간 꾸준히 노력해온 협력체계의 결실이라고 생각한다. 다만 여전히 각자의 영어 문법에 대한 관점은 상당한 차이가 있었다. 그래서 문법에 대한 활동지는 최대한 광범위하게 만들되, 수업은 각자 자유로이 진행하고 지필평가에서 어법은 명확한 기준으로 치르도록 했다. 먼저 활동지를 제작하고, 그를 바탕으로 활동지에 나온 질문에 대한 수업영상을 촬영하기로 했다. 학생들은 사전에 EBS 온라인 클래스를 통해 본문에 관한 해설 영상과 활동지 해설 영상을 보고 와서 모둠활동을 하는 것이다.

수업 전·중·후 교사와 학생의 활동 구분

시기	교사	학생				
수업 전	영상 촬영 및 업로드	사전 영상 청취				
	활동지 제작					
수업 중	모둠 편성	모둠별 활동지 풀기				
	모둠별 소회의실 수업	1모둠	2모둠	3모둠	4모둠	5모둠
	학생 활동 관찰	교사-학생, 학생-학생 상호질의				
	활동지 작성 내용 피드백	활동지 내용 피드백				
수업 후	영상 촬영 및 활동지 제작	온라인 클래스를 통한 복습 및 형성평가 활동				
	생활기록부 기록					

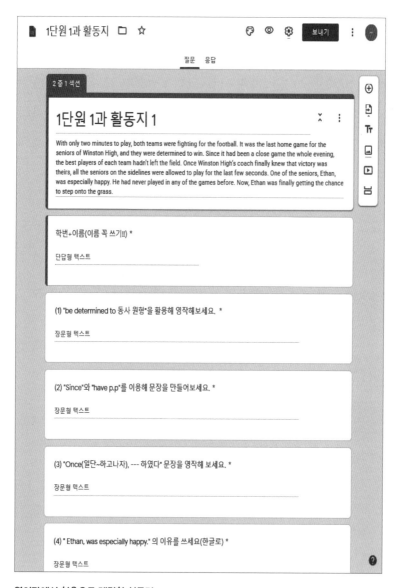

영어과에서 처음으로 제작한 설문지

영작 중심으로 구성되어 있어서 학생들이 가장 어려워하는 영어 문장 쓰기를 수업 내에서 즉각 교정하고 연계 수업을 할 수 있도록 했다.

필자들이 생각하는 영어 수업의 핵심은 온라인 쌍방향을 통하여 풍성한 영어 활동을 나누고, 이를 생활기록부에 기재할 근거로 삼는 것이었다. 이에 따라 활동지를 구성하고, 매 시간 모둠활동을 한 뒤에 이를 피드백하기로 했다. 교육청의 고민은 온라인 수업으로 인하여 생활기록부 기재가 방만해지는 상황이었던 것으로 생각되었다. 학교에서 교사가 임장하고 있는 수업 중의 관찰평가만 과목별 세부능력 및 특기사항에 기재하도록 했고, 코로나로 인하여 온라인 수업이 시작되면서 쌍방향 수업을 통하여 실제 관찰이 이루어진 내용에 대해서만 인정한다고 했다. 우리 수업에서는 실제로 수업 내에서 모든 학생들의 활동이 관찰되고 이것이 웹활동지로 근거가 유지되니, 아무런 걱정이 없다.

"어때요?"

"10문제 정도면 애들이 모둠활동으로 다 할 수 있을까?"

"작년 활동지랑 분량은 큰 차이는 없어서 뭐, 일단 해보죠. 그리고 다 한다기보다는, 활동지는 온라인 클래스에 업로드해주고, 복습을 더 하도록 유도하고 수업 중에는 시간을 준 다음 모둠에서 한 명당 한 문장씩 써보라고 하고 봐주면 될 듯해요."

"네, 그럼 활동지 영상은 제가 사전 영상으로 찍어서 올릴게요."

"수업 전에?"

"네, 미리 보고 와야 시간이 단축될 듯."

"아하, 알겠습니다…미리 만들어놔야겠네요."

"근데 모둠이 고민이야. 어떻게 애들을 가르죠?"

"입학성적으로 일단 가르고, 섞었으면 좋겠는데."

"섞는 게 나으려나? 수준별로 해서 잘하는 애들은 짧게 하고, 좀 부족한 애들은 길게 가는 건?"

"그런 방법도 있고…일단 한번 해봅시다."

"네, 모둠은 케이스가 다양하니 맞춰가면서 해요."

수업 재구성에 대한 관점 차이와 이를 함께 조정하는 과정을 받아들일 각오와 함께, 수차례 회의를 거듭한 끝에 어느 정도 조정안을 발견했다는 점에서 우리의 협력수업은 나름 성공적이었다고 생각한다. 각자 활동지를 만들고, 온라인 클래스 개설과 수업영상 등의 번거로운 '새 업무'를 하는 동안 드디어 개학이 다가왔다.

03

학생들과의 온라인 첫 만남과 영어과 수업 소개

여느 해라면 한 교실에서 학생들과 서로 눈을 맞추며 새로운 학기를 시작했을 것이다. 수업은 앞으로 어떻게 진행할 것인지를 이야기하면서 앞으로 서로 잘해보자는 각오도 다지며 말이다. 하지만 온라인 개학은 학생들뿐만 아니라 교사들로서도 처음 경험하는 일인지라 당황스럽기는 매한가지였다.

"여러분. 아마도 공부 잘 안 될 겁니다. 공부하기 참 어려운 여건이죠. 학교도 안 오지, 아마 대부분은 부모님 혹은 보호자께서는 일을 하고 계시거나, 집에 같이 있더라도 자기 방에서 공부 방해하지 말아 달라고 하고 혼자 있을 테고, 게다가 여러분들은 지금 컴퓨터 앞에 앉아 있으니 출석만 체크하고 롤을 하든 유튜브를 보든 다른 뭘 하든 들키기 어렵고, 폰으로 접속해서 드러누워서 출석만 체크해도 되고 등등."

다른 과목과 마찬가지로 영어 수업도 각자 텅 빈 교실에서 처음으로 1학년 학생들과 함께 '줌'으로 마주하며 시작되었다. 1년간 영어 교과를 지도할 우리가 누구이며, 다른 과목들과 마찬가지로 영어 교과를 1년간 배운다는 것은 무엇인지를 아이들과 나눌 시간이다.

"학교에 나왔다면, 8시 혹은 9시에 교실에 앉아서 하루를 어떻게 보낼지를 나름 생각하며, 매 시간마다 교과서를 최소 한 번씩은 만져라도 보고, 그래도 수행평가, 그래도 생기부 생각에 뭐라도 하게 되겠지요. 하지만 온라인 수업으로 인하여 여러분은 너무나 놀기엔 좋고 공부하기엔 참 어려운 여건입니다."

교과 지도안에는 수업의 목표와 내용, 방법과 결과가 모두 포함되어 있다. 중학교에는 중학교의 영어 교육과정이 있고, 고등학교는 수능을 정점으로 하는 독해 중심의 영어 교육과정이 있으며, 또 교사들이 학생들과 함께 만들어가야 할 교육과정이 있다. 그러므로 아이들에게 고등학교의, 나아가 우리 학교의, 영어 교사 두 사람의 수업 특성을 안내함과 동시에, 현재의 온라인 수업 여건에 대해서도 충분히 이해를 시켜야 했다.

"그런데 등교를 한다고 해서 크게 다르진 않습니다. 학교에 와도 친구들은 계속 말을 붙이고 교복을 입든 잠옷을 입든 졸린 것은 마찬가지고 공부라는 게, 시험이라는 게, 몸만 교실에 와서 앉아 있다고 해서 그냥 기억되고, 이해되는 것은 아니니까요. 결국 공부라는 것은 적극적인 해석과 분석하려는 노력이 있어야 나의 것으로 조금씩 소화가 되기 시작하고, 그런 노력이 없이는 중학교든 고등학교든, 대개는 초등학교 4학년 무렵부터, 시간낭비가 될 수 있습니다.

그러니, 지금 온라인 개학 상황과 실제 학교 등교 개학 상황이 여러분들에게 크게 다르진 않습니다. 교실이든 여러분의 방이든, 조건은 같습니다. 폰을 얼마나 스스로 통제하느냐, 잠을 얼마나 효과적으로 조절하느냐, 그리고 예습과 복습으로 단기기억을 장기기억으로 얼마나 잘 바꾸어내는지가 성적을 가르는 요인입니다. 지금은 그것이 특별히 어려운 여건이 되었죠. 쉴 새 없이 폰이 울려대니까 말이죠. 컴퓨터와 폰을 하루 종일 마주하고 있어야 하니, 마치 달콤한 꽃을 앞에 둔 꿀벌의 심정이겠지요."

"그러나 지금 그 유혹을 이겨내는 것을 여러분은 평생 받아들여야 합니다. 그리고 온라인 수업과 등교 수업 둘 다 그 유혹은 참기 어려운 것입니다. 결국엔 여러분의 몫, 부모님도 선생님도 다른 누구도 해줄 수 없는 몫. 여러분이 스스로 이 문제를 깊이 생각하고 굳게 다짐을 하는 것이 앞으로 만들어갈 시간의 질을 결정하게 됩니다. 그러니 유혹을 잘 이겨내고 최선을 다하시길 바라면서⋯자, 평가계획서 안내할게요."

온라인 수업으로 인해 교육청에서는 매번 다양한 정책을 학교에 내놓고 있다. 그중 하나가 바로 수행평가를 대폭 감축하도록 허용한 것이다. 근래 고등학교에서는 다양한 수행평가를 실시하며, 과목별로 최소한 3개 이상 시행해왔다. 그래서 많게는 학생들이 한 학기에 치러야 할 수행평가가 30개 이상이 되기도 한다. 다양한 수행평가를 통해 배움의 과정을 진단하고, 수업의 몰입도를 높이며, 생활기록부에 기재할 근거가 되는 것은 사실이다. 하지만 학생들에겐 거의 한 학기 내내 평가만 하다가 어느새 등급이 적힌 성적표와 함께 방학을 맞이하다 보니 한편으론 꽤 힘들고 부담스러운 일정이기도 하다.

영어 수업 또한 본래 4개의 수행평가로 듣기, 말하기, 쓰기, 읽기의 영어 능력을 고르게 평가하도록 구성되어 있었다. 다만 평가를 위해 별도의 학습을 발생시키는 것은 되도록 지양하고, 수업 내용과 연계하여 학생들이 쉽게 평가에 임할 수 있도록 해왔다. 하지만 코로나가 초래한 환경은 그간의 수행평가를 딱 반토막 내고 말았다. 딱 두 개로 말이다.

학교에서는 '지필평가 1회+수행평가 3회'와 '지필평가 2회+수행

학생들에게 안내한 평가 계획

평가 / 과목	지필평가					
	1차			2차		
	선택형	서술형	계	선택형	서술형	계
영어	65점 (19.5%)	35점 (10.5%)	100점 (30%)	65점 (19.5%)	35점 (10.5%)	100점 (30%)

평가 / 과목	수행평가		
	평가 내용	반영 비율	계
영어	리사이클링 제안서 쓰기	20%	40점 (40%)
	봉사활동 계획서 쓰기	20%	

평가 2회'의 두 가지 안 중에서 선택할 수 있도록 했다. 1학년 영어 교과의 경우 다른 과목에 비해 고등학교에 갓 입학한 신입생들이 적응하는 데 어려움이 있을 것으로 생각해서 지필평가를 두 번 치르는 쪽을 택하게 되었다.

선택형과 서술형의 배점은 2:1로 하였다. 여러 해 동안 수업 재구성과 연계하여 서술형 평가를 내실 있게 치러본 결과, 이 정도 비율이면 학생들의 내신성적 산출에 결정적인 변인이 되지 않는 선에서 쓰기 능력을 성장시킬 수 있는 비율로 생각했기 때문이다. 수행평가는 2개, 1학기에 수업을 진행할 4개의 단원 중 2개의 단원 읽기 지문과 연계하여, 수업을 끝마친 뒤에 간단한 안내와 연습만으로 바로 수행평가를 치를 수 있도록 구성해두었다.

"수행평가가 줄어들면서 2개 모두 쓰기로 바뀐 점은 아쉽지만 이해해주세요. 원래 꽤 재밌는 말하기 수행을 계획했는데 못하게 됐네. 쓰기로만 2개인데, 지금부터 잘 보셔야 합니다."

미리 준비한 구글 설문지로 만든 활동지를 화면에 띄워 공유했다. 그리고 다음과 같이 학생들에게 안내하였다.

수업과 동시에 학생들이 작성해 올린 설문지
실시간으로 학생들의 영작 문장을 취합하여 즉시 피드백을 해주는 방식을 취했다.

"1단원 첫 번째 활동지인데 설명을 좀 하겠습니다. 일단…어려울 거예요. 하나도 모를 수도 있습니다. 하지만 부담 갖지 말고요. 이거 활동지 다 못해도 돼. 첫 번째 이유, 여러분들이 틀려야 내가 수업을 할 게 생기니까요. 무슨 말이냐면- 자…be determined to를 넣어서 영작을 하는 게 첫 번째인데, 오늘은 오리엔테이션이니까 이건 패스. 두 번째 문제 볼게요. since와 have p.p니까 완료시제죠? 여러분들이 어렵게 생각하는 건데 내가 한번 써볼게요.

예를 들어서 어떤 학생이 "She have wrote a book since last year"라고 썼다고 해보죠. 그럼 두 가지를 틀렸네요. 하나는 p.p, 과거분사 시제죠. write-wrote-written으로 '쓰다'의 현재 시제, 과거시제, 과거분사 시제가 있는데요, 이 경우엔 동사의 시제 변형에 대한 공부를 해야겠죠? 그리고, 더 중요한 건 동사의 수량인데, 영어에서 3인칭의 단수인 주어는 그에 맞춰서 동사는 단수로 쓰지요. 그러므로 "She has written a book since last year"가 맞을 거예요.

이처럼 여러분들이 영작을 하면 우리는 그걸 고쳐줄 거예요. 그럼 여러분들이 자연스럽게 시험에서 서술형 문제 대비가 됩니다. 매 시간 이렇게 영작이 나가요. 활동지 다 하는 데는 10분 가량. 미리 온라인 클래스만 듣고 와도 거의 풀 수 있어요. 그런데 더 중요한 건, **틀려도 돼요**. 다시 말하지만 틀려야 우리가 수업을 해요. 알았죠?

그런데 더 중요한 두 번째. **생기부에 기록할 근거**를 계속 만들 거예요. 온라인 수업 활동은 여러분들을 직접 만나고 하는 게 아니라서 생기부에 수업에 대해 쓸 때 조금 조건이 생겨요. 그러니까, 부담갖지 말고요. 이거 활동지 다 못해도 돼. 그래도 다 어려운 것만 있는 건 아니고, 여러분들 생각을 우리말로 쓰는 것도 있으니까 천천히 매 시간 활동지를 쓰고 제출해보세요. 그리고 같이 친구들이랑 보면서 이야기를 하다 보면 생기부 기재의 근거로 충분할 것 같아요.

여러분들도 이런 수업의 흐름에 익숙해지기만 하면 됩니다. 30분 온라인 클래스에서 '인강' 미리 보고 오고, 활동지 10분 내외 시간 동안 풀고요. 나는 그 사이에 출석체크 하면 되겠죠? 수업 내에 하면 여러분들 모니터로 얼굴 보면서 내가 점검할 수 있으니까 다른 사람이 해줬다고 할 우려도 없겠죠. 자, 설명 더 필요한가? 내가 너무 말이 많다고 생각하면 채팅창에 '네네네' 쳐주세요. 이런… 쌤 상처받는다. 그만 쳐 '네네네.'

자, 설명은 다 했고, 다음 시간부터는 꼭 인강을 보고 와야 하고, 일단 입학성적 순으로 해서 처음엔 5개 정도 그룹으로 짤 거야. 내일 수업 들어오면 제가 소회의실로 나눠서 진행하겠습니다. 그리고…"

이렇게 첫 온라인 오리엔테이션은 끝났다. 하지만 아직 학생들에게 해줄 이야기가 너무 많다.

04

온라인 수업에서의 모둠활동과 판서 및 첨삭지도 방안

본 수업이 시작되기 전에 학생들이 영상을 보고 와야 하다 보니 빨리 영상을 제작해야 했다. 영어과의 수업영상은 활동지별로 제공되는 문제들을 해결하는 것이라 그렇게 거창하지 않아도 될 듯 했다. 다행히 이미 가지고 있던 갤럭시 탭s6에는 화면 녹화 기능이 있었고, 작은 화면에 교사의 얼굴이 나올 수 있도록 설정도 가능하여 다른 도구를 추가로 구입하지 않아도 얼마든지 수업영상을 녹화할 수 있었다.

"자, 그러면 이따 봅시다. 다음 모둠으로 전 이동할게요."

예고한 대로 아이들이 활동지에 기입한 내용을 바탕으로 첨삭을

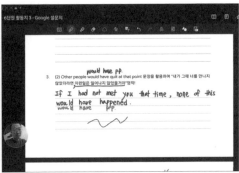

영어 온라인 수업 진행을 위한 장비 세팅과 첨삭
칠판 대신에 웹캠을 삼각대에 연결해서 수기를 바로 화면에 띄울 수 있게 하였다. 교사의 첨삭을 학생들이 실시간으로 확인할 수 있다.

해주었다. 조금 중요한 문법사항인 경우에는 모둠별 소회의실에서 설명하는 것은 아까우니 모든 모둠과의 소통이 끝난 뒤에 해주기로 하고 빠르게 넘어갔다. 아이들은 다행히 온라인 쌍방향 수업에 잘 적응한 듯, 마이크나 카메라를 곧잘 켠다. 그러나 모든 것이 아직 처음이므로 카메라나 마이크 문제에 대해서는 차차 해결 방안을 마련하기로 했다.

조별 운영 방식은 기술적으로 조금씩 차이는 있었다. 한 명은 줌의 기능 중 소회의실을 만들어 조별 수업을 진행했고, 다른 한 명은 소회의실을 만들어 운영하다가 불편함을 느끼고 다른 대안을 찾아보았다. 모든 아이들은 조별 수업 시에는 활동지를 풀고 있기 때문에 출석 후에는 모든 학생들을 대기실에 재배치시키고, 조별 수업이 필요한 학생들만 따로 초대를 했다. 처음에는 시간이

소회의실을 활용한 조별 수업
일단 모든 학생을 대기실에 배치한 후, 조별 수업이 필요하다고 생각되는 학생들을 개별적으로 소회의실로 초대하는 것이 더 효율적이라고 생각한다.

조금 걸렸지만, 얼마 지나지 않아 곧 익숙해지면서 소회의실을 만드는 번거로움 또한 줄어들었다.

애초의 수업 계획대로 조별 수업은 4~5조를 나눠서 수업을 진행했다. 막상 수업을 진행해보니 전체 공지 및 조별로 소회의실에 참여시키거나 초대하는 데 걸리는 시간 때문에 정작 조별로 할애하는 시간은 10분 남짓에 불과했다. 질문에 대한 피드백을 해주거나, 그날의 수업 내용을 모두 설명하기에는 턱없이 부족했다. 결국 시간에 쫓겨 허겁지겁 다음 조를 초대하는 경우도 빈번했다. 이런 조별 수업의 변수 때문에 우리는 수업에 따라 유연하게 대처하기로 했고, 한 명은 50분 수업 중 출석 및 전체 공지 후 실시간 쌍방향 수업은 4조 중 2조만 수업을 진행하고, 나머지 2조는 과제형 수업(교사제작 동영상 시청 및 활동지 풀기)을 교대로 진행했다.

그러는 사이에 필자들은 아이들에게 온라인 쌍방향 수업을 최대한 교실 상황에 근접하게 느낄 수 있도록 하는 방안이 없을지 고민해보았다. 콘텐츠형이 아니다 보니 교사가 수업을 50분 내내 진행해야 하는데, 만약 여기서 학생들이 불편함을 느끼면 곧바로 학습 효율도 떨어질 게 뻔했다. 그래서 한 명은 웹캠을 삼각대에 연결해 판서를 바로 화면에 띄웠다. PPT를 따로 준비하는 불편함 없이 칼라 사인펜을 활용해서 손으로 '슥슥' 종이에 쓰면서 수업을 하니 한층 생동감 있는 수업 전개가 가능했다. 거꾸로 수업 운영을 위해 몇 년 전에 구매해두었던 웹캠을 이렇게 쓰게 될 줄은 몰랐지만, 쏠쏠하고 편하다. 컬러 사인펜 역시 모둠활동을 위해 꽤 많은 양을 구매해둔 터라 그대로 남아 있었다.

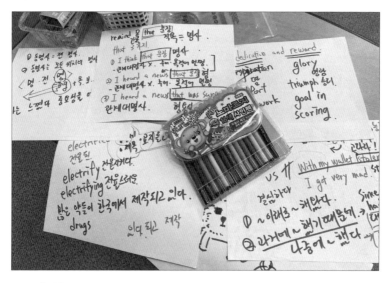

수업에 활용한 이면지와 사인펜들
문법 수업 때는 판서 양이 제법 많아서 이면지가 꽤 많이 쓰였다. 컬러 사인펜을 이용하여 종이에 쓰면서 수업하자 한층 생동감 있는 온라인 수업이 가능해졌다.

종이 판서를 통해 수업의 현장감을 살리는 방법은 여러 가지 장점이 있었다. 무엇보다 아이들과의 **관계 형성**에 기여했다. 중간중간 아이들의 얼굴을 그림을 그려준다거나 하면서 한 번도 만나보지 못한 아이들과 대화를 나누고, 수업의 주인공으로 내세울 수 있었다. 특히 학습수준 '하' 모둠에 속한 아이들은 활동지의 난이도를 어려워하고 수업의지도 그만큼 덜 보이는 만큼 모둠별 시간에는 판서를 통한 직접적인 소통과 대화가 훨씬 더 효과적이다.

또한 아직 줌의 사용법에 익숙하지 않아서 프로그램을 여러 개 띄우고, 그 사이를 오가거나, 주석 달기 기능으로 화면에 글을 쓰는 것보다는 판서의 감각을 유지한 채로 수업을 진행하는 것이 우리에게도 훨씬 더 간편하고 좋았다. 사실 줌은 회의 솔루션이기 때문에 판서 기능은 제한적이고 불편했다. 그에 비해 웹캠 판서는 카메라만 변경하면 매우 쉽게 화면을 전환하여 수업 진행이 가능한 장점이 있다. 반면에 기껏 디지털 수업을 하면서 매번 꽤 긴 내용을 일일이 써야 하고, 그만큼 시간이 소모될 수밖에 없기 때문에 비효율적인 면이 있음을 인정한다.

다른 교사 한 명은 와콤태블릿과 아이캔노트라는 판서 프로그램을 이용해 판서를 진행했다. 여러 판서 프로그램들을 사용해본 중에서 직관적이라 사용하기 편했고, pdf, hwp, jpg, ppt 파일 등도 열 수 있기 때문에 출판사 등에서 제공하는 파일들을 사용할 수

참여형 수업, 영작 예문 쓰기
온라인 수업에서 활동지를 해온 것은 대면 수업을 빠르게 활성화하는 데도 기여했다. 온라인 수업과 대면 수업이 분리되면 안 되는 중요한 이유이다.

도 있어 새로운 파일을 제작할 필요가 없이 준비시간도 절약되는 장점이 있었다. 또한 악필도 어느 정도는 보정해주는 장점도 있었다. 태블릿은 구매한 지 벌써 약 7~8년이 지난 구형 모델이었지만, 판서하는 데 어려움은 전혀 없어서, 굳이 신형 모델을 새로 구매할 필요성은 느끼지 못했다.

> "혹시 나와서 영작 해볼 사람들 있습니까? 뭐 특별한 보상은 없지만, 활동지 쓰듯 틀려야 내가 수업을 하고, 여러분들은 중간 기말 때 서술형을 안 틀립니다."

아이들이 눈치를 보더니 쭈뼛쭈뼛 하나둘씩 앞으로 나왔다. 소회의실을 통해 아이들과 개별적인 소통을 지속하며 활동지를 작성하여 그것을 통해 첨삭과 수업을 지속해 나간 것, 그리고 실시간 판서를 하며 생동감을 살리기 위해 노력해온 과정은 모두 대면 수업을 빠르게 활성화하는 데도 크게 기여했다. 필자들이 수업을 하면서 중요하게 생각한 것은 온라인 수업이 대면 수업과 결코 분리되어선 안 된다는 점이었다. 완벽하지는 않았지만, 적어도 온라인 수업으로 인해 대면 수업이 무너지거나, 그 반대의 경우가 발생하지는 않았다고 생각한다.

수업의 본질은 아이들과의 소통에 있으며, 역량을 평가할 수 있는 적절한 내용을 적절한 방법으로 제시하여 아이들이 문제 상황을 해결할 수 있도록 하고, 그에 대해 적절한 평가를 줌으로써 지적 성장을 이끌어내는 것이다. 바로 그 점에 집중하려고 했다. 그렇기 때문에 우리의 수업에서 특별한 프로그램이나 교구가 사용된 것은 아니었다. 아이들은 교과서와 노트를 준비하고 책상에 앉았고, 우리는 판서와 활동지를 통해서 아이들과 영어 문장, 영어 지식과 영작에 대한 첨삭을 주고받았다.

물론 이 과정이 활발히 이루어지기 위해서는 아이들 한 사람 한 사람과 우리 교사와의 **관계 맺음**이 지속적으로 있어야 하고, 아이들은 온라인 클래스의 수업영상을 먼저 보고, 또한 활동지를 작성해야 하는 모든 과정이 따라주어야 한다. 이 또한 완벽하진 않았지만 다행히 한 학기 내내 수업의 틀을 바꿀 만한 중대한 문제 상황 없이 원활하게 이루어졌다.

05

영어 수업의 꽃,
활동지 만들기

우리나라 학생들에게 영어는 모국어가 아니다. 따라서 아무리 온라인으로 이루어지는 수업이라고 해도 학생들에게는 외국어인 영어 교과의 특성상 학생들이 배운 내용을 직접 듣고, 쓰고, 말할 수 있는지를 확인하는 것은 중요했다.

또 하나, 입시에서 주요 비중을 차지하는 영어 교과를 수능과 연계하여 수업시간에 배운 문법적인 내용을 자유롭게 응용하는 능력을 학생들이 키워가는 것은 매우 중요했다. 이처럼 학생들이 수업에 잘 참여하고 아울러 배운 내용을 잘 이해하고 있는지를 확인하기 위해 수업마다 활동지는 꽤 큰 비중을 차지했다. 하지만 처음에는 이런저런 시행착오를 겪기도 했다. 그래서 먼저 여러분에게 소개할 것이 있다.

예상치 못한 활동지의 함정, 피드백에 관한 고민

아래의 내용은 학생들에게 구글 설문지를 통해 제안한 활동지와 학생들이 올린 답안 일부를 발췌하여 정리한 것이다.

---

(1) although 문장, 문장 (비록…일지라도, …한다/했다) 을 영작해 보세요.

Although I was not hungry, I ate cookies.

although he is unwell but laugh a lot

Although I had a bad headache, I finished my work.

Although the weather was bad, l went running

Although he is foreigner, he speaks Korean well.

Although he woke up late, he was not late for school

although I was rich, I didn't buy the car.

although i can eating some food i cant because i became obesity

although he is ugly,he is very kind

Although he was sick, he studied English

Although it was raining, the weather wasn`t humid.

Although I don't like dog but I think friend's dog is pretty

Although he did not want to eat banana he had to.

Although i don't like dog, I think that my friend dog is cute

although he is unwell but laugh a lot

Although my arm is sick, i play the piano

I although study play game

although it is hard,i will not give up.

Although I'm a student, I cannot go to school because of covid-19

---

(3) "pour 목적어 into 명사" 문장을 영작해보세요.

I poured all my concentration into solving the problem.

i pour cookies into my room .

He poured water into the plastic bottle.

I pour cookies into my room

she poured her efforts into making cookies

I poured my everythings into studying everyday.

i dont know

She poured her energy into work out

I poured my time into studying every day.

I poured cookies into my room

pour cookies into my room

Pour cookies into my room

He poured into the juice he was drinking.

pour cookies

pour my water into the elevator

pour the juce into the cup.

I poured a cup of milk into a bowl.

(6) "명사 + 전치사 + 동명사 and 동명사" 라는 복잡한 구조가 등장했습니다. 연습! "그들은 9시에 학교에 출석하고 5시에 떠나는 스케줄을 갖고 있다"을 영작해보세요.

They have a schedule that attending to school at 9 a.m. and leaving at 5 p.m.

they are scheduled to attendance school at 9 and leave at 5

They have a schedule to attending their school at 9a.m and leaving there at 5p.m.

They are at nine attending and have a schedule leaving at five

They have schedule attending at 9 and leaving at 5

They have schedule attending school at 9 and leaving at 5

they have a schedule attending at 9 o'clock and leaving at 5 o'clock

they are scheduled to attendance for 9 o clock and leave 5 o clock

They have a schedule of attending at 9 o' clock and leaving 5 o' clock,

They have a schedule of attending school at 9 o`clock and leaving at 5 o`clock.

They

They have a schedule arrive 9'o clock leave 5'o clock

They have a schedule to attend school at 9 and leave there at 9

(7) the one ing(~하는 사람)이라는 표현도 어렵습니다. "나는 저기에 서 있는 사람에 대하여 말하고 있어"를 영작해보세요.

I am talking to the one standing there.

I am talking about the one standing there

I'm talking about the person standing over there.

i said about the person standing there.

I am talking about the man who is standing there.

I'm talking about the one standing there

im talking about someone standing over there

I'm talking about someone standing over there.

I saw the one dancing in the rain

the one daning i saw

I talking about the person standing there.

I'm talking about the one standing there.

설문에 대해 학생들이 올린 답변을 보고 처음 든 생각은 이랬다.

"망했군…"

겨우 온라인 수업 3일 차에 난처함에 빠진 것이다. 학급당 25명의 아이들에게 배부된 구글설문지로 만든 활동지에 아이들이 채운 내용이 이런 식으로 차곡차곡 쌓여 있었던 것이다. 한 학급 아이들이 제출한 문장이 330개에, 그중 100개가 영작.

"그렇지만 끝내주는군!"

"읽을 줄 아는 문장은 쓸 줄도 알아야 한다."가 우리의 수업 목표인 탓에 온라인으로 진행되고 있는 현재의 우리 수업에서도 영작은 여전히 수업의 핵심이다. 한 사람의 활동지, 다른 한 사람이 해설영상을 촬영하며 업무를 분담해서 꾸려지고 있는 현재 수업의 형태는 아래와 같다.

- 수업 전 EBS 온라인 강의 영상 시청(필수는 아님)
- 수업 시작, 출석체크 및 모둠편성
  (줌의 경우 즉석 회의실이라서 매번 멤버가 바뀌는 형식이기 때문에 매 시간마다 5개의 모둠을 만들고 한 땀 한 땀 손으로 아이들을 옮겨야 한다. 이

점은 앞으로 고민이 더 필요하다)

- 각 모둠별 소회의실로 들어가서 수준별 지도(하-중-상 순으로)

- 10분 정도 남겨놓고 전체 대화방에 모두 모여 종합 피드백

우리가 아이들과 함께 나누는 시간은 전체 수업과 소모임 수업을 합쳐서 20분 정도이다. 나머지 시간은 아이들이 직접 활동지를 해보는 시간이다. 손이 빠른 아이들은 우리가 '하' 모둠과 '중' 모둠을 마치고 10분여를 남기고 '상' 모둠에 들어가면 활동지를 거의 마쳐 놓았다. 딱 타이밍이 좋다. 후다닥 그 아이들의 활동지를 검토해서 수업시간 내에 피드백을 해주고 싶었다. 하지만 그러기엔 각각 피드백을 해줘야 할 분량이 너무 많았다.

"그런데 얘들아…들리지?"

"네넹~"

"넹~"

우리는 고개를 푹 숙인 채 이마를 긁으며 머쓱하게 말했다.

"얘들아, 내가 너어무 미안한데…한 시간에 너희가 써서 내는 영작 문장이 100개가 넘어요. 근데…내가 그걸 다 피드백을 해줘야 하는데…아…고민이다. 이것만 붙들고 있을 방법이 없어."

수업 준비도 해야 하고, 업무도 해야 한다. 아이들 영작 문장이 매번 100개씩 쏟아지는 것은 칭찬해주어야 마땅한 일이나, 안타깝게도 도저히 짬이 없다. 교사 한 명은 3학년 수업까지 18시간을 지도하며, 창체를 합치면 20시간이다. 게다가 공강시간에는 다음 수업에 필요한 활동지도 만들어야 한다. 지난해 수업을 진행했던 활동지들이 있긴 하지만, 그걸 구글 설문지 포맷에 옮기고, 또 새로 살피면서 내용도 추가까지 해야 하니 매 수업시간의 준비를 새로 하는 것이나 다름없었다. 그 사이사이에 한 시간마다 330개의 문장들, 게다가 그중 100개나 되는 영작 문장이 피드백을 기다리며 차곡차곡 쌓여갔다. 일주일만 해도 산술적으로 약 1,500개의 영작이 쌓이는 셈이다. 수업시간으론 턱없이 부족하다. 그러나 우리는 아이들의 이 '적극적인 참여'에 책임을 져야 했다.

그래서 우리는 다른 방법을 찾아야 했다. 분명 개별 피드백이 좋은 방법인 것은 맞지만, 개별 피드백만이 정답은 아니니까. 수업은 결국 모두를 위해서 하는 것이기 때문에 수업시간 동안에 아이들과 최대한 창작 문장을 공유하며 채팅창으로 활발하게 피드백을 나누기로 했다.

"자~ 다음 문장은…be being p.p 또 나왔죠? 채팅창 제가 부르는 문장 영작해봅시다. 전 세계를 위한 약들이…약은 medicine은 스펠링이 어려우니까 그냥 drug 쓰세요."

웹캠이 비추는 종이에 즉석으로 문장을 휘갈겨 써서 보여주었다.

"전 세계를 위한 약들이 제작되고 있다."

잠시 뒤에 채팅창에 문장들이 여러 개 올라왔다. 즉석에서 채팅창에 영작을 참여하는 아이들은 사실 학급의 참여도에 따라 천차만별이다. 이런데 오늘 마지막으로 들어갔던 학급에선 10명이 넘었다. 절반이 넘는 아이들이 온라인 수업에 즉각 동참했던 것이다.

- Drugs are being making for the world.

- Drugs for the world is being made.

- Drugs for the whole world are being produced.

"아이고 많다. 여기 지금 보면…for ther world가 위치가 두 개가 다르죠?"

그래서 이번에는 채팅창을 마우스로 와장창 긁어서 모니터에 한글 프로그램을 켜놓고 설명을 시작했다.

"자, Drugs for the world는 명사를 꾸미니까 형용사…are being making…이건 틀렸죠? 과거분사 써야지. 하여튼, 이 뒤에 for the world가 붙었는데, 이건 명사가 아니라 동사를 꾸미니까 부사야."

목이 아프다. 그런데 쉴 수가 없다. 그날따라 아이들이 계속 수업에 적극적으로 반응했다. 과거 수업에선 활동지를 작성하는 동안 교실을 한 바퀴 돌며 조용조용 아이들을 살피며 작게 말을 해주면서 잠깐씩 목을 좀 풀어줄 틈이라도 생기는데, 온라인은 정반대다. '교실 임장'에 준한 교사의 지도행위를 충당하려면 교사가 끝없이 오디오를 채울 수밖에 없다. 그렇다고 매 시간 수업 내용만 계속 떠들다간 요즘 교사들 사이에 유행하는 말인 소위 '진도개'로 전락하기 십상이다. 그러니 학생들의 적극적인 반응은 '감사' 그 자체이지만, 한편으론 고민이 아닐 수 없다.

수업 중에 미처 다루지 못한 훌륭한 문장들을 훑어보며 저녁 시간 내내 고민했다. 예컨대 구글 설문지로 취합된 모든 영작 문장을 아이들에게 개인별로 나눠주면 어떨까? 그에 따르는 업무 강도를 생각하면 미친 짓이지만, 아이들의 입장에서 자기가 쓴 문장을 정확하게 평가받는 것보다 중요한 건 없다. 이는 비단 영어 교과에만 해당되는 것은 아니며, 다른 과목들도 마찬가지일 것이다. 아이들의 학습 성과물에 대한 피드백은 분명 다른 과목들에도 있을 텐데, 과연 어떻게 하고 있는 걸까? 온라인 수업체제 속에서 살다 보니 처음으로 아이들의 수업 활동물이 너무 풍성하다는 고민 아닌 고민에 빠져들었다.

활동지 만들며 지새는 밤

3단원. 벌써 시간이 제법 지났다. 수업 준비를 할 시간이 턱없이 부족했다. 마침 학교에서도 업무가 부쩍 늘어나 1분도 쉬지 못하고 시달리다가 결국 집에 와서 구글 설문지를 켜고 활동지를 만들어야 할 때가 많았다.

Learn from Walter. Don't sit around and dream about your next adventure—just go ahead and make it happen. Don't wait for the right moment—there is no such thing as the right moment. Create your own opportunities, and everything will fall into place. Don't worry about not being brave enough—once you begin making bold choices, courage will follow. All you need is motivation and this is already inside of you. So start living! This movie will remind you that your dreams are ready whenever you are.

Jonathan Livingston Seagull knows that he's different from others. Instead of fighting over food with the other seagulls, Jonathan spends all his time learning about flying. Every day, he practices new skills by rolling, spinning, and diving high above the sea. During one of his practices, Jonathan flies through his flock. He expects the others to praise his amazing ability. Instead, they look at him coldly as they now consider him unfit to be a part of the flock.

"쌤 활동지 좀 올려놔 주세요. 아침에 찍을게요~."

"넵."

수업 중인 단원은 예술을 다양한 관점에서 소개하는 에세이였다. 그런데 마침 수업 제재가 《월터의 상상은 현실이 된다》와 《갈매기의 꿈》이다. 수업 중에 영화에 대한 요약 영상을 아이들에게 보여주며 스칸디나비아의 멋진 풍광에 젖었다. 참으로 다행인 점은 줌의 기능이 지속적으로 업데이트되어 영상 공유나 채팅 등이 한층 안정화된 것이다. 이때쯤 되니, 아이들과의 교류도 제법 농밀해졌다. 이를테면 다음과 같은 활동지 내용을 보면 알 수 있듯이 프리라이팅 과제 수준이 한 단계 높아진 것이다.

---

(6) 앞 시간에 작성해보았던 "내가 생각하는 심각한 환경문제"를 해결하기 위하여 여러분들이 업싸이클을 할 폐기물을 하나 정하고, 그 이유를 써봅시다(우리말로) (꼭 앞 시간 내용과 일치하지 않아도 됨).

- 쓰지 않는 가죽용품으로 가죽 마우스패드를 만든다. 가죽이 생각보다 많이 버려진다는 것을 알게 되었기 때문에 가죽을 업사이클 하고 싶다.
- 종이컵을 굉장히 얇게 만들어 전등을 감싸게 해 은은한 불빛이 나도록 한다. 이유: 종이컵을 굉장히 많이 사용하지만 버려지는 종이컵이많아 환경이 오염될 수 있다.
- 통조림 캔으로 화분 만들기
- 두꺼운 종이나 상자. 왜냐하면 집에서 흔하게 나오는 분리수거용품 중 하나이기 때문이다.

- 페트병: 자신이 원하는 대로 모양을 바꾸기 쉬워서
- 나는 페트병으로 화분을 만들 것이다. 그 이유는 페트병을 버리면 지구온 난화가 일어날 수도 있기 때문에 페트병을 최대한 버리지 않을 것이다.
- 플라스틱컵 / 플라스틱컵을 예쁘게 꾸며서 화분으로 사용한다.
  오래된 천을 이용해서 봉제인형을 만든다. 멀쩡한 옷을 그냥 버리는 것 보다 새롭게 바꿔서 사용하면 의미가 있을 것 같아서
- 커피 찌꺼기 / 더 이상 쓸모가 없는 것이기 때문에
- 페트병 버리는 행동. 플라스틱은 오랫동안 안 썩고 남아 있기 때문에
- 스티로폼을 줄이고 없애는 것. 스티로폼이 땅에 매장되면 잘 썩지 않아 환경문제를 일으키는 제품이기 때문에 배달음식을 잘 시켜먹지 않고 되도록이면 집에서 밥을 해 먹는 습관을 길러야겠다.
- 버려지는 옷들의 처리가 힘든것을 해결하기 위하여 좀 오래된 옷을 요 즘 스타일의 옷으로 업사이클 한다.

(7) 6번 문항과 앞시간에 작성한 것을 종합하여, "------을 이용하여(by using -----), 나는 -------를 만들 것이다 ------문제를 해결하기(solve) 위하여" 문장을 영작하시오.

- By using used leather, i'll make mousepad to solve environment problem.
- By using a paper cup ,I will make a cover of light to solve the wasting problem of disposable cup
- I will make a flowerpot by using canned food to solve environmental pollution.
- i will make 요강 by using pet bottle to slove this problem
- By using a box or a thick paper, I will make a bookmark to solve environmental problems.

- By using a pet bottle, i will make a pot to solve global warming
- By using a plastic cup , l will make a pretty flowerpot to solve the problem
- I will make a plush doll by using the old fabric
- By using used coffee grounds, l will make air freshener to solve environment problems
- I will make a straw using paper to solve environmental problems.
- by using old clothes, I a new generation of clothes to solve discarded clothes.

앞 단원에서는 아이들의 프리라이팅을 한 단계 높였다. 먼저 우리 말로 생각을 써보도록 하고 그것을 영어로 바꿔낸다. 문장 형태를 제공하는 것이기 때문에 제법 수준이 높아졌다. 물론 번역기를 돌려 문장을 올리는 아이들도 더러 있는데, 티가 날 수밖에 없다. 그런 문장을 접할 때면 이렇게 대응하곤 한다.

"자⋯ By using used leather, i'll make mousepad to solve environment problem. 이 문장에서 환경 문제가 구체적이지 못해요. 지금 가죽을 업사이클링하다는 이야기니까, 뒤에⋯to solve⋯밀렵⋯밀렵이 뭐지? 잠깐만 확인해보자. 아 poach군요. 그럼⋯to solve poach problems. 이렇게 마치자."

아마도 3년 전쯤일 것이다. 우리가 함께 영작 중심으로 수업을 재구성해서 2학기에 관내 공개수업을 한 적이 있었다. 그때 외부 학교에서도 한 열 분이 오셨는데, 수업을 마치고 강평회에서 이런 질문이 나왔다.

"혹시 이 반은 좀 뛰어난 애들이 모인 학급인가요?"

아이들의 영어 수준이 전반적으로 높다는 데 대한 놀라움이 적잖이 담겨 있었다. 이에 대한 우리의 답은 아래와 같았다. 다소 상투적이기는 하지만 사실이었다.

"아니요. 예쁜 아이들이긴 하지만, 수업의 결과로써 이런 문장을 스스로 써내는 것은 특별히 우수한 학력의 아이들만이 할 수 있는 일은 아닙니다."

수업에 이런저런 행정업무까지 정신없는 하루를 보내고 나면 피로가 몰려온다. 그런데 집에 돌아와서 밤에 활동지까지 만드는 건 고되지만, 한편으론 즐거운 일이다. 따뜻한 홍차 한 잔과 함께 클래식을 켜두고, 조금 감성적으로 아이들의 글을 대면할 수 있으니까. 그래서 지금 활동지에 문제들을 출제하는 것이 꽤 즐겁다. 예컨대 활동지에는 이런 문제들이 포함되어 있다.

(1) "Walter realizes / he has become the person / he always imagined / he could be."를 참고하여, "Nathan은 발견했다 / 그가 마침내 보물섬(treasure island)에 도달했다는 것을 / 그가 항상 믿어왔던 / 그가 찾을 수 있다고."를 영작하시오.

보다시피 4가지 문장이 결합된 복문이다. 굉장히 어려운 문법이 적용되었다. 아이들이 이 문장을 과연 어떻게 대면할까? 이 문장에 적용된 문법을 어떻게 받아들일까? 구조를 숙지하고 단어를 교체해서 스스로 써볼 수 있게 했다. 이런 방식으로 차근차근 영작 수준을 높이자 3주 만에 아이들도 적응했다. 순식간에 써낸다. 그럼 우리는 고쳐준다. 다음 문제는 다시 프리라이팅이다.

(3) Walter의 이야기의 주제는 무엇인가요? 우리말로 써봅시다.
(4) 위에서 쓴 주제를 영작해봅시다. 영어사전 가능! 번역은 No No!

영어 교과의 경우 온라인 수업으로 인한 장점이 참으로 많다. 무엇보다 영어를 정말 쉽게 공부할 수 있다. 영어사전만 켜면 바로 음성까지 들을 수 있으니 말이다. 그러니까 이런 문제를 내면서 아이들이 집중하는 주제며, 그걸 영작한 문장을 써낼 때 짓는 표정이 정말 궁금하고, 또 상상하는 것이 참으로 즐겁다.

(9) 친구들로부터 소외감을 느낄 때 자존감을 지키기 위한 나만의 방법을
써봅시다.
(10) 당연히 영어로도 써봐야죠?

위의 내용은 갈매기의 꿈의 조나단 리빙스턴의 태도에서 배울 만
한, 자신의 자존감을 지켜내기 위한 방법을 영작해보도록 유도한
활동지의 질문이다. 이런 질문지를 새로 작성할 때마다 학생들이
어떻게 생각하고, 어떤 글을 써낼까 상상하면서 콩닥콩닥 두근두
근한 마음이 든다.

온라인 수업이 연장되면서 학교는 이래저래 부산하기 그지없
다. 시험에 대한 협의를 다시 하고, 수행평가 계획도 바꾸고, 비밀
차단을 위하여 말하기 수행평가를 글쓰기 유형으로 새로 출제하
는 등 어수선했다. 페이스북에만 들어가도 초등학생 자녀를 둔 친
지들의 비명 소리와 아우성이 요란하다. 마스크를 하루 종일 써도
좋으니까 개학 좀 했으면 좋겠다고 말이다.

대면 수업에서는 활동지를 인쇄해서 교실에 들고 가야 한다. 교
실에서 영작 활동 수업을 하면 훨씬 재미있긴 하지만 몸은 두 배쯤
바빠진다. 하지만 온라인 수업에서도 활동지를 활용하여 아이들과
나름 재미있는 수업을 이어가고 있다. 야밤에 활동지를 만들고 아
침에 해설 영상을 찍는 것이 비록 촉박하고 고되긴 하지만, 학생들
과 함께 문장 만들고 놀 생각에 다시 즐거워진다.

06

공정하고 유연한
지필평가와 수행평가

코로나19 종식이 사실상 요원해지면서 온라인 수업 또한 계속되었다. 잠시 바이러스가 누그러진 상황에서 고3부터 순차적 등교 결정이 내려지고, 결국 온라인 수업과 대면 수업이 병행된 채 학기가 정신없이 지나갔다. 학생들이 그간의 수업을 통해 제대로 배움이 이루어졌는지를 평가해야 할 때가 왔다. 지필평가를 앞두고 선생님들 사이에서는 다음과 같은 이야기가 오갔다.

"평균 몇 점이나 나올까요?"

"그러게요. 이번에는 도통 예측이 안 되네."

"아무리 그래도 100점 한두 명은 나올 거야…"

"그래도 수업은 다 빡세게 했으니까 자신 있게 (문제) 출제하죠."

○ 설득력 있고, 합리적인 지필평가

한 학기 동안 두 번의 수행평가와 두 번의 지필평가가 이루어졌다. 그중 아이들의 내신성적에 가장 큰 영향을 미치는 지필평가는 두말할 것도 없이 모든 교사에게 가장 민감하고 중요한 과정일 것이다. 평가다운 평가를 위해서 가장 중요한 것은 우리의 수업 목표가 수업 내용 속에 잘 구현되고, 그것이 공정하게 측정됨으로써 성적에 반영되어야 한다.

너무 쉬워서 변별력이 떨어지는 것도 문제지만, 반대로 너무 어렵거나 엉뚱한 출제로 인해 아이들이 불공정한 평가라고 느끼면 안 될 것이다. 그런데 온라인 수업과 대면 수업이 뒤섞인 블렌디드 환경이니 평가에 대해서도 당연히 이전과는 다른 환경에서 이루어지는 만큼 공정한 평가에 대한 고민은 물론 한층 더 유연한 자세도 필요했다.

"영작 이건 좀 어렵지 않을까?"

"그거 활동지에서 했던 구조라서 아마 복습만 하면 공부하는 애들은 잘할 수 있을 거예요."

"아, 그럼 좀 골라놓을까요? 애들이 필수로 복습해야 할 활동지 문제들은…"

"네, 그렇게 하시죠."

활동지는 교사에게도 큰일이지만 아이들에게는 훨씬 더 큰일이다. 필자들이야 매주 4,500개의 문장을 그냥 첨삭만 하면 되지만, 아이들은 시험에 대비하여 12개의 활동지에 담긴 30~40개 문장들의 패턴을 완벽히 파악하고, 시험에 출제될 영작에도 대비해야 한다. 개중에는 관계대명사와 관계부사처럼 어려운 것도 있고, 반드시 암기하지 않으면 풀 수 없는 특수한 표현들도 포함되어 있다. 모두 활동지를 통해 수업이 진행되었고, 사전 영상 그리고 활동 후 개별 및 단체 첨삭지도까지 이루어졌으니 어디에서 출제를 한들 아이들이 문제 제기를 할 순 없을 것이다. 이런 것이 우리 영어 교과 수업의 즐거운 점이고, 교사 간에 수업에 대한 관점과 가치를 긴밀히 공유한 성과일 것이다. 필자들이 영어 지필평가에 출제한 서술형 문제를 몇 가지 소개하자면 다음과 같다.

서답형 2. 윗글의 밑줄 친 부분을 해석하고(3점), 이 문장형태를 참고하여 다음 문장을 영작하시오.(3점) **[6.0점]**

It was quite clear that this place was not big enough to house all the family members.

해석 : _____

_____

_____

> 내가 고른 영화는 즐기기에 충분히 재미있었다.

영작 : _____

_____

_____

_____

서답형 4. 다음 문장을 영작하시오. **[5.0점]**

> 네가 쓴 것을 기억하는 것이 너에게 있어 아주 중요하다.

답 : _____

_____

_____

_____

서답형 6. 다음 문장을 영작하시오. **[5.0점]**

> 꽃과 나무들이 우리가 만난 곳을 더 아름답게 만들었다.

답 : _____

_____

_____

_____

앞서도 언급했지만, 우리 영어과의 수업 목표는 "읽을 수 있는 문장은 쓸 수도 있어야 한다는 것"이다. 나아가 "영작을 통해 문법 규칙을 직접 사용해보고 틀린 점을 즉각적으로 파악할 수 있도록 하는 것"이다. 그래서 새로운 문장구조가 나올 때마다 항상 그것을 시험해보는 것을 원칙으로 했다. 그래서 영어 교과서의 단원별 필수 문법이 아니더라도, 아이들이 꼭 이해하고 넘어가야 할 문장이 있으면 연습해보도록 했다. 그 바람에 아이들이 숙지해야 할 문장 패턴은 늘어날 수밖에 없었지만, 큰 틀에서 문장구조를 이해하고 독해력을 늘리는 데에는 분명 큰 도움이 되고 있다는 것이 여러 해의 경험 누적을 통해 내려진 결론이다.

> "자… 예를 들어서 여러분. 이 수동태 문장은 5형식이 바뀐 거거든요. 그러면…나는 형을 돕도록 지시를 받았다. 엄마에 의해서. 이 문장을 한번 영작해볼까요? 채팅창에 올려보세요. 얼마든지 출제될 수 있는 문장구조입니다. 5형식 2점, 수동태 2점 해서 4점은 될 거예요."

그래서 필자들은 수업 중 아무 때건 학생들에게 위와 같은 질문을 던지고, 그것을 즉각적으로 평가에 연계하곤 한다. 활동지를 통해 모든 근거가 아이들과 교사들에게 공유되고 있으니 명확하게 서술형 평가와 문법 평가의 내용이 제시되고 있다.

온라인 수업이 도입되면서 이 점은 한층 더 명확해진 측면이 있다. 과거에는 문법을 분석하고 해설하는 방식이 교사마다 다르기 때문에 모든 활동지를 교사들 간에 공유하는 데에는 다소 어려움이 있었다. 예컨대 같은 학년, 같은 교과를 지도하는 교사 두 사람이 어떤 문법을 중요하게 받아들이느냐에 따라 수업이 다르게 이루어지다 보면 때론 그것이 학급 간 성적 편차로 나타나기도 했다. 그런데 오히려 모든 수업 내용과 활동지가 공유되는 지금의 온라인 수업체계에서는 한층 더 짜임새 있게 문법 지도방침이 공유되고 있으니, 영어 쓰기 지도와 문법 지도의 합리성, 평가의 연계도 잘 이루어지고 있다고 판단된다.

1학년 영어의 경우 중학교에서의 평가 방식 그리고 수능 영어까지의 평가 일관성을 위해 선택형 문항들은 대체로 수능 읽기 유형을 그대로 따왔다. 그러나 당연히, 처음 보는 지문들을 풀어야 하는 수능 시험과 달리 고등학교의 영어 내신 시험은 수업과의 연계를 위하여 모든 출제 지문이 교과서에 근거해야 한다. 그렇기 때문에 아이들이 지문을 충분히 숙지하거나 심지어 외움으로써 시험에 대비하고 있다. 그래서 선택형 문항에서도 아이들이 외워서는 풀 수 없는 문항들을 다양하게 도입했다. 다른 학교들에서도 많이 시행하고 있겠지만, 본문을 충분히 재구성하고 어휘를 바꾸거나 아니면 출제 유형을 〈주제 찾기〉, 〈빈칸 넣기〉 등으로 사고력과 추론 능력을 활용하여 치를 수 있게 했다. 물론 우리가 아무리 노력한다 한들 학생들의 원망 어린 푸념을 피할 길은 없다.

"아, 쌤!!! 시험이 이게 뭐예욧!!!"

시험을 마치고 나면 꼭 이렇게 울상을 지으며 원망을 쏟아내는 아이들도 있다. 하지만 이것까지는 우리가 어떻게 해볼 수 있는 문제가 아니므로 기꺼이 감당하고 있다. 다만 한 학기, 성적이 산출될 때까지 우리는 최선을 다해 아이들을 지도했고, 학기 말에 성적을 산출한 결과 아이들의 수업 참여도가 충실히 반영되었음을 확인할 때마다 뿌듯함을 느끼고 있다.

성장, 관찰, 평가, 기록으로 이어진 수행평가

요란하기 그지없던 온라인 수업 첫 학기가 끝났다. 교사들은 분주히 수행평가지를 바탕으로 하여 아이들의 생기부를 입력하기 시작했다. 학생들은 구글 활동지에 답안을 작성함과 동시에 교사의 요청에 따라 채팅창에 자기 문장을 올리기도 한다. 그것을 함께 돌아보며 틀린 부분을 교정해주고, 다른 학생들 몇 명에게 의견을 추가하여 묻는 것으로 관찰평가까지 완료하였다.

모둠별로 적게는 5분, 많게는 10분을 쓰기 때문에 한 시간 정도로 충분히 모든 아이들의 관찰평가 기록을 남길 수 있었다. 물론 매 시간 참여하는 아이들이 정해진 것이 현실이다. 아예 잠수를 타버리는 아이도 물론 있기 마련이다. 이랬거나 저랬거나, 구글 설문지는 해당 수업 시간이 실시간 기록되어 근거 자료로 활용했다. 온라인 수업에 관한 아이들의 의견 몇 가지를 소개하고 싶다. 특히 실시간 쌍방향 수업에 꾸준히 참가했던 아이들의 소회와 의견을 정리하면 다음과 같다.

- 예문 작성 등의 활동에서 자신의 적극적인 성품을 드러내는 진취적인 문장을 써냈으며, 장애와 극복을 다룬 1단원 활동에서는 미래의 희망으로 국경없는 의사회에 가입하여 의료봉사를 할 꿈이 있음을 밝힘.
- 어려움을 극복하고 공부를 하고자 하는 용기 있는 태도를 잘 보여주었으며, 무언가를 시도해야할 때 가져야 할 마음가짐으로 "일단 해보고 나서 후회하라"는 어머니의 말씀을 떠올리며 도전한다는 자신의 생각을 밝힘.
- 업사이클링을 다룬 2단원을 활동에서 환경 보호의 필요성을 나비효과를 통해서 잘 설명하였고, 공동체에 대한 확고한 인식을 갖고 함께 인내하고 상호 배려하는 문화의 필요성을 강조함.
- 다양한 구조의 문장을 읽고 글쓰기 활동에 기발한 착상을 잘 드러냈으며, 예술과 감정을 다룬 3단원 활동에서 자신이 좋아하는 색상을 친구들의 성격에 비유해 재밌게 표현함.

한 학기를 온라인 쌍방향 수업으로 진행해본 결과, 등교 주간에 수행평가를 두 가지 정도만 치러도 1,500바이트의 생기부 내용을 모두 작성해줄 수 있다는 결론에 도달했다. 등교 주간의 수업시간에 교사가 지도하는 수행평가의 결과로 생기부가 기록되는 것이니 사실 지금의 온·오프라인 블렌디드 수업 환경에서도 '관찰평가 중심의 생기부 작성'이 전혀 불가능한 것은 아니다. 실제로 많은 학교가 그러한 방식으로 이미, 특히 고3의 생기부는 완성해놓았을 것이다. 온라인 수업이 쌍방향으로 진행될 때, 학생의 성장 결과는 더욱 잘 발견될 수 있고, 또 그래야 수업이 지식과 학생의 상호작용으로서 성장의 내러티브를 가질 수 있다. 다음은 이번 1학기의 한 고3 학생과 고 1학생의 실제 생기부 기록을 옮겨온 것이다. 학생과의 지속적인 상호작용이 있었기에 정의적 요소를 두루 담을 수 있었고, 읽기와 읽기 후 활동, 쓰기 활동이 고루 담겼다는 것을 확인할 수 있다.

고3 학생 사례

○○학과 ○○○분석 분야에 깊은 관심을 갖고 ○○적 관점에서 문법을 이해하거나, ○○적 모형으로 독해지문의 논리를 분석하는 접근법이 잘 나타나는 학생으로서 실시간 쌍방향으로 진행된 온라인 수업에 꾸준히 참여하여 ○○○ 관련 지문을 읽고 미래의 ○○○ 환경에 맞는 ○○○ 큐레이션에 대한 희망을 표현하거나 ○○○ 관련 지문을 읽고 과거와 미래의 나의 ○○의 연관성에 대한 반성적 시각을 풀어내는 등의 쓰기 활동을 함. ○○ 분석하여 발표하기 활동에서 ○○○○가 초래하는 ○○○○ 문제, ○○○○로 인한 ○○○○의 ○○○○, ○○○○가 초래한 ○○○○ 산업 변화 뉴스를 리

포팅하고, 개인의 ○○○○능력을 먼저 강조하였고○○○○ 활용을 통해 더 많은○○○○이 가능해지며 ○○○○수준의 ○○○○가 축적되는 미래엔 그에 관한 세심한 관리가 체계가 필요하다는 점을 명확히 서술하였고, 이와 함께 to 부정사와 분사를 적재적소에 활용하여 상당히 방대한 내용을 압축적으로 잘 설명함. 코로나로 인하여 학업에 지장이 많은 상황 속에서도 영어 학습을 위하여 늘 성실하게 임하였으며, 문법 및 어휘 뿐만 아니라 배경지식이 뛰어나 고차원적인 내용을 다루는 텍스트도 상당히 깊은 이해를 보였음.

고1 학생 사례

○○○○학에 큰 관심을 품고 문법, 특히 시제와 가정법의 시스템적인 측면을 잘 이해하며, 이를 영작과 독해에 활용하기 위해 다양한 전략을 쓰는 학생으로서 쌍방향으로 진행된 온라인 수업에서 항상 바른 자세로 마이크와 카메라를 켜고 임하는 성실함을 보였음. 업사이클링 활동에 참여하여 썩지 않는 플라스틱으로 인해 발생하는 환경 문제의 심각성을 강조하며 페트병을 활용한 모래시계를 제작함. 봉사활동 계획을 발표하며 도시락 나눠주기 활동의 의미와 자신의 동기를 잘 설명함. 발표 과정에서 동료평가를 통해 다른 친구의 발표문에서 원인이 서술되지 않았으나 주제를 잘 선정했다는 의견을 밝혀 경청하는 태도를 보임.

생기부 사례를 나누면서, 마지막으로 온라인에서의 쌍방향 수업의 중요성을 논의할 필요가 있다. 온라인 개학 전에 교육부가 명확히 밝힌 바 있다. "온라인 수업을 진행할 시, 과제형 활동은 실제 관찰된 내용이 아니므로 생기부에 입력 불가"라고 말이다. 온라인 개학이 결정되었을 때 많은 학교에서 이를 두고 고민했다.

특히 입시를 코앞에 둔 고등학교들은 고민이 더 컸을 것이다.

> "쌍방향으로 수업하면 그건 실시간으로 관찰할 수 있으니까, 입
> 력 가능하지 않을까요?"
> "아, 그냥 과제 제출한 걸로 생기부 써주면 안 되나?"
> "에이~ 설마 고3 생기부 써주는 걸 못하게 막아? 다른 학교는 어
> 떻게 한대?"

위와 같은 대화는 사실 우리 학교에서도 꽤 오갔다. 과제형 활동
은 교사와의 상호작용도 없고 관리 감독도 없이 결과물이 나온다.
또한 그런 과제가 남발되면 생기부 스펙 경쟁을 부추길 수 있기
때문에 교육부 입장에서는 막을 수밖에 없다. 그 때문에 수업 내
에서 실제 이루어진 활동을 중심으로 생기부를 기록하도록 정할
수밖에 없었던 것이다. 이는 실로 중요한 문제이다. 왜냐하면 학
생 한 사람 한 사람의 생기부를 작성할 수 있도록 밑그림이 되는
교사의 수업 설계에 지대한 영향을 미치기 때문입니다.

온라인이든 오프라인이든 과제형 활동은 교사와의 상호작용이
없어 피상적으로 쓰여지고, 결정적으로 '변별력'이 떨어질 수밖에
없다. 실제로 열심히 하는, 우수한 학력을 가진 아이와 그렇지 못
한 아이가 집에서 (누군가의 도움으로) 어떻게든 똑같은 결과물을
가지고 올 수도 있기 때문이다. 여기에 똑같은 점수를 주고 같은

생활기록부 기록으로 남게 되면 우수한 학력을 가진 아이의 입장에서는 여간 피해가 아닐 수 없다. 따라서 교사로서는 반드시 고민이 필요한 지점이다.

그럼 어떻게 해야 할까? 수업에 활동을 최대한 많이 활용하면서 학생과 상호작용을 통해 수준을 끌어올리는 것이 이번 영어과 온라인 수업에서 필자들의 실천이 지향하는 바였다. 주도성을 발휘해서 적극적으로 수업에 참여하는 아이를, 남이 떠먹여준 성적으로 고등학교에 온 아이가 절대로 따라잡지 못하도록 연말쯤 되면 영어 능력에서 크게 차이가 벌어지는 것이야말로 진정 **변별력** 있는 내신 평가라 할 수 있지 않을까?

○ 온라인 수업 환경에서 자칫 배제되기 쉬운
학생들의 선택권

여러분도 잘 알다시피, 각 학교의 온라인 수업은 쌍방향 또는 과제형으로 주로 이루어진다. 그런데 과연 수업을 쌍방향으로 할지 과제형으로 할지 누가 정했을까? 수업의 핵심 주체인 아이들에겐 선택권이 존재했을까? 학부모님들에겐 논의의 기회가 주어졌을까? 온라인 수업이라는 중요한 환경적 특징이 있다. 바깥에서 보기에 너무 많은 '결과물'들이 눈에 보인다는 점이다. 출석률, 댓글, 카톡 실시간 채팅까지 얼핏 보기에도 너무 바빠 보이니 쉽사리 태클을 걸기 어렵다. 그리고 사건 사고도 한 학기 사이에 너무 많이 터졌다. 바깥에서 보기에 수업이 어떻게 돌아가는지 교사들 자신도 모르고 남들은 더더욱 모를 수밖에 없는 이상한 구조가 되고 만 것이다.

그럼 아이들의 경우는 어땠을까? 아이들은 저마다 자신이 원하는 방식이 있고, 이를 반영하듯 최근의 교육적 흐름은 이러한 아이들의 다양한 개성에 부합하는 수업을 구현하기 위해 각 학교들이 나름대로 노력하며 변모하는 중이었다. 그러한 분위기 속에서 코로나와 함께 시작된 온라인 수업은 이러한 민주적인 체계조차 싹 다 날려버리고 만 것이다. 왜 아이들은 자신들이 원하는 수업 방식을 택하지 못할까? 온라인 수업이 처음이고, 나름 학교에서 교사들이 많이 협의한 것이고, 서로 편하고, 다 좋은 이야기이지만, 어느 것이 최선인지는 대체 누가 정하는 것일까? 교사일까 학교일까, 아니면 수업에 참여하는 모두일까?

2020년 1학기까지만 해도 전국적으로 볼 때, 온라인 쌍방향 수업을 시도하는 교사는 비교적 소수에 속했다. 그에 비해 온라인 쌍방향 수업을 하는 교사인 우리로서는 생기부에 과제 활동은 기록할 수 없고, 과제를 허위로 제출하는 것을 감시할 수 없고, 아이들이 공부를 하는지 마는지를 감독할 수 없는 문제보다도 근본적으로 아이들의 수업에 대한 선택권을 막아버린 것에 대한 아쉬움이 클 수밖에 없었다. 하지만 수업의 주체는 무엇보다도 아이들이

어야 한다. 그런 원칙과 대전제가 무너진다면 자발성이 더욱 중요한 온라인 수업은 정상적으로 운영되기 어렵다. 만약 온라인 수업이 아이들은 댓글로 착착 출석도 하고 과제도 내는 수준 정도로 타협하거나, 교사들이 출석관리 하느라 폰을 내내 붙들고 있는 모습과 수업영상 찍느라 고생하는 상황에 머문다면 과연 교사로서 책무를 다한 것이라고 떳떳하게 말할 수 있을까?

갑작스러운 코로나의 창궐과 함께 휙 날아가버린 학습자의 주권만큼, 학교의 수업 관리도 방만해질 우려도 커졌다. 코로나 환경에서는 학교별로 모든 교사가 똘똘 뭉쳐서 서로 수업 노하우를 공유하면서 유사한 포맷으로 온라인 수업이 이루어지고 있기 때문에, 어느 교사가 잘하는지 어느 교사가 대충하는지를 판가름하기도 어렵다. 그러니 더욱 수업의 질, 학생들에게 전달되는 교육효과는 낮아질 수밖에 없다.

온라인 수업이 학교의 일상적 수업 방식 중 하나로 자리를 잡아가는 때에 벌써부터 학교별로 온라인 수업에 대한 여러 가지 평가가 나오고 있다. 그러한 평가 내용들을 바탕으로 앞으로 차근차근 개선하려는 노력이 필요하다. 우리 모두 한층 더 냉정하고 비판적인 시각으로 들여다볼 필요가 있다. 교사 자신, 학생 자신, 또한 학부모들도 함께, 지금 학교의 온라인 수업을 들여다보고 냉철하게 평가하며, 나아가 더 나은 교육을 만들기 위해 모두가 팔을 걷어붙여야 할 것이다.

담당교사의
수업성찰

무엇으로 수업의 성공을
가늠하는가?

다음에 소개할 내용은 학기 마지막 날에 학생들과 줌을 통해 실시간으로 나눈 이야기이다. 이날 학생들과 나눴던 대화로 영어 교과 수업성찰을 갈음하고자 한다.

"온라인 수업에 적응하라는 건 팔다리가 묶인 상태로 그냥 살라는 것과 같아요. 무슨 뜻인지 알겠어요? 이만큼이 비어 있잖아. 팔다리를 자유롭게 풀어줘야 근본적인 문제가 해결되지, 적응한다고 해서 어떻게 해결하겠어요?"

아이들과 이야기를 시작했다. 시험이 끝난 첫날이었고, 방학까진 불과 일주일 남아 있었다.

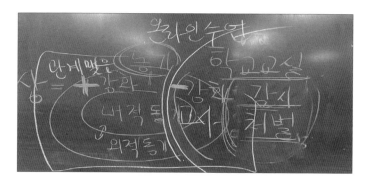

성공적인 수업의 조건
성공적인 온라인 수업을 위해서는 무엇보다 학생들과의 관계 맺음이 중요하다는 생각에 성공적인 수업을 만들어가기 위한 조건을 칠판에 적으며, 학생들과 소통하는 시간을 가졌다.

"자, 동기라는 게 있습니다. 뭔지는 다 알죠? 어떤 행동을 하도록 하는 게 동기지. 그런 동기는…우선…내적 동기가 있구요. 성취감…자존감…용기…소망…같은 것들. 이 내적 동기를 둘러싼 외적 동기가 있어서, 내적 동기와 상호작용을 합니다. 내 자존감...다른 사람이 알아줘야 채워지고, 다른 사람들이 칭찬을 많이 하면 내게도 더 큰 내적동기가 생기죠? 그렇게 보면 됩니다. 그런데 이 외적 동기는 플러스 강화와 마이너스 강화가 있어요. 플러스 강화는 '상'이고 마이너스 강화는 '벌'이예요."

원래는 정적 강화와 부적 강화라고 하는 개념이지만, 아이들이 알아듣기 쉽게 설명했다. 이렇게 얘기를 해도 어디까지 이해할지는 잘 모르겠지만.

"플러스 강화는 내가 뭔가를 해서 이득이 있다. 그렇게 동기가 발생하는 거고, 마이너스 강화는 내가 뭘 하거나, 하지 않음으로써 생기는 손해로 인해 동기가 발생하는 거죠. 엄마의 잔소리, 그리고 예전엔 체벌이 있었고요. 그런데 여러분들이 한번 생각해보세요. 이 마이너스 강화가 실제 우리에게 발생할까? 이번 학기에 등급 망쳐서 당장 대학 못가? 그건 아니죠? 이 플러스 강화랑 마이너스 강화는 결과가 실제 우리에게 닥쳐야 동기가 발생하는 건 아니에요. 그냥 단순히 인식만 하고 있어도 동기는 발생을 하죠. 이해되나요? 내가 공부를 안 하고 있으면 그 순간순간 엄마가 와서 잔소리를 하진 않지? 그냥 그런 일이 일어날 수도 있고, 그 때문에 공부는 하잖아? 자…알고만 있어도…발생…중요합니다. 그런데 오늘 진짜 이야기할 건 이런 부분은 아니야."

필자는 분필지우개를 들어서, 마이너스 강화를 설명한 자리를 싹 지워버리고 큰 구멍을 내놨다. 그 자리에 '학교 교실'이라고 다시 큼지막하게 썼다.

"자, 마이너스 동기 중에는 학교 교실이 있습니다. 학교에서 여러분들은 마이너스 강화를 인식해요. 그래서 공부를 하게 되죠. 교실에 안 앉아 있으면, 출첵 걸릴 거 아냐. 피해 보죠? 종소리 어때요? 딱딱 그거에 맞춰서 움직이죠? 어기면? 처벌? 그리고 서로서로, 그리고 선생님에 의해서 감시당하고…그러니까 이 학교라는 곳은 마이너스 강화를 통해서 여러분을 공부시키고, 여러분은 12년의 교육과정 속에서 그런 경험을 누적하는 거죠. 내가 아까 실제로 마이너스가 발생하는 게 중요한 것이 아니라, 인식 자체가 동기를 발생시킨다고 했죠? 학교는 그런 곳이에요. 실제 불이익을 주지 않더라도 끊임없이 인식시키죠. 그렇게 동기가 발생해. 문제는 뭐냐."

이번에는 내적 동기와 외적 동기의 동그라미에서 내가 지워낸 자리에 선을 그어, 동기와 학교와 분리시켰다. 가장 중요한 부분이다.

"지금 온라인 수업 때문에 여러분들의 동기가 이만큼이 뜯겨나가 있다는 거예요. 이해 되나요? 마이너스 강화라는 게 무조건 나쁜 게 아냐. 인생은 기회비용이기 때문에, 우리의 행위에서 이득도 발생하고 피해도 발생해요. 그건 자연스러운 거지. 플러스 강화와 마이너스 강화 모두가 우리의 동기의 요인이고 그게 여러분들을 공부시키는데, 지금 이만큼이 없어요. 학교에, 교실에 와 있지 않잖아. 그런데 여러분이 공부를 한다? 그게 말이 되나요?"

목소리가 생각보다 커지고 모니터 속 내 표정은 세상 심각하다. 아이들도 그렇다.

"여러분 온라인 수업에서 공부하기 힘들어. 그게 당연해요. 근데 적응을 하라고? 온라인 수업에 적응하라는 건 팔다리 묶인 상태로 그냥 살라는 것과 같아요. 무슨 뜻인지 알겠어요? 이만큼이 비어 있잖아. 팔다리를 달아주고 채워줘야 근본적인 문제가 해결되지, 적응한다고 해서 어떻게 해결하겠어요?

물론 지금도 공부 열심히 하는 아이들은 있어. 내적 동기가 높은 아이들이죠. 근데 모든 학생들이 지금 다 그렇게 살아야 해요? 오히려 내적 동기가 이 손실된 외적 동기를 채워버린 아이들이랑, 그렇지 못한 아이들이랑 다 똑같은 교육을 받는 게 문제 아닐까?

제가 이런 이야기를 하는 이유는 두 가지가 있어요. 첫 번째는 이거 외적 동기라니까? 외적 동기를 어떻게 채워요, 이건 여러분이 해결 못하는 문제예요. 그리고 내적 동기가 높은 애들도 그래. 그 친구들이라고 해서 온라인 수업이 오프라인만큼은 못하잖아. 그 친구들에게도 지금 더 보상을 해줘야 하는 거예요.

두 번째 이유. 자, 내적 동기랑 외적 동기를 둘러싼 더 큰 원이 하나 더 있어 얘들아. 뭘까? 바로 관계 맺음이에요. 길 가는데 아무나 와서 '너 예쁘다 빵 하나 먹어'. 하면 여러분 받아먹습니까? 상이든 벌이든 그것을 제공하는 사람과의 관계 맺음이 존재하는데, 지금 우리는 온라인 수업 때문에 관계 맺음이 깨져 있잖아. 다시 이거."

'땅땅땅' 하고 칠판을 두드리며, 잘려 나간 원의 한복판에 '교사'라고 썼다.

"교사가 해야 돼. 학부모님이 해줘요? 외적 동기인데 여러분들이 해? 이미 1학기가 다 지났는데 내가 고민이 부족했어요. 더 먼저 고민하고 해결을 해줬어야 하는데, 그렇게 못한 거 사과합니다. 미안해요. 지금부터라도 합시다. 이제는 이 이야기를 여러분들이 받아들일 거야. 학기초에 이런 얘기 내가 좌아악 하고, 톡방 만든들, 여러분이 내가 누군지도 모르고 신뢰도 없으니까 잘 안 됐을 거예요.

그런데 지금은 여러분들이 경험한 일이잖아요. 이제 온라인 수업 한 학기 하고 성적표, 화요일엔 등급 다 나옵니다. 그럼 여러분들도 '아, 이게 아니구나' 하고 고민이 들잖아요. 이젠 우리가 같이 이야기를 나눌 수 있지. 닥친 일은 원래 그렇게 발생하는 일이에요. 코로나나 온라인 수업, 이걸 없었던 일로는 되돌릴 순 없잖아요. 문제는 우리가 지금부터 이 경험을 토대로 어떻게 성장을 할까 생각해보는 거지."

숨이 찼다. 말을 잠시 멈추고, 줌 채팅방에 링크를 올렸다.

"하… 자. 여기 링크 있어요. 여기로 들어와. 오픈채팅방이에요…규칙이… 1. 알림은 끈다. 2. 벨소리도 자유롭게. 3. 영어질문도 자유롭게. 4. 대신 영어질문을 한 사람은 그 대화가 끝나면 캡처해서 톡방에 올려주세요. 이건 관계 맺음을 위해서 만든 톡방인데 그래서 실제로 애들이 밤늦도록 떠들고 할거거든? 그러니까 공부에 방해 안 되게 알림은 끄시고. 대신에 영어질문을 한 건 다른 애들도 봤으면 좋겠어. 그럼 나중에 다른 애들이 와서 앨범만 보면 되잖아. 나도 내가 퀴즈 낸 건 올려줄 테니까. 알겠죠?"

그 사이 아이들이 링크를 타고 오픈채팅방에 몇 명 들어왔다.

"자… 설명은 이 정도면 될 거고… 어쨌든 한 학기 동안 고생했어요. 톡방에 내가 영어 공부 내용도 올리고 웃긴 만화나 영상도 같이 보면서 한번 재밌게 해봅시다."

이어서 다음 주에 있을 영어경시대회 이야기를 시작했다. 그리고 수업이 끝나고 쉬는 시간에 오픈채팅방에서 다시 이야기를 이어갔다.

성공적인 수업의 조건

아이들은 쉴 새 없이 톡방에서 떠들면서 온라인에서 새로운 관계 맺음을 만들어갔다. 필자는 틈날 때마다 아이들에게 영작 과제를 던져주고 있다.

4장

유튜브, 블렌디드 러닝, 거꾸로 수업 등 이전에도 온라인 콘텐츠를 수업시간에 간간이 활용하는 교사들이 있었다. 하지만 어디까지나 교사 개인이 교육과정을 재구성하고 자신의 재량에 따라 선택하는 수준이었고, 또 어디까지나 대면 수업을 보완하는 수준에서 이루어진 것들이다. 하지만 코로나19로 인해 모든 교사들이 오직 비대면으로만 수업을 실시해야 하는 상황에 놓이고 말았다. 무기한 개학을 미룰 수 없는 상황에서 온라인 수업은 수많은 선택지 중 하나가 아닌 거의 유일무이한 선택지였다. 게다가 담당 교과인 수학과의 경우 아직까지 우리나라 학교 교육에서 큰 비중을 차지하는 입시 주요 과목인 만큼 온라인 수업을 어떻게 진행해야 할 것인가에 대한 고민 또한 더욱 깊어졌다. 그래서 여기에서는 실제 경험을 바탕으로 동료 교사들과 함께 협력하여 수학 교과에 대한 온라인 수업을 준비하고 진행했던 내용들을 사례 중심으로 이야기하려고 한다.

수학과 온라인 수업

●●●●

"학력격차 해결에 다가간 맞춤형 교육 실현"

주요 사용 툴과 앱

#아이패드 프로 3세대 　　　#갤럭시탭 S6 lite

#EBS 온라인 클래스 #구글 클래스룸 병행

#class123: 개별 전달사항

#카카오톡 단톡방: 실시간 전달사항

#구글 스프레드시트: 과제 및 평가

#zoom: 화상회의

#루마퓨전 앱: 수업영상 제작, 편집

#지오지브라 앱: 특정 원리 수업 지도에 활용

#Flexil 앱: 다양한 펜 기능을 장착. 문제풀이에 활용

01

문제풀이 전달력을 높이는
온라인 수업의 준비 과정

느닷없는 코로나 유행의 장기화로 속절없이 개학이 연기되다가 결국 3월이 모두 지나갔다. 4월이 되어 갑작스레 온라인 수업을 해야 한다는 소식을 들었을 때, 과연 이게 현실적으로 가능할까 하는 생각이 들었다.

학교에서도 온라인 수업을 위해 어떤 식으로 준비해야 하는지에 대한 고민을 토대로 많은 회의를 진행하였고, 교육부에서 제공해주는 자료를 참고하여 학교에서 진행할 수 있는 구체적이고 실현 가능한 방법에 대해 심도 있는 고민이 계속되었다. 특히 어떻게 해야 각 교과별로 최대한 학습결손을 피하면서 학사일정을 꾸려갈 것인지에 대한 고민이 컸다. 무엇보다 학생들에게 피해가 가지 않도록 온라인 수업을 진행하는 방안을 마련하는 것이 시급했다.

° 수학과의 특징을 살린 쌍방향 수업을 위한 고민

결국 화상채팅이 가능한 줌(zoom)과 다양한 수업 자료 탑재가 가능한 **EBS 온라인클래스**를 활용하여 **쌍방향 수업**을 진행하기로 결정하였다. 사전에 줌을 활용하기 위한 다양한 테스트를 진행해보았고, EBS 온라인 클래스의 다양한 기능에 대해서도 공부하면서 전체 교직원 회의 때 정보부장이 관련 연수를 진행하기도 했다.

특히 수학과의 특성상 쌍방향 수업을 진행할 때 어떻게 해야 학생들에게 문제풀이 과정을 잘 전달할 수 있을까에 대한 고민이 컸다. 그저 단순히 프레젠테이션을 통해 수업을 안내하는 것만으로는 논리적인 과정을 전달하는 데 한계가 있기 때문이다. 프레젠테이션의 애니메이션 효과를 사용하면 그나마 과정 서술을 할 수 있다고 하지만, 교사가 칠판에 직접 손으로 쓰는 것을 보면서 이해하는 과정과 비교하면 프레젠테이션으로 묘사된 장면은 학생들이 지루하게 느낄 수 있다. 그리하여 손으로 직접 풀이 과정을 전달할 수 있는 방법에 대해 고민하게 되었고, 일단 준비된 환경에서 가장 쉽게 할 수 있는 방법부터 찾아보기 시작했다.

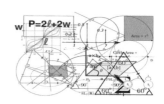

⦁ 주어진 여건에 맞춰 최선의 방법을 강구하다

우리 학교의 경우 이미 온라인 수업이 시작되기 전에 각 교실마다 쌍방향 수업을 위한 노트북과 듀얼 모니터를 마련해둔 상태였다. 일단 이것들만으로 필기하는 과정을 어떻게 전달할지 방법에 대해 이런저런 고민들을 해보았는데, 이때 교사들이 제안한 의견들은 다음과 같다.

교실마다 세팅된 노트북과 듀얼 모니터
수학과는 노트북 화면에는 줌 화면을 띄우고, 또 다른 모니터에는 문제풀이를 띄워 설명하는 용도로 활용하였다.

① 노트북의 캠을 칠판 방향으로 향하게 하여 칠판에서 직접 판서하는 방법이다. 노트북의 높이와 각도를 잘 조절하면 칠판의 글씨가 어느 정도 보이고, 칠판 전체 부분 중 가운데 3분의 1 정도에서 필기하면 충분히 줌을 통해 필기 과정을 전달할 수 있었다. 선생님들이 각 교실에 흩어진 후에 한 교실에서 직접 시연해보았고, 이를 다른 교실에 있는 선생님들이 지켜보니 각도에 따라 빛이 반사되기도 하고, 일반 분필로 판서할 때에는 흐려서 잘 보이지 않는 상황도 있었다. 하지만 빛이 반사되는 상황은 높이와 각도를 적절히 조절함으로써 보완이 가능하였고, 흐려서 잘 보이지 않는 상황은 일반 분필 말고 멀티 초크펜과 같은 다른 필기도구로 교체하여 해결할 수 있었다.

② 노트에 필기하는 과정을 핸드폰 또는 웹캠을 이용하여 전달하는 방법이다. 이를 위해서는 노트북에 웹캠이나 핸드폰을 연결하거나 노트북과 핸드폰 둘 다 줌에 접속하여 웹캠 또는 핸드폰으로 노트를 비추는 방법인데, 이를 위해서는 별도의 거치대가 필요하다. 그리고 위에서 비추다 보니 그림자가 생길 수 있어 불편했다.

③ 태블릿을 이용하여 필기하는 방법이다. 컴퓨터에 연결하여 펜마우스처럼 쓸 수 있는 태블릿을 연결하면 줌에 접속하여 PDF파일이나 화이트보드 기능에서 필기를 공유할 수 있다.

④ 아이패드나 갤럭시탭과 같은 태블릿 PC가 있다면 노트북과 동시에 줌에 접속하여 태블릿 PC에서 화면 공유를 통해 노트필기를 공유할 수 있다. 태블릿 PC와 연동되는 전자펜이 있다면 일반 노트에 필기

하는 것과 같은 효과를 나타낼 수 있고, 태블릿 PC의 사양에 따라 다양한 기능을 활용할 수 있다. 단, 고가의 장비를 개인이 따로 구매해야 하는 부담은 있을 수 있다. 필자의 경우에는 올해 제공된 복지포인트를 쌍방향 수업을 위한 태블릿 PC를 구입하는 데 사용하였다.

본교 수학과에서는 학년별 과목별에 따라 상황에 맞는 방법을 적용하여 쌍방향 수업을 진행하였다. 필자가 속한 1학년 수학에서는 3명의 교사가 함께 수업하였는데, 다행히 3명 모두 태블릿 PC(iPad pro 3세대, 갤럭시탭S6 Lite)를 가지고 있어서 위의 네 가지 중 4번의 태블릿 PC를 활용하는 방법을 선택하였다.

02

교과 수업과 학생 참여형 활동 수업의 진행 과정

학생들이 다양한 수학 문제들을 해결할 수 있으려면 관련된 개념의 이해가 필수이다. 그리고 학습한 개념이 지식 수준에 머물지 않도록 활용해볼 기회를 제공해야 한다. 이를 위해서 우리 학교의 수학 수업은 일반적인 수학적 지식과 개념 등을 전달하기 위한 **교과 수업**과 수학의 개념과 논리를 직접 체험할 수 있도록 학생들이 주도적으로 참여하며 진행하는 **활동 수업**으로 이루어져왔다.

하지만 코로나19로 인해 온라인 수업이 주를 이루게 됨에 따라 기존 방식을 그대로 고수하기는 어려운 여건에 처하게 되었다. 따라서 우리 수업이 추구하는 방향성은 유지하되 온라인 수업을 병행해야 하는 상황에 맞추어 수업을 재구성하는 형태로 교과 운영계획을 짜보았다.

❝ 수학과 교과 수업, 어떻게 실천했나?

1학년 수학 수업은 일주일에 4시간으로 구성되어 있고, 이 중 3시간은 교과 시간, 1시간은 활동 시간으로 진행하고 있다. 수업 진행 방법은 크게 교과 수업과 활동 수업, 1학기 1차 지필평가 이전과 이후로 나누어 진행되었다.

1학기 1차 지필평가 이전까지의 교과 수업

1학기 1차 지필평가 이전의 교과 수업까지는 3명의 교사가 진도를 나누어 수업영상을 촬영한 후에 이를 EBS 온라인 클래스 강좌에 업로드하고, 수업시간에 실시간으로 녹화 강의를 공유하는 방식으로 진행하였다. 3명의 교사가 진도를 나누어 수업영상을 촬영하였기에 수업 준비 부담은 다소 덜 수 있었다.

EBS 온라인 클래스 운영 방법은 각 교사별로 운영 클래스를 개설하고, 3명의 교사가 모두 관리자로 가입하여 EBS에서 개발한 교과서 진도 특강과 선생님들이 촬영한 문제풀이 특강을 각 클래스별로 업로드하는 방식으로 진행하였다. 각 교사별 운영 클래스는 1~4반을 담당하는 A 선생님 클래스와 5~9반을 담당하는 B 선생님 클래스, 10반을 담당하는 C 선생님 클래스로 나누어 운영하였다.

업로드한 영상은 수업시간에 줌을 통해 실시간 공유하여 학생들에게 보여주었고, 채팅을 통해 질문을 주고받는 시간을 가졌다.

이 방법으로 진행하면서 선생님들과 함께 나눈 의견 중 영상을 업로드한 후 공유하는 방법으로 진행할 경우 각 선생님별로 클래스를 개설하지 않고, 전 학급을 통틀어 하나의 클래스를 개설하고 3명의 선생님 모두 관리자로 들어와서 각자가 촬영한 영상을 올리는 것이 더 좋겠다는 의견이 나왔다.

1학기 1차 지필평가 이후부터의 교과 수업

1학기 1차 지필평가 이후부터는 수업 운영 방식이 조금 바뀌었다. 기존의 영상을 업로드한 후 공유하는 방식에서 각 선생님이 실시간으로 진행하는 방식으로 진행하자는 의견이 나온 것이다. 이전처럼 단원을 나누어서 영상을 분담하여 업로드할 경우 준비하는 시간이 줄어든다는 장점이 분명 있기는 하다. 하지만 각 선생님마다 강의 방식에 약간씩 차이가 있다 보니 이를 억지로 통일하기보다는 각자 본인의 스타일에 맞게 수업을 진행하는 편이 더 좋을 것 같다는 쪽으로 의견이 기울었다. 그리고 1학년 수학 교사 3명모두 각자의 태블릿 PC를 가지고 있었기 때문에 실시간으로 진행하는 수업 방식이 가능했다.

나아가 또 하나의 변화를 준 것이라면 EBS 온라인 클래스와 더불어 구글 클래스룸을 병행 도입하는 부분이었다. 학교에서는 기본적으로 온라인 수업 플랫폼으로 EBS 온라인 클래스를 활용하기로 했다. EBS 온라인 클래스의 장점은 학생들의 수강 이력을 확인할 수 있다는 점이고, 반대로 단점은 자료 업로드 외에 실시간으로 소통할 수 있는 기능이 제한적이라는 점이었다. 그래서 이러한 문제를 극복하기 위해 실시간 소통이 가능한 구글 클래스룸에 대해 좀 더 알아보게 된 것이다. 경기도교육청에서 단위 학교별 계정을 생성했다는 소식을 듣고 학교에 계정 신청을 요구하였다. 구글 클래스룸에서 1~10반까지 학급별로 10개의 클래스를 별도로 개설하였고, 3명의 선생님이 모든 학급의 관리교사로 가입하여 선생님별 운영 내용을 서로 볼 수 있도록 하였다.

각 선생님별로 태블릿 PC를 활용하여 실시간 수업을 진행하기로 하면서 필자의 경우에는 노트북에서 줌 회의를 개설하는 한편, 태블릿 PC로 개설한 회의에 참여한 후 화면을 공유하는 방법을 사용했다. 노트북과 태블릿 PC를 같은 공간에서 사용할 경우 기기가 너무 가깝게 위치하면 소리의 간섭현상 때문에 잡음이 발생할 수 있다. 이를 방지하기 위해 태블릿 PC로 회의에 참여할 때에는 반드시 소리를 끄고 참여해야 소리의 간섭현상이 발생하지 않는다. 태블릿 PC에서 소리를 잠깐이라도 켜게 되면 다시 끄더라도 간섭현상이 발생하므로 이 부분은 특히 주의가 필요하다.

태블릿 PC의 활용 방법을 소개하면 교과서 PDF 파일의 화면을 공유한 후 여기에 직접 필기를 진행하며 수업하였다. 이 방법의 장점은 공유된 교과서 PDF 파일 화면을 학생들과 함께 볼 수 있고, 여백을 활용하여 개념 설명 및 문제풀이가 가능하다는 점이었

문제풀이를 위한 태블릿 PC 화면 공유
태블릿 PC에 pdf 화면을 띄우고, 스타일러스펜으로 문제풀이를 하면서 이 화면을 학생들과 함께 공유함으로써 풀이 과정을 생생하게 전달할 수 있도록 하였다.

다. 만약 설명하기에 여백이 부족하다고 생각될 때에는 별도의 노트앱을 열어 해결할 수 있었다. 이런 방식으로 수업을 해보니 오프라인에서 칠판에 판서한 내용은 일부러 촬영하지 않는 이상 기록을 남기기 어렵지만, 온라인에서 PDF 파일에 직접 필기하며 수업하니 저절로 기록에 남게 되어 교사 입장에서 본인의 수업을 좀 더 잘 들여다볼 수 있는 장점도 발견했다.

온라인으로 실시간 수업을 진행하며 가장 중요하게 생각한 것은 과연 학생들이 수업을 잘 들었는지 그리고 문제는 잘 풀고 있는지를 파악하는 것이었다. 따라서 이를 명확히 확인하기 위한 방법이 꼭 필요했다. 이를 위해 구글 클래스룸에서 수업시간 종료 후 수업시간에 푼 문제를 촬영하여 업로드할 수 있는 과제를 제시하였고, 여기에 올린 사진을 보고 학생들이 풀이한 과정을 보면서 개별적으로 피드백을 제시하였다. 이렇게 하였을 때 학급당 10명 내외의 학생들이 참여하였고, 실시간 피드백을 통해 학생들의 한층 적극적인 참여를 이끌어낼 수 있었다고 생각한다.

온라인 수업을 사전 제작 콘텐츠가 아닌 실시간 강의 진행으로 전환하면서 좋았던 점은 무엇보다 학생들에게 맞춰 수업 진행 속도를 조절할 수 있다는 것이다. 강의하면서 학생들이 질문하는 내용에 즉각적으로 반응할 수 있었고, 일방적으로 전달하고 끝내는 것이 아니라 오프라인 수업과 같이 학생들과 직접 소통할 수 있다는 점에서 의미가 있었다고 생각된다.

다만 아쉬웠던 점도 있다. 기존의 사전에 제작된 녹화 영상을 공유하는 방식일 때는 학생들이 잘 이해되지 않는 부분을 반복적으로 재생할 수 있었지만, 실시간 수업에서는 오프라인 수업과 마찬가지로 다시 볼 수 있는 기회가 제한되는 부분이었다. 이를 극복하기 위해 2학기 수업에서는 줌 녹화 기능을 사용하였다. 태블릿 PC에서 화면 공유를 통해 강의하는 장면을 노트북에서 줌으로 녹화하여 이를 예전의 녹화 영상처럼 업로드하는 방법이다. 이 방법의 장점은 실시간 수업으로 속도 조절이 가능한 쌍방향 수업을 통해 소통이 가능하고, 학생 개인 사정으로 인해 해당 수업에 참여하지 못한 경우에도 다시 볼 기회를 제공할 수 있다는 점이다. 그리고 실시간 수업에 참여한 학생들도 수업시간에 해결하지 못한 부분은 영상을 다시 보면서 도움을 받을 수도 있다.

○ 수학과 활동 수업, 어떻게 실천했나?

과거에는 교사가 주도하는 강의식 수업만으로 전체 학기를 채웠지만, 현대의 수업은 배움의 주체인 학생 중심 활동이 한층 강조되고 있다. 수학과의 경우에도 학생들이 주도적으로 참여할 수 있는 활동들을 끊임없이 연구하고 있다. 다만 학력격차가 상대적으로 큰 교과인 만큼 학생 참여형 수업은 자칫 수학에 뛰어난 능력을 보이는 몇몇 학생이 주도하는 활동으로 소수에게 독점될 가능성도 배제할 수 없다. 따라서 가급적 모든 학생들이 **고르게 참여**할 수 있도록 하는 데 좀 더 신경을 써서 활동 수업을 디자인 및 진행하고 있다. 아울러 수업에서 다룬 개념들을 활용하거나 응용할 수 있는 교육프로그램들을 중심으로 배움을 확장시키려 하고 있다. 또한 학생들이 매일 등교할 수 없는 상황에서 어떻게 활동 수업을 진행할지에 관해서도 고민이 되었다.

1학기 1차 지필평가 이전까지의 학생 참여형 활동 수업

활동 수업시간에는 학생 중심의 활동이 적극적으로 이루어지는 한편, 소수의 뛰어난 학생들뿐만 아니라 모든 학생이 고르게 참여할 수 있는 활동이 이루어질 수 있도록 하였다. 교과시간에 배운 내용과 관련된 다양한 활동들을 기획함으로써 수학에 대한 학생들의 흥미를 유발하고 더 나아가 학생들이 교과를 한층 더 잘 이해하는 데 도움을 주기 위한 수업으로 진행한 것이다.

우리 학교는 2017년부터 1학년 학생들을 대상으로 수학 활동 수업을 진행해왔고, 지난 3년간 진행하면서 나름대로 커리큘럼이 갖춰진 상태였다. 하지만 온라인 방식으로 기존의 활동 수업을 진행하기란 결코 쉬운 일이 아니었다. 특히 언제 오프라인 수업을 재개하게 될지 모르는 4월에는 이전에 해왔던 활동 수업 중에서 온라인에서도 간단한 활동지로 진행해볼 만한 수업을 준비하게 되었다. 1학기 1차 지필평가 이전에 온라인으로 진행한 수업은 총 5차시 수업이었는데, 2명의 교사가 각각 1~3반과 4~10반으로 나누어 진행하였고, 진행한 내용은 아래 표와 같다.

학기 초에 진행한 수학 활동 수업

차시	활동 내용
1차시	나의 수학 History
2차시	다항식은 왜 배울까? / 대수막대를 이용한 다항식의 나눗셈
3차시	스프레드시트를 이용하여 몫과 나머지 구하기
4차시	보간법
5차시	현대사회와 복소수

활동 수업 각각의 차시에 관해 좀 더 설명하면 다음과 같다. 우선 1차시 '나의 수학 History'에서는 1학년에 처음으로 입학한 학생들을 대상으로 이전에 배웠던 수학 내용을 정리해보고, 자신이 수학에 대해 어떤 생각을 가지고 있는지 그리고 고등학교에서 기대하는 바에 대해서 간단한 문항으로 정리하는 시간을 가졌다.

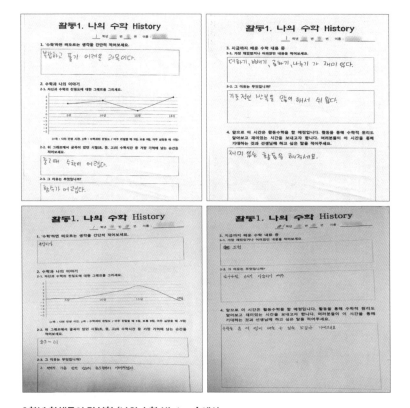

1학년 학생들이 작성한 '나의 수학 History' 예시
고등학교에 처음 입학하여 과거에 배운 수학 내용을 정리하는 한편 스스로 수학에 대해 가진 생각을 정리해보도록 하였다.

2차시 '다항식은 왜 배울까? / 대수막대를 이용한 다항식의 나눗셈'에서는 다항식을 이용해서 원하는 날짜의 요일을 계산하는 활동과 교과서 활동 자료에 실려 있는 자료 중 대수막대를 이용하여 다항식의 나눗셈을 알아보는 활동을 진행하였다.

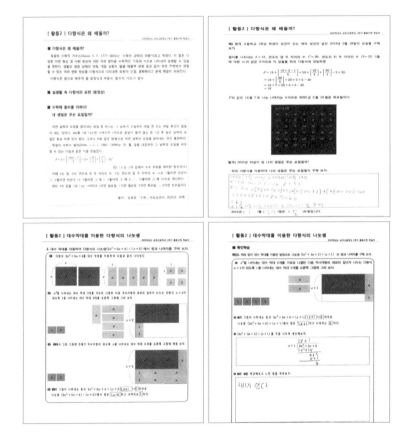

다항식 수업 자료 및 학생들이 제출한 활동지 예시
다항식은 왜 배울까에서는 날짜의 요일을 계산하는 활동을 실제로 해보는 자료를 제공하였다.
대수막대를 이용한 다항식의 나눗셈에서는 대수 막대를 활용해 다항식 나눗셈을 해보았다.

3차시 '스프레드시트를 이용하여 몫과 나머지 구하기'에서는 엑셀, 한셀, 구글 스프레드시트의 간단한 기능에 대해 설명하고 함수로 조립제법을 이용한 몫과 나머지 구하기 활동을 진행하였다.

A	B	C	D	E	F
-3	3	-5	7	-2	
		-9	42	-147	
	3	-14	49	-149	
1	2	-5	-1	6	3
		2	-3	-4	2
	2	-3	-4	2	5
2	2	-8	3	5	
		4	-8	-10	
	2	-4	-5	-5	

	A	B	C	D	E	F	G
1	2	2	-8	3	5		
2			4	-8	-10		
3		2	-4	-5	-5		
4							
5							
6	-3	3	-5	7	-2		
7			-9	42	-147		
8		3	-14	49	-149		
9							
10							
11	1	2	-5	-1	6	3	
12			2	-3	-4	2	
13		2	-3	-4	2	5	
14							
15							

	A	B	C	D	E	F	G
1	2	2	-8	3	5		
2			4	-8	-10		
3		2	-4	-5	-5		
4							
5							
6	-3	3	-5	7	-2		
7			-9	42	-147		
8		3	-14	49	-149		
9							
10							
11	1	2	-5	-1	6	3	
12			2	-3	-4	2	
13		2	-3	-4	2	5	
14							

F13 수식 =F11+F12

	A	B	C	D	E	F	G
1	2	2	-8	3	5		
2			4	-8	-10		
3		2	-4	-5	-5		
4							
5							
6	-3	3	-5	7	-2		
7			-9	42	-147		
8		3	-14	49	-149		
9							
10							
11	1	2	-5	-1	6	3	
12			2	-3	-4	2	
13		2	-3	-4	2	5	
14							

다양한 스프레드 시트를 활용한 활동 예
구글, 엑셀 등 다양한 스프레드 시트를 활용하여 조립제법을 이용한 몫과 나머지 구하기 활동을 해보았다.

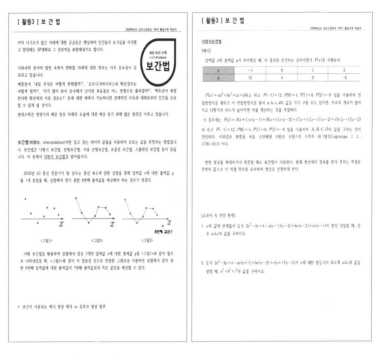

학생들에게 제공한 보간법 활동지 예
관련 내용을 간단히 정리하고, 문제풀이를 해볼 수 있는 활동지를 제공하였다.

4차시 '보간법'에서는 먼저 학생들에게 보간법의 내용에 대해 간단히 안내하고 보간법과 관련된 교과서의 문제를 해결하는 시간을 가졌다.

5차시 '현대사회와 복소수'에서는 'EBS 다큐프라임 넘버스 5부 - 천공의 수 허수'를 줌을 통해 함께 시청하고, 현대사회에서 복소수가 어떻게 활용되고 있는지 간단한 보고서를 작성하면서 알아보는 시간을 가졌다.

현대사회와 복소수

주제	실생활 복소수의 쓰임	
관련 제재	주제와 관련된 교과서 단원명	
학번 이름	학번	성명

★ 보고서 작성 시 유의사항 ★
폰트 함초롬돋음, 12pt, 분량은 3부 이내, 줄간격 160%
주제에 맞게 간결하게 기술할 것
복사＋붙여넣기 금지 / 다양한 자료 검색을 통해 알게된 사실을 자신이 이해한 내용을 토대로
모두 적어서 내기!
작성하여 활동지 게시판에 올리기
파란색글씨는 제출 시 모두 삭제하기
보고서를 작성하며 자료검색은 '책'을 활용하는 것을 추천함!
보고서도 작성하고, 읽은 책을 독후감으로 제출 할 수 있기를 바램!
(무조건은 아닙니다. 인터넷검색도 괜찮지만 복사+붙여넣기는 안됨.)

1. 본론

자유롭게 기술
(복소수의 역사, 선행연구 및 이론적 배경, 전문가 자문내용, 관련 서적 참고 내용 등 자신이
조사한 내용에 대해 자신의 이해를 바탕으로 상세히 기술)

2. 결론 및 정리
새롭게 알게 된 사실들을 3문장으로 간략하게 정리하여 기술

---

3. 복소수의 관련된 나의 진로

예시) 미술 - 프랙탈구조를 이용한 예술은 복소수를 이용한 프로그래밍으로 구현
항공기 - 기체, 액체의 흐름에 연관
디자인 - 거울왕국에 쓰인 그래픽
국어 - '복소수'의 의미
등등
정말 자신이 관심을 가지고 있는 분야라면 수학이 안쓰이는 분야는 없기에 모두 찾을 수
있습니다. '저의 진로는 수학과 관련이 없어요.'라고 말하지 말아주세요..!

4. 참고문헌 및 참고 사이트
참고한 논문 및 서적의 제목과 저자 정확히 밝힘, 참고한 인터넷 사이트 주소를 정확히 밝힘
[각주] 저자명, 『서적명』, 출판사, 출판년도, 인용한 페이지. / 웹사이트 주소

학생들이 제출한 현대사회와 복소수에 관한 활동지 예

현대사회에서 복소수가 어떻게 활용되고 있는지를 보고서로 작성하게 했다. 학생에 따라 활동지에 작성한 내용은 천차만별이다.

1학기 1차 지필평가 이후부터의 활동 수업

1학기 1차 지필평가 이후부터는 온라인 수업과 오프라인 수업이 격주로 진행되었다. 이에 따라 본격적으로 오프라인에서 진행할 수 있는 활동 수업에 대해 준비하기 시작했다. 작년에 학생들과 함께했던 활동 중 반응이 가장 좋았던 '방탈출 게임'과 '수학 달력 만들기'를 진행하기로 결정하고, 온라인 수업과 오프라인 수업에서 진행할 수 있는 활동을 나누어 계획하였다.

방탈출 게임은 탈출의 단서를 제공하는 문제들을 학생들이 직접 만들고, 이를 활용하여 방탈출 게임을 진행하는 방식으로 이루어지는 수업이다. 방탈출 게임의 핵심은 학생들이 직접 문제를 만드는 과정에서 해당 교과 내용에 대한 이해도를 향상시키고, 방탈출 게임 형식을 통해 자연스럽게 적극적인 문제해결을 유도하는 것이다. 하지만 방탈출 게임을 온라인으로 진행하기에는 어렵다고 판단되어 온라인에서는 방탈출 게임에 사용될 문제 만들기 활동을 진행하였다. 방탈출 게임 진행 내용은 다음 표와 같다.

방탈출 활동 수업의 진행 내용

차시	내용	수업 진행 방식
1차시	방탈출 예시 게임	오프라인 수업
2차시	문제 만들기	온라인 수업
3차시	방탈출 본 게임 및 보고서 작성	오프라인 수업

차시별 수업 내용을 좀 더 자세히 살펴보면 다음과 같다. 우선 1차시 '방탈출 예시 게임'에서는 교사들이 기획한 게임 콘셉트의 수업에 참여하여 방탈출 미션에 수학이 어떻게 활용되는지 알아보는 시간을 가졌다. 대면 수업이 당연했던 작년까지는 4절 종이에 작성한 후 수학 교실에서 종이에 작성된 문제를 보고 연습장이나 수학 교실 곳곳에 설치된 칠판을 활용하여 방탈출 게임을 진행하였다. 하지만 비대면 수업일수가 더 많았던 올해의 경우는 온라인 수업에서 사용하는 구글 클래스룸의 구글 설문지 기능을 활용하여 진행하였다. 〈겨울왕국 2〉의 스토리를 재구성하여 게임의 목표를 설정한 후 이를 구글 클래스룸에 게시하였다. 학생들은 각자의 휴대폰에 올라온 문제를 풀면서 방탈출 게임에 참여하였다. 작년까지는 예시 게임을 위해 직접 종이에 쓰거나 플로터

로 출력하여 수학 교실에 게시하는 방식으로 진행했기 때문에 방탈출 게임 환경을 구성하는 데 적잖은 수고가 있었던 게 사실이다. 이에 반해 올해는 간단한 문서작업으로 문제를 만들고 이를 구글 설문지 형식으로 정해진 시간에 배포만 하면 되었기 때문에 오히려 작년에 비해 좀 더 수월하게 수업을 준비할 수 있었다.

2차시 '문제 만들기'에서는 방탈출 게임에 사용될 문제를 만드는 시간을 가졌다. 문제 형식은 1학년 수학 시간에 배운 내용을 활용한 교과 관련 문제와 수학적 사고력을 요하는 창의 수학 문제 중 하나를 택하여 출제하도록 하였다. 문제를 만들 때 사용한 참고자료는 반드시 함께 작성하도록 하여 기존 문제를 똑같이 가져오는 일이 없도록 하였다. 문서 작성 방법은 기본적으로 한글을 사용하는 것이 수식 입력에 수월하기에 '한글' 문서프로그램으로의 작성을 권장했다. 다만 이를 위해 한글 수식 입력 방법을 사전에 영상으로 촬영하여 학생들에게 안내하였다. 하지만 학생 개별 작업 환경에 따라 '한글' 작업이 어려운 경우도 있을 수 있기 때문에 직접 종이에 작성하여 사진을 촬영하여 제출하거나, 아니면 각자 가능한 방법을 활용하여 제출하는 등 다양한 방식을 열어두었다. 문제 만드는 시간은 온라인 수업으로 진행되어 '줌'으로 서로 소통하며 실시간으로 질문을 받는 시간을 가졌다.

3차시 '방탈출 본 게임'에서는 우선 학생들이 출제한 문제를 검토한 후 각 학급별로 함께 풀면 좋을 것 같은 문제를 하나씩 선정하여 총 10문제를 취합하였다. 그리고 이 문제를 활용하여 본격적인 방탈출 게임을 준비하였는데, 방탈출 본 게임 방법은 예시 게임과 마찬가지로 구글 설문지를 이용하여 진행하였다. 카트라이더의 스토리를 재구성하여 라이센스 취득을 목표로 제시하는 한편, 그 과정에 학생들이 직접 출제한 문제를 제시하였다.

방탈출 본 게임을 진행한 후 방탈출 게임 보고서 작성을 구글 설문을 통해 진행하였는데, 친구들이 만든 문제 중 인상적인 문제를 촬영하여 보고서에 업로드하게 하였고, 문제 만들기와 방탈출 게임에 참여한 소감을 조사하는 시간을 가졌다. 소감에서는 문제를 만들면서 해당 내용에 대해 더 깊이 이해하게 되었고, 친구들이 출제한 문제를 풀어보니 재미도 있고, 몰랐던 내용을 다시 알 수 있어서 좋았다는 반응이 많이 나왔다.

수학과 활동 수업 사례 1: 방탈출 게임

학생 참여형 수업의 취지를 살려 온라인에서도 학생들이 최대한 참여할 수 있도록 하는 데 중점을 두었다. 문제 만들기는 물론 활동 후에는 각자 활동에 대한 보고서를 제출하도록 하였다.

🔍 수학 달력 만들기 ⌄

방탈출 게임과 함께 활동 수업의 일환으로 진행한 것은 수학 달력 만들기였다. 수학 달력 만들기는 날짜에 해당하는 수를 다양한 수학적인 기호를 활용하여 표현하는 수업이다. 이 수업은 총 2차시로 진행하였다. 수업 내용은 다음과 같다.

수학 달력 만들기 수업 내용

차시	내용	수업 진행 방식
1차시	수학 달력 만들기	온라인 수업
2차시	수학 달력 만들기 보고서 작성	오프라인 수업

먼저 1차시 '수학 달력 만들기'는 온라인에서 구글 스프레드시트 공동 작업을 활용하여 진행하였다. 구글 클래스룸 과제에서 스프레드시트를 만들어 학급 학생들이 동시에 작업할 수 있는 권한을 부여하고, 각자에게 배분된 날짜의 칸을 채우는 방식으로 진행되었다. 학생별로 날짜를 배분하는 방법은 제비뽑기를 통해 진행하였는데, 우리 학교는 한 학급당 25명 내외로 구성되어 있어 1년 365일을 학생 수로 나눠 1인당 평균 14~15일의 날짜를 채워 1년에 해당하는 달력을 완성하도록 하였다. 단, 이때 10일 이상은 수학적인 표현이 서로 겹치지 않게 사용하도록 하되, 그 외에는 다양한 표현 방법을 허용하였다.

2차시 '수학 달력 만들기 보고서 작성' 시간에는 학생들이 입력한 1년치 달력을 인쇄하여 수학 교실에 게시하였다. 그리고 학급 학생들이 작성한 1년 달력 중 인상적인 내용을 촬영하여 구글 설문 보고서에 업로드하고 수학 달력 만들기를 진행하면서 느낀 점을 간단히 적도록 하였다. 수학 달력 만들기를 하면서 그동안 배운 내용을 정리하고 친구들이 만

든 내용을 보면서 다양한 방법에 대해 알 수 있어서 좋았다는 내용들이
많이 나왔다.

수학과 활동 수업 사례 2: 수학 달력 만들기

총 2차시로 진행된 활동 수업이다. 마지막 2차시에서 학생들이 입력한 1년치 달
력을 인쇄하여 수학 교실에 게시하였다. 구글 설문 보고를 활용하여 인상적인 달
력을 업로드하고, 활동에 대해 느낀 점을 간단히 적도록 하였다.

03

모든 수준의 학생을 아우르는 수업 만들기

온라인으로 수학 교과를 진행하다 보면 자칫 학생들이 수업에 제대로 따라오고 있는지 확인하지 못한 채 교사가 일방적으로 주도하는 수업으로 흐를 수 있다는 점을 경계하지 않을 수 없었다. 특히 수학 교과의 경우 학생들 간 학력 차이가 큰 과목 중 하나이기 때문에 더욱 우려되는 바였다. 그렇다고 무조건 학생들의 참여나 활동만을 강조하면 그야말로 뛰어난 몇몇 학생들만 활개를 치고 나머지 학생들은 배움에서 소외되기 쉬운 방향으로 흐를 위험도 있다. 이에 온라인 수업을 진행하며 가장 중점을 둔 부분 또한 어떻게 하면 최대한 모든 학생들이 개념과 이론을 충분히 이해하게 할 수 있는지 고민하는 한편, 배운 내용을 기초로 학생들의 자발적 활동을 이끌어내는 데 있었다.

⦿ 기본은 수학 개념 정립부터

최근 몇 년간 거꾸로 수업, 활동 중심 수업 등의 장점이 부각되면서 실제 학교 현장에서도 이러한 방식의 수업이 강조되는 추세였다. 하지만 무조건 학생들의 활동 중심 수업에만 치중하다 보면 오히려 정확한 개념을 정립하는 데 장애가 될 수 있다는 생각이 늘 머릿속에서 떠나지 않았다. 이러한 생각을 할 때 즈음 우연히 EBS 다큐멘터리를 보게 되었다. 거꾸로 수업을 진행하는 곳에서 학력격차가 더욱 심해지고 있다는 내용이었다.

이에 1학년 수학과에서 수학 A와 B로 시간을 나누어 수업을 하게 되어서 다행이라는 생각을 하게 되었다. 수학 A시간에는 이론과 개념 학습을 위주로 진행하였고, 수학 B시간에 학생들은 배웠던 개념들을 바탕으로 활동 중심의 수업을 하게 되었다. 다만 아쉬웠던 점은 코로나 사태가 장기화되는 바람에 모둠활동을 충분히 할 수 없었다는 점이다. 온라인 수업에서 실천 가능한 모둠활동 방안에 대한 고민이 추가로 필요하다고 생각했다.

EBS 수업영상을 활용한 학년 초 수업

갑작스럽게 이루어진 비대면체제에서 학생과 학부모님과의 소통 문제의 경우 이미 우리의 일상적인 소통이 상당 부분 전화나 앱 등 온라인 상황에서 이루어지고 있었기 때문에 처음 우려와 달리 큰 부담은 되지 않았다. 하지만 '성적'과 긴밀히 연결된 수업은 사정이 전혀 달랐다. 막상 수업을 온라인으로 해야 한다는 것에 대해 큰 심리적 부담을 느낄 수밖에 없었다.

처음에는 막연히 EBS 온라인 클래스에서 다른 선생님이 미리 촬영해둔 수업영상을 가져와서 학생들에게 보여주는 것으로 시작했다. 코로나19와 함께 워낙 급작스럽게 온라인 수업으로의 전환이 이루어진 탓에 관련 연수나 준비 과정이 턱없이 미흡했다. 게다가 이제 갓 줌을 접해본 상황에서 줌을 이용한 쌍방향 수업을 하는 것만으로도 엄청난 부담이 되었기 때문이었다. 그래서 처음 수학 과목의 온라인 수업을 진행하는 시기에는 줌, EBS 온라인 클래스, 구글 클래스 등의 기능을 익히는 데 상대적으로 많은 시간을 할애할 수밖에 없었다.

먼저 EBS 온라인 클래스 사이트에서 '나의 강의실' 페이지를 만들었다. 사이트에는 이미 우리 학교에서 사용하는 교과서를 토대로 만든 수업영상들이 업로드되어 있었다. 이는 온라인 수업을 앞두고 출판사 별로 제작해둔 것이라 했다. 역시 EBS 강의답게 화면의 구성이나 화질, 음성 출력 등등의 질적 수준이 상당했고, 솔직히 이러한 영상들이 있어서 너무나 다행이라고 생각했다.

워낙 갑작스럽게 결정된 온라인 수업인 만큼 교사와 학생들 모두 처음 겪는 일이다 보니, 수업 초반에 다른 선생님이 찍어둔 강의를 활용하는 것에 대해 학생들도 이해하는 분위기였다. 바이러스 유행과 함께 서둘러 도입된 새로운 형태의 수업인 만큼 선생님들이 이렇게나마 수업을 꾸려 나가는 것을 학생들도 어느 정도 당연하게 받아들인 것이다.

수학 수업영상 만들기에 본격적으로 도전하다

학기 초에 EBS 강의 영상을 요긴하게 사용하기는 했지만, 학기 내내 이 영상에만 의존하여 수업을 진행할 순 없는 노릇이었다. 그래서 본격적으로 나만의 온라인 수업을 준비하게 되었다. 수업 준비를 하기 위해 제일 먼저 자주 방문하는 교사맘 카페에서 온라인 수업에 대한 글들을 검색해보았고, 아이폰과 아이패드에 화면녹화 기능을 사용하면 수업영상을 쉽게 만들 수 있다는 정보만 믿고 일단 무작정 따라하기 시작했다.

가지고 있는 핸드폰으로 화면녹화 영상을 만들어보다가 아이패드를 활용하면 좋겠다 싶어서 길게 고민하지 않고 바로 구입했다. 왜냐하면 노트북에 연결된 마우스로는 수학 수업에서 중요한 문제풀이를 할 수 없었기 때문이다. 수학 교사들이 많이 사용한다는 와콤펜, 아이캔노트 프로그램을 사용하려고 해보았으나, 필자가 만들고 싶은 수업영상을 만드는 데에는 아이패드의 화면 녹화 기능을 사용하는 것이 가장 효율적이라고 생각했다. 학교 내 수학과 예산으로 온라인 수업에 필요한 도구를 구입할 수 있을 때까지 기다렸다가 구매하기에는 시기적으로 너무 늦다고 생각했다.

⚬ EBS 영상과 자체 제작 수업영상을 병행 활용한 초창기

EBS에서 제공하는 미리 만들어진 수업영상을 활용하기는 했지만, 그렇다고 수업에서 이 영상만 100% 활용한 것은 아니었다. 처음에는 나만의 수업영상을 어떤 방식으로 제작할 것인지 탐색할 시간이 필요했고, 또 확실한 방법을 구축하지 못하지 못했을 때 EBS 강의를 요긴하게 사용할 수 있었다. 다만 EBS 강의에서도 교과서 내용을 모두 다뤄주는 것은 아니었기 때문에 강사 선생님이 풀지 않고 건너뛴 문제에 대해서는 새로 풀이해서 추가하는 방식으로 초반 수업이 진행되었다.

본격적으로 자체적인 수업영상을 어떻게 제작할 것인가에 대한 고민과 논의가 이루어졌다. 만드는 방식에 대해서 여러 가지 방법, 예컨대 줌에 접속한 상태에서 웹캠으로 종이에 문제풀이 과정을 손으로 쓰는 것을 실시간으로 보여주는 방법, 칠판에 풀이 과

수학과의 수업영상 콘텐츠들
처음에는 각자 소단원을 나누어 맡아서 영상을 제작하였다. 학생들은 원래 담당 교사뿐만 아니라 다른 반 담당 교사의 수업영상도 함께 접할 수 있었다.

정을 쓰는 모습을 웹캠으로 비추어서 보여주는 방법 등에 대해 생각해보기도 했는데, 1학년 수학을 담당하는 (필자를 포함한) 3명의 선생님과 함께 논의한 결과 교과서 pdf 파일을 화면에 띄우고 그 위에 설명이나 풀이를 적으면서 음성을 같이 녹화하는 방식으로 수업영상을 만들자고 결정했다.

아무래도 이러한 방식으로 수업영상을 만드는 것이 처음이었기 때문에 영상 하나를 제작하는 데에 꽤 많은 시행착오를 겪어야 했고, 무엇보다 시간도 오래 걸렸다. 그래서 같은 수업을 들어가는 우리 3명은 각자 소단원을 하나씩 나누어 맡아서 영상을 제작하고, 그 영상을 다른 선생님들과 공유하기로 했다. 그래서 학생들은 소단원별로 원래 담당 교사뿐만 아니라 다른 선생님의 강의도 들을 수 있게 된 것이다.

1학년 수학과 선생님들이 구글 드라이브에 공유폴더를 만들었고, 여기에 각자 만든 수업영상을 업로드하고 필요에 따라서 다운

수학과에서 공유하는 평가 시트
구글에 평가 양식을 올려놓고, 수업시간에 필요할 때 아이패드로 접속하여 시트를 열어 바로 입력할 수 있어 편리했다.

받아 쓰는 형식으로 자료를 공유하고 있다. 비단 수업영상뿐만 아니라 수행평가 점수를 입력하는 시트를 만들어 공유함으로써 학기말 종합성적(수행평가 합산)을 내기에도 편리했다. 이렇게 해두면 수업시간에 아이패드에서 구글드라이브에 들어가서 엑셀 시트를 열어 입력할 수 있다.

물론 전문가의 손길을 두루 거쳐 만들어진 EBS 강의는 화질과 편집기술이 탁월하다. 하지만 이러한 기술적 측면에서 조금 모자라도 친근한 우리 학교 선생님의 목소리가 담긴, 우리가 직접 만든 영상이 더 나을 것이라는 게 우리의 생각이었다. 첫 단원에서는 EBS 강의(우리 학교 교과서를 토대로 제작된 것)에 학교 선생님 3명이 소단원을 나누어서 제작한 강의를 혼합한 형태로 수업이 진행되었다. 이후 두 번째 단원부터는 수업영상 제작 기술에 점점 더 익숙해져 전 과정에 대한 영상을 모두 각자 직접 제작해서 담당하고 있는 학급의 수업영상으로 사용하게 되었다.

○ 나만의 온라인 수업으로 정착하다

온라인 수업 초반에는 EBS에 이미 업로드되어 있던 수업영상을 기본으로 간단한 개념 정리와 EBS 강사 선생님이 다루지 않은 문제풀이를 추가한 나의 영상으로 수업을 해나갔고, 그 다음에는 같은 과목을 담당하는 선생님들과 단원별로 나눠서 영상을 만들어서 수업을 진행했다. 그리고 지금은 100% 자기 제작 영상으로만 수업을 진행하고 있다. 직접 만든 영상만을 수업에 사용하게 된 가장 큰 이유는 학생들에게 혼동을 주고 싶지 않아서였다. 하나의 교과서를 사용하는 한 과목을 수업하는 데 여러 명의 교사가 온라인 수업을 나눠 하는 것도 나름 장점이 있겠지만, 그보다는 담당 교사 한 명의 목소리로 수업 내용의 강약을 조절하며 진행하는 것이 효과적이라고 판단했기 때문이다.

우리 학교에서는 각 교실에 노트북 1대, 모니터 1대를 기본 세팅으로 하고 있다. 필자의 경우 듀얼 모니터로 학생들의 출결이나 수강 상황을 체크하고, 노트북으로는 강의를 띄워서 화면을 공유하는데, 수업영상을 공유하기 전에 서로의 얼굴을 보면서 5~10분 정도 출결 확인과 공지사항 전달 및 질의응답 시간을 갖는다. 교과서 수업 내용의 영상을 제공하는 시간은 40분 내외이다. 혹시 사정상 제시간에 수업을 듣지 못하거나 놓친 부분을 다시 듣고 싶은 학생을 위해 강의 내용은 EBS 온라인 클래스에 업로드 해놓고 수업영상을 수업시간에 공유하고 수업까지 종료한 뒤에 강의를 **오픈**한다. 참고로 업로드된 강의는 저장 상태이며, 관리자가 '오픈' 설정을 하지 않으면 학생들이 수강할 수 없다.

처음에는 내 수업을 화면공유했을 때 학생들이 보는 화면의 화질은 괜찮은지, 목소리는 버퍼링 없이 깨끗하게 들리는지 확인하

수업영상을 편집하는 개인 아이패드와 교실에 세팅된 노트북과 모니터
편집한 수업영상을 화면공유할 때는 교사와 학생 모두 음소거 상태여야 소음 간섭이 일어나지 않는다.

기 위해 핸드폰이나 아이패드로 학생들이 접속하듯이 줌 회의에 참가해서 살펴보곤 했다. 2학기가 되자 기능적인 면에서 한층 숙달되었기 때문에 별도의 참가를 하지는 않고 학생들이 수업영상을 시청하고 있을 때 교과서에 제시되지 않은 수업 자료를 찾아서 보기도 하고, 다음 차시 수업영상을 촬영하기도 한다.

위의 사진의 맨 왼쪽이 필자가 녹화한 수업영상을 편집하고 있는 아이패드, 가운데 화면은 교실에 설치된 노트북에서 EBS 온라인 클래스 사이트에 접속해서 화면을 띄우고(아직 오픈되지 않은 수업영상임) 화면 공유를 한 것이고, 맨 오른쪽에 있는 것이 듀얼 모니터이다. 노트북과 연결해서 줌 화상회의 화면을 띄워놓고 학생들의 실시간 모습을 확인하는 데 사용하고 있다.

수업영상을 화면에 공유할 때는 교사와 학생들 모두 음소거 상태여야만 수업영상을 수강하는 데 알맞은 환경이 된다. 줌 회의실에 접속한 모든 인원이 음소거 상태가 아니면 지속적으로 크고 작은 소음 간섭이 일어나 수업을 듣는 데 방해가 된다. 다만 수업 중 상호작용이 가능하도록 필자가 진행하는 수업의 경우 수업영상을 공유하는 중에 이런저런 질문을 하고 싶은 사람들은 채팅창에 그때그때 질문을 하도록 안내하고 있다. 간혹 동시접속자가 많아 발생하는 화면 멈춤 현상이나 영상의 소리가 안 나오는 경우, 진도와 맞지 않는 영상을 공유할 때가 있는데, 각 반의 수학부장 학생들이 이러한 부분을 채팅창으로 알려주면 바로잡는다.

Q 렉이 걸리면? ⌄

동시접속자가 많아서 렉이 걸리는 경우가 있다. 이때는 회의 호스트인 교사가 줌에서 나갔다가 다시 '새회의'를 만들어 학생들을 초대하면 문제가 거의 해결되었다.

⦂ 교사, 멀티 플레이어로 성장해가다

수업이 연속해서 몇 시간 이어지거나, 미리 다음 차시의 수업을 준비할 때에는 학생들에게 수업영상을 보여준 뒤 틈틈이 교재 연구를 했다. 가끔 학생들에게 수업영상을 재생하는 동안에 새로운 수업영상을 촬영하기도 했다. 다만 이때는 줌에서 필자의 얼굴이 일부만 나오게 한 상태로 촬영을 했다. 이미 설치된 교실 노트북에서 EBS 온라인 클래스에 로그인한 뒤 필자가 미리 올려놓은 영상을 재생하고 줌에서 화면 공유를 할 때 '컴퓨터 소리 공유' 기능을 활성화해 놓으면 노트북에서 음소거를 해두어도 학생들에게는 수업영상의 소리는 그대로 잘 들리게 된다. 그래서 처음에 학생들에 보는 화면의 소리가 잘 들리는지 확인한 뒤 교실 노트북은 음소거를 해두고, 개인 태블릿으로 수업영상을 녹화하거나 편집하는 것이 가능하다. 물론 학생들이 수업 중 질문이 있을 때에는 언제든지 채팅으로 질문을 하도록 했기 때문에 줌 채팅창을 자주 확인하면서 진행해야 한다. 온라인 수업을 준비하고 진행하는 선생님들은 원활한 수업 진행을 위해서라도 진정 멀티 플레이어가 되어야 한다고 생각한다. 설사 여러 분야에 두루 신경을 쓰지 못하는 교사였다 하더라도 온라인 수업을 진행하다 보면 점차 멀티 플레이어의 소양을 조금씩 갖춰 나가게 된다.

수업영상을 편집하는 프로그램은 앱스토어에서 구매한 **루마퓨전**

교사의 얼굴을 함께 편집한 수업영상
루마퓨전을 사용하여 교사의 얼굴을 넣어 수업영상을 편집한 것이다. 학생들이 영상을 시청할 때라도 교사가 지켜보고 있다는 메시지를 전달하고 싶었기 때문이라고 한다.

을 쓰고 있는데, 점차 사용에 익숙해질수록 영상을 덜 지루하게, 좀 더 다양한 소스를 넣어서 제작해보고 싶은 욕심이 생겼다. 동 학년의 다른 수학과 선생님의 경우 나와 같은 방식으로 아이패드로 수업영상을 제작했는데, 수업영상 한쪽 구석에 본인의 얼굴이 계속 나오도록 편집을 하셨다. 그냥 교과서 화면만 나오는 것보다는 열심히 설명하는 선생님의 얼굴이 함께 나오면 학생들이 더욱 집중하지 않을까 하는 기대에서였다고 한다. 말하자면 "얘들아, 선생님이 너희들을 지켜보고 있다~!"는 메시지를 전달하는 셈이다.

이렇게 수업영상에 교사의 얼굴이 나오게 하려면 아이패드로 화면 녹화를 하고 있는 자신의 모습을 별도의 핸드폰으로 동시에 촬영을 한 다음 편집하는 과정에서(화면에 나온 선생님도 필자와 같은 편집 어플 '루마퓨전' 유저이다) 화면 녹화 영상 위에 얼굴을 촬영한 영상 파일을 배치시키면 된다. 다만 이렇게 작업하는 경우 편집시간이 많이 길어진다는 단점이 있기는 하다. 그래서 필자는 영상에서 필자의 모습은 수업을 시작하는 시간에만 잠깐 보여주는 것으로 하고, 나머지 영상은 교과서 화면과 필기, 내용 설명에 좀 더 집중하기로 했다.

● 영상 재생으로 절약된 시간을 새로운 배움의 기회로 창출

다만 교과 내용에 중점을 두는 과정에서 혹시 너무 단조로운 수업이 되지 않도록 가끔 영상 편집 기능을 활용하여 수업영상 중간에 피아노 연주곡을, 또 어느 수업에서는 교과서에서 소개한 내용을 전혀 새로운 방식으로 소개해보기도 했다. 수업을 한 번 찍어 놓으면 적게는 두 번, 또는 그 이상을 같은 영상으로 사용할 수 있기 때문에 실제 수업을 하지 않아도 되는 만큼 절약되는 시간을 새로운 시도에 투자해보기로 한 것이다. 아마 온라인 수업이 아니었으면 진도 나가기에 급급해서 이런 부분은 소개하지 않았을 것 같다.

구체적인 예를 들어보겠다. 1학년 '원의 방정식' 단원에서 아폴로니오스 원의 개념을 설명하는 부분이었다. 교과서에서 소개한 방법 외에도 **지오지브라**(Geogebra)를 활용해보았다. 아마도 학부 시절 한번쯤 들어보셨을 것이다. 필자는 대학원 전공 수업 중 이 프로그램을 많은 시간 다뤘던 경험이 있었지만, 이번에 다시 해보니 너무 새로웠다. 아폴로니오스 원 그리는 방법을 필자가 먼저

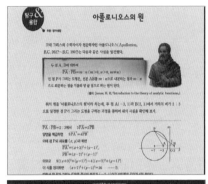

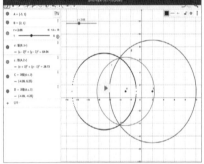

'지오지브라' 어플을 활용한 '아폴로니오스의 원' 수업자료

지오지브라 앱을 활용하여 직접 아폴로니오스의 원을 그리고 과정을 저장한 후에 동 학년 선생님들과 공유하였다. 앱을 잘 활용하면 시각화를 통해 학생들의 직관적 이해를 돕는 효과가 있다.

유튜브로 검색하며 따라해 보았다. 검색창에 한글로 입력하면 바로 도형을 그릴 수 있는 페이지가 나온다. 이번 수업영상을 준비하면서 처음 알게 된 것은 앱 스토어(App store)에서 '지오지브라' 앱을 무료로 이용할 수 있다는 것이다. 또한 작업한 내용을 저장해두면 언제든지 그 내용을 불러올 수 있고, 다른 사람들과 공유할 수도 있다. 이번에 직접 그려본 아폴로니오스의 원 내용을 저장한 후에 같은 학년 선생님들과 공유했다.

지오지브라 어플을 다운 받아서(지오지브라 홈페이지에 접속해도 같은 화면이 나온다) 좌표 평면상에 점을 찍고, 거리의 비가 일정한 점의 자취가 원이 되는 것을 교사가 조작하는 과정을 영상으로 제작하는 것이다. 이런 방법은 시각화를 통해 학생들이 더욱 직관적으로 이해할 수 있도록 돕는 장점이 있다.

날이 갈수록 수업영상을 제작하는 데 있어서도 과거의 수업 준비를 할 때 이상으로 더 많은 시간을 투자하게 되었다. 또한 하나의 영상을 제작하여 학생들에게 수업으로 제시하게 되면서 어떻게 개념을 설명하고 자료를 제시하는 것이 더 효과적인지 고민하는 시간도 더 길어졌다. 아울러 수업시간에 내 수업을 수강자의 입장에서 시청하면서 한층 더 객관적 시각으로 자신의 수업을 바라보게 된 것이다. 이는 자연스럽게 수업성찰로 이어졌다. 즉 다음 수업에서 보강해야 할 부분이 무엇인지 스스로 생각해보게 된 것이다. 예전에 비해 수업성찰의 시간이 더 많이 생긴 것은 온라인 수업을 통해 얻게 된 가장 큰 수확인 것 같다.

동영상 수업을 미리 만들 때 추가되는 과정은 학생들에게 수업을 공개하기 전에 먼저 필자 스스로 제3자의 시각으로 수업을 바라보는 것이다. 이 과정이 추가됨으로써 수업 한 시간 분량의 동영상 강의를 제작하는 데 과거에 비해 더 많은 시간이 필요해졌다. 왜냐하면 오프라인 수업을 진행할 때에는 보통 수업을 시작하기 전에 교과서를 보면서 수업시간에 어떤 내용을 전달할 것인지, 어느 정도의 분량을 학습하게 할 것인지 정도의 준비 과정을 거쳤다면 온라인 수업영상을 제작할 때는 기본적으로 거치는 과정인 앞서 언급했던 과정뿐만 아니라 '나의 말투는 적절한지', 온라인으로 설명하기 때문에 '학생들이 화면상으로 봤을 때 어떻게 수업을 구성하고 편집하는 것이 보기에 편할지' 등도 추가로 고려해야 한다. 아울러 온라인에서 내 수업이 공개되는 만큼 학생들의 부모님이나 학원 선생님 등에게도 공개될 수 있다는 심리적인 부담까지 안은 채 수업을 준비하게 된다.

개인별 맞춤 수업에 한층 최적화된 온라인 수업

수학을 공부하면서 문제풀이만큼은 스스로의 힘으로 하는 것이 중요하다고 하지만, 혼자의 힘을 강조한 나머지 풀이 방법을 제대로 알려주지 않는다면 학생들은 너무 많은 시간을 수학 과목에만 할애할 수밖에 없다. 한편 학력 수준이 높은 학생들의 경우 문제풀이를 함에 있어서 교사의 풀이를 처음부터 끝까지 모두 들어야 하는 것은 시간 낭비이다. 이처럼 수학 과목의 특성상 학생 개개인의 성취도와 능력은 다양하게 나타난다.

따라서 온라인 수업 이전부터도 같은 시간에 똑같은 내용의 문제풀이를 강요하는 것은 굉장히 비효율적인 수업이라고 생각해왔다. 사실 기본 개념을 설명하고 난 뒤 문제풀이 단계에서는 늘 이런 안타까운 상황이 존재했다. 소외되는 학생 없이 모든 학생들을 고려해야 한다는 이상(理想)과 학력 수준이 천차만별인 학생들이 공존하는 현실 사이에서 항상 고민에 빠지는 식이다. 오프라인 수업에서는 이러한 고민에 대해 그냥 단념하고 '내 힘으로 어쩔 수 없다'는 식으로 생각하면서 대충 '중~중상' 정도의 수업 수준에 맞춰 진행해온 것이 사실이다.

교과서에서 단원을 마무리하는 단계에서 '중단원 마무리', '대단원 평가하기'라는 문제가 제시된다. 기본적인 문제부터 학생들이 어려워하는 문제까지 꽤 다양한 수준의 문제들이 있는데, 학생들의 수준이 다양하기도 하고, 한정된 수업시간 내에서 교과서 내의 문제를 골고루 다뤄주는 데는 한계가 있었다. 원래 교실에서 진행하는 수업시간에는 기본적인 문제는 학생들이 각자 해결하는 것으로 하고, 난도가 높은 문제 위주로 풀이를 해왔다. 아마 이러한 수업에서 기본적인 문제조차 해결하기 힘든 학생들은 귀가 자동으로 닫혔을 것 같다. 이제 막 걸음마를 시작했는데, 달리기 경주를 같이 하자고 내몰리는 황당한 기분을 느끼지 않았을까?

하지만 온라인 수업을 통해 수업을 듣고 모르는 부분이 있으면 얼마든지 다시 수업을 들을 수 있게 되었다. 또한 일률적인 문제풀이 방식이 아닌 개별적으로 본인의 성취도를 스스로 판단하고 자신의 속도에 맞게 차근차근 실력을 쌓을 수 있는 시간이 주어졌다고 생각한다.

수업영상을 촬영하고 편집하는 도구로 여러 기기들을 비교하다가 결국 아이패드로 결정했다. 아이패드도 꽤 다양한 모델이 있었는데, 무엇보다 수학과의 수업 특성상 문제풀이 등 화면에 직접 필기하는 방법을 가장 많이 사용하기 때문에 화면이 큰 모델(아이패드 프로 3세대 12.9인치)을 선택했다. 아울러 수업영상을 바로바로 태블릿에 저장하려 할 때 용량이 너무 작으면 이용하기에 불편할 것 같아 넉넉한 256GB 모델을 구입했다.

솔직히 생각보다 거액(?)이라, 처음 장비를 구입할 때만 해도 내심 고가의 장비를 사놓고 정작 제대로 활용하지 못하면 어쩌나 하는 걱정도 잠시 들었다. 하지만 지금 돌이켜보면 사길 정말 잘 했다는 생각이 든다. 이런 도구를 이용하여 수업영상을 만들어보고 싶다는 생각을 예전부터 해왔던 터라 아깝다고 생각하지 않기로 했다. 실제로 수업영상뿐만 아니라 수행평가 성적을 바로 입력한다든지, 학생들에게 피드백을 줄 때에도 매우 유용하게 사용하고 있기 때문이다. 수업영상을 만들고 기기를 활용하면서 디지털 도구들의 사용 또한 필수가 된 이러한 상황에서 선생님들이 더 나은 퀄리티의 수업과 수업 관련 영상을 활용하기 위해서는 정부의 지원이 더욱 많아지면 좋겠다는 생각을 했다.

기기의 종류 또는 사양, 활용 방법에 대한 이해의 정도가 학생들이 등교수업을 대신하여 듣게 되는 영상의 질을 좌우하게 되는 중요한 요소가 되었다는 점을 다시 한 번 강조하고 싶다.

04

다 함께 힘을 합쳐 만들어가는 온라인 수업

온라인 수업을 처음 시작할 때에는 그야말로 눈앞이 캄캄했다. 처음에는 학교 수업 담당교사로서 학생들에게 그저 EBS 온라인 클래스에 출판사에서 탑재해둔 다른 선생님의 강의를 보라고 할 수밖에 없었다. 그래도 한 일주일 정도 지난 뒤부터는 그럭저럭 직접 만든 영상 또는 실시간 수업을 꾸려가게 되었다.

상호 협의를 통한 수업 설계와 업무 분담

문제는 시간이었다. 일일이 모든 수업을 다 혼자 하려면 너무 많은 시간이 필요하다고 생각되어 초반에는 선생님들이 한 단원씩

맡아 영상을 만들고, 만든 영상을 공유하기로 했다. 그리고 점차 수업영상을 만들고 학생들과 공유하는 과정이 익숙해지자 선생님들 간의 수업영상 공유를 하지 않고, 백프로 각자의 수업들로 채워 나가기 시작했다. 다만 아직도 문제풀이 영상까지 모두 다 제작하기란 시간적으로나 체력적으로 부담스럽다 보니 먼저 영상을 제작한 교사가 다른 선생님이 담당하는 EBS 온라인 클래스나 구글 클래스룸에 문제풀이 영상을 올려주기도 한다.

온라인 수업을 하게 되면서 가장 긍정적인 변화를 꼽는다면 교사들 간의 소통이 예전에 비해 훨씬 더 활발하게 이루어지고 있다는 점이다. 아마도 서로가 새로운 방식에 아직 익숙하지 않다 보니 서로 더 의지하게 되는 경향도 없지 않겠지만, 수업을 진행하면서 과제를 부여하고 확인하는 방식 등에 대해 예전보다 훨씬 더 많은 논의의 시간이 있었고, 좋은 방법이 떠오르거나 막상 해보니 좋았던 방법에 대해 수시로 이야기를 나눴다. 1학년 수학 담당 선생님들끼리의 단체톡방을 만들어서 만날 수 없을 때에는 온라인상에서도 대화를 이어나갔다. 전체적인 큰 틀에 대해 정하고 수업을 진행했고, 그 외에 자잘한 방법적인 것들의 경우 처음에는 시도하기 전에 협의를 통해 정하곤 했는데, 수업이 진행될수록 작은 방법들에 대해서는 협의 없이 그냥, 일단 시도해보기도 했다. 작은 방법들에 대해서는 그것을 직접 실행해보지 않으면 그것의 장단점도 파악하기 어렵기 때문에 '일단 해보는' 영역도 필요한 것 같다.

○ 수업 준비와 평가 재설계

수업 준비에 걸리는 시간은 온라인 수업이 3~4배는 오래 걸리는 것 같다. 수업 구상에 드는 시간도 오래 걸릴 뿐만 아니라, 수업영상을 촬영하는 시간도 본 수업에 비해 훨씬 많이 걸린다. 일단 한 번의 NG 없이 찍는 경우가 거의 없다. 촬영한 영상을 보기에 매끄럽게, 가급적 자신의 얼굴이 나오게 편집하는 과정을 더하면 3~4배 이상 걸릴 때도 많았다. 가끔 원하는 자료를 삽입한다든가 오류를 발견했을 때 이미 완성한 수업영상을 다시 편집하는 시간까지 생각하면 훨씬 긴 시간을 할애하게 되는 경우도 있다.

1학기 초에는 온라인 수업을 준비하는 것만으로도 생각할 것과 이것저것 실험해볼 것들이 많았기에 수업을 제대로, 잘 진행하는 것이 가장 큰 목표이자 미션이었다. 솔직히 이런 상황에서 평가에 대해 손을 봐야겠다는 생각까지는 엄두를 내지 못했다. 평가 계획을 수정해야겠다는 생각보다는 '어떠한 방법으로 평가할 것인가'에 대한 협의를 자주 하게 되었다. 우리 학교에서 진행하는 1학년 수학과 수업은 수학A(3단위, 이론), 수학B(1단위, 활동)로 나누어 진행하고 있다. 수학A의 평가는, 수업시간에 이루어진 수업에 대한 필기를 토대로 학생들의 문제풀이 등을 검사하고 검사한 횟수에 따라 급간을 나누어 점수를 주는 방식으로 한다. 수학B의 평가는 학생들이 수학적 탐구활동을 한 결과물에 대해 이루어진다.

05

온라인 시대, 평가는 어떻게 이루어져야 하나?

평가는 교사나 학생 모두에게 예민한 문제이다. 특히 아직까지는 고등학교 교육에서 입시가 차지하고 있는 비중이 높은 현실을 인정할 수밖에 없고, 입시 주요 과목인 수학은 특히 이러한 현실에서 자유로울 수 없다. 조금만 방심해도 공정성 논란이 끊이지 않는 만큼 교사들에게 평가는 늘 어려운 숙제이다.

또한 교육적 의미에서도 평가는 중요하다. 특히 수학처럼 학생 간 학력 차이가 큰 과목일수록 잘하는 학생들은 더 높은 성취수준에 이를 수 있도록 평가가 뒷받침되어야 한다. 한편 학력이 저조한 학생들의 경우에도 최소학업성취 수준에는 도달할 수 있을 정도의 배려는 반드시 필요하다. 이에 끝으로 온라인 수업과 함께 이루어진 수학과의 평가에 관한 이야기를 해보려고 한다.

1학기와 2학기 평가 계획에서 달라진 점

1학기의 경우 학기가 시작되자마자 갑자기 온라인 수업에 대한 부분을 준비하느라 평가 계획에 관해 충분한 논의를 할 만한 시간적 여유가 없었다. 코로나19 이전에 세웠던 우리의 원래 계획은 일주일에 4시간을 3시간 이론, 1시간 활동 수업으로 구성함으로써 수학 수업시간에 학생들의 참여를 최대한 유도하려는 것이었다. 그런데 이러한 방향성을 지향한 이유는 더 많은 학생이 수학을 포기하지 않고 즐겁게 수업에 임하도록 돕기 위함이었다. 이를 그대로 온라인으로 유도해도 괜찮을 것이라 판단하여 활동수학 시간에 수행평가를 2회 실시하게 되었다. 예컨대 수학달력 만들기, 방탈출 게임 같은 것을 진행했다. 수학 달력 만들기는 온라인으로(구글 스프레드시트에서 공동 작업으로 진행했다), 방탈출 게임은 학생들이 등교하는 주간에 이루어졌다.

격주로 등교하며 수업을 진행하게 되면서 학교에서 만난 아이들은 거의 매일 수행평가를 준비하느라 분주한 모습이었다. 이는 다른 교과의 사정도 다르지 않았다. 대부분의 교과에서 학생들을 실물로 영접하는(?) 날에 수행평가를 실시하게 되면서 '학생들이 학교에 등교하는 주=수행평가를 치르는 주'의 공식이 성립된 것이다. 수학과의 수행평가 중 '방탈출 게임'도 학생들의 실제 활동을 보고 평가를 하는 것이기 때문에 학생들을 만날 때마다 수행평가

<1학년 1학기>

평가 종류	지필평가				수행평가		
반영 비율	60%				40%		
횟수/영역	1차		2차		수업참여도	활동수학1	활동수학2
	선택형	논술형	선택형	논술형		논술형	논술형
만점(반영비율)	70점(21%)	30점(9%)	70점(21%)	30점(9%)	10점(10%)	15점(15%)	15점(15%)
	100점(30%)		100점(30%)				
논술형 평가 반영비율	9%		9%			15%	15%
평가 시기	6월 10일~6월 12일		7월 31일~8월 6일		학기 중 상시	6월 셋째주	7월 둘째주
평가내용(성취기준)	[10수학01-01]~[10수학01-08]		[10수학01-08]~[10수학02-05]		[10수학01-01]~[10수학02-05]	[10수학01-01]~[10수학02-05]	[10수학01-01]~[10수학02-03]

<1학년 2학기>

평가 종류	지필평가				수행평가		
반영 비율	60%				40%		
횟수/영역	1차		2차		수업참여도	문제해결방법 말하기	활동수학
	선택형	논술형	선택형	논술형		논술형	논술형
만점(반영비율)	70점(21%)	30점(9%)	70점(21%)	30점(9%)	10점(10%)	15점(15%)	15점(15%)
	100점(30%)		100점(30%)				
논술형 평가 반영비율	9%		9%			15%	15%
평가 시기	10월 21일~10월 23일		12월 18일~12월 24일		학기 중 상시	대단원 종료 후	10월 넷째주~11월 첫째주
평가내용(성취기준)			[10수학02-05]			[10수학02-06]~[10수학05-03]	[10수학02-06]~[10수학05-03] [10수학03-01]~

1학기와 2학기 수학과 평가 비교

1학기와 2학기 모두 지필평가와 수행평가로 나뉘어 평가를 실시한 점은 동일하지만, 1학기의 경우에는 수행평가에서 학생들의 참여 쪽에 좀 더 높은 비중을 둔 반면, 2학기의 경우에는 문제해결 능력을 수행평가에 포함하였다.

로 바쁜 것에 한몫 거들었다고 볼 수 있다. 그러나 학생들이 미리 준비를 해야 할, 예컨대 지식적인 것을 암기해야만 점수를 잘 받을 수 있는 식의 평가를 지양하고, 온라인 수업에서 다뤘던 개념 정도만을 가지고 활동에 적극적으로 참여하여 의미 있는 결과를 도출할 수 있는 평가가 이루어진다면 학생들의 부담 경감, 제대로 된 과정평가가 가능할 것이라고 생각한다.

수행평가 과제 '방탈출 게임'의 문제점과 해결 방안

앞서도 소개한 바 있는 1학기 수행평가 중 '수학 달력 만들기'는 구글 스프레드시트 공동 작업에서 기간 내에 직접 참여하는 방식으로 진행하였다.

다만 이 평가의 단점은 먼저 학생들이 100% 본인의 능력으로 수학 달력을 완성했는지를 확인하기가 불분명하다는 점이다. 그리고 담당교사가 평가의 결과물을 채점하는 데에도 상당히 많은 시간이 필요하다는 점도 간과할 수 없다. 실제로 학기 중에 실시된 수학 달력 만들기 수행평가에 대한 채점은 학기말 성적 마감을 하는 날까지 이루어졌다.

이러한 시행착오를 바탕으로 어려움을 개선하고자 2학기 평가계획을 일부 수정하였다. 학생들의 참여를 독려하는 본래의 취지와 방향성은 살리면서 좀 더 간단하게 평가할 수 있는 방법들을 고민한 것이다. 예컨대 학생들이 수업시간에 실시간으로 수업에 참여하는 모습을 관찰하여 평가하고자 단원을 마무리하는 연습문제를 학생들이 온라인 또는 오프라인 수업시간에 직접 풀이하는 것을 수행평가 항목으로 추가하였다.

평가에 따라 EBS 온라인 클래스와 구글 클래스룸 병행

현재 온라인 수업에서 가장 많이 사용되는 플랫폼은 'EBS 온라인 클래스'와 '구글 클래스룸'일 것이다. 개인적으로 두 가지 모두 장

🔍 문제풀이의 시각적 효과를 높이기 위한 방안 ⌄

필자의 경우 아이패드 앱스토어에서 이런저런 앱들을 이용해보던 중 'Flexil'이라는 앱에 정착하게 되었다. 초기에는 Notability, Goodnote 앱과 함께 사용하다가 Flexil 앱을 주로 사용하게 된 이유는 영상을 촬영하는 중에 문제풀이의 시각적 효과를 높이기 위해서는 다양한 펜의 색이 필요한데, Flexil의 경우 다른 앱에 비해 다양한 색깔의 펜 기능이 있기 때문이다. 또한 이 앱에서는 펜의 색을 바꿀 때 수업영상 화면에서 펜을 변환하는 장면이 나오지 않는 것이 장점이다. 영상에서 불필요한 장면이 자주 나올수록 수업에는 방해가 되기 때문이다. 이 앱으로 거의 모든 수업을 촬영하여 만들었다.

또한 이 앱의 장점은 교과서 pdf 파일을 띄워놓고 빈 공간에 문제를 푸는 중 더 많은 필기 공간이 필요할 때 교과서 화면 위에 별도의 노트를 추가로 띄워놓고, 그 위에 문제풀이 필기가 가능하다는 점이다.

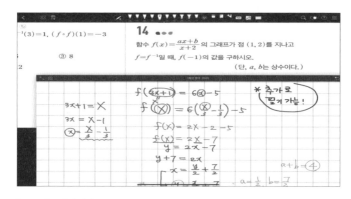

'Flexil' 앱을 활용한 문제풀이 사례
다양한 앱들을 사용해보던 중 문제풀이의 시각적 효과 면에서 뛰어난 'Flexil' 앱을 자주 사용하고 있다. 다양한 색깔의 펜을 구사할 수 있을 뿐만 아니라, 펜 색깔을 바꿀 때 수업영상 화면에 변환 장면이 나오지 않는 점도 장점이라고 생각한다.

단점이 있다고 생각한다. 따라서 어느 한쪽만을 고집하기보다는 각각의 장점을 취합하여 융통성 있게 섞어 사용할 것을 추천한다. 이는 평가에 있어서도 마찬가지다.

EBS 온라인 클래스의 가장 큰 장점은 뭐니 뭐니 해도 교사가 올린 동영상을 어떤 학생이 수강했는지 수강날짜와 총 수강한 시간이 나오는 점이다. 각 단원을 마무리하면서 문제풀이 영상을 난이도에 따라 업로드 해주고 각자 필요한 난이도의 문제풀이 강의를 들으라고 한 뒤에 수업이 끝날 때쯤 학생들의 명단을 검색해보면 누가 몇 분 수강을 했는지를 확인할 수 있다. 그래서 학생들에게 EBS 온라인 클래스에 올려놓은 강의를 수강한 기록을 보고 출석 인정을 해준다고 하니 알아서 열심히 수강하였다. 때론 구글 클래스룸이 더 편할 때도 있다. 필자의 경우 워낙 동영상 강의의 수가 많기도 하고, 학생들의 제출 과제는 다른 곳에서 관리하고자 학생들의 수행평가 결과물은 주로 구글 클래스룸에서 관리하고 있다.

또한 방학 중 학생들에게 독서기록장도 구글 클래스룸에 업로드하도록 했다. 구글 클래스룸에서 독서기록장을 제출하는 것을 과제로 만들어두면 나중에 한꺼번에 입력해야 하는 불상사를 피할 수 있다. 이는 수기로 작성하고 사진 파일로 올려도 되고, 학교 양식에 한글로 입력하여 파일을 올려도 상관없다. 독서기록장 내용을 입력하고 나서 학생이 제출했던 과제 밑에 '생기부 기재 완료'라고 댓글을 달아주었다.

온라인 수업,
수업의 표준을 다시 만들어가다!

다가오는 미래 사회에 유익하게 활용될 수 있는 여러 역량에 대한 학습이 자연스럽게 이루어지고 있는 듯하다. 교사와 학생 간의 소통 방법이 다양해진 점에서 이를 확인할 수 있다. 학생들은 더 이상 노트나 교과서를 들고 오지 않아도 온라인에서도 과제를 확인 받을 수 있고, 교사들이 학생들에게 주는 피드백도 온라인상에서 이루어진다.

코로나19로 예측할 수 없는 변화들이 속속 일어나며, 우리 사회에 새로운 표준들을 만들어가고 있다. 학생들이 학교에 나갈 수 없게 되면서 1학기를 통째로 쉬자는 말도 나왔고, 결국에는 온라인 수업을 주축으로 4월 중순에 이르러서야 개학을 할 수 있었다. 이전까지만 해도 온라인 수업은 관심 있는 몇몇 선생님들만의 특수한 수업 주제에 머물렀지만, 이제 모든 선생님이 온라인 수업을 할 수밖에 없는 상황에 직면하게 된 것이다. 온라인 수업에 관심 있는 선생님들을 중심으로 온라인 수업 노하우가 드러나게 되었고, 교육부에서도 온라인 수업에 대한 가이드라인을 제공하여 모든 학교의 선생님들이 온라인 수업을 진행할 수 있도록 지원하였다.

하지만 너무나 오랜 시간 동안 대면 수업만을 해오던 선생님들에게 갑작스럽게 시작된 온라인 수업은 당황스러울 수밖에 없었다. 게다가 온라인 수업을 위한 기기 구매나 기능 숙지 그리고 환경 구축에도 많은 어려움이 있었는데, 이를 해결하기 위한 다양한 노력들이 이루어졌다. 예컨대 전국의 학교에서 동일한 시간에 모든 학생들이 동시에 EBS 온라인 클래스와 같은 온라인 수업 플랫폼에 접속하였을 때 서버가 소화할 수 있을지에 대한 테스트가 필요하였고, 전국의 일부 학년을 대상으로 실시한 게릴라 테스트에서 몇 가지 문제점을 발견하여 이를 보완하였고, 개학 이후에 점차 안정성을 높일 수 있었다.

이와 같은 상황은 이미 4차 산업혁명 시대를 보내고 있는 우리가 그 물결 속에 좀 더 빨리 합류할 수 있도록 밀어 넣는 상황이라는 생각이 든다. 또한 빠른 시간 내에 온라인 수업을 안정적으로 정착하여 진행할 수 있었던 것은 이미 이를 위해 준비해온 선구자들이 있었기에 가능한 일이 아니었나 싶다. 필자들 또한 다양한 자료들을 참고하여 도움을 얻었고, 이와 같은 상황에 직면하면서 고민하고 진행하였던 부분을 다른 선생님들과도 공유하며 나누어보고 싶었다. 우리의 경험이 조금이나마 도움이 되기를 희망한다.

어느 날 바이러스의 창궐과 함께 느닷없이 시작된 온라인 수업. 개중에는 오랜 시간 이러한 날이 올 것에 철저히 대비해온 교사들도 있겠지만, 아마도 대다수의 교사들이 필자들과 마찬가지로 마른하늘에 날벼락을 맞은 것처럼 수업 방식의 급변에 대한 당혹감을 감추지 못했을 것이라고 짐작한다. 이 장에서는 과학 교과를 중심으로 한 온라인 수업에 관한 이야기를 하려고 한다. 특히 과학 교과에 대해 학생들의 배움이 잘 이루어지도록 하는 데 온라인 수업이 가진 장점을 극대화할 방법이 없을지에 대한 고민이 많았다. 다양한 검색채널을 통한 심화된 자료의 수집 및 평소 대면 수업에서 발표에 소극적이던 학생들의 발표를 어떤 식으로 자발적으로 이끌어내게 되었는지에 초점을 맞춰보았다. 여기에서 서술한 바가 과학수업의 정석은 아니겠지만, 실제 경험담인 만큼 현장 교사들에게 다소나마 도움이 되기를 바란다.

과학과 온라인 수업

●●●●

"폭넓은 자료 수집과 자발적 탐구 능력의 심화"

주요 사용 툴과 앱

#아이패드 프로 3세대

#플랫폼: EBS 온라인 클래스/ 구글 클래스룸 병행

#구글 스프래드시트: 과제 및 평가

#zoom: 화상회의

#DBpia 사이트(www.dbpia.co.kr): 논문자료 검색

👤 ⚙ 📶 🕐 📑 💬

01

학생의 자발성을 높이는 '나만의' 온라인 수업 디자인

온라인 개학과 함께 이루어진 온라인 수업. 여러 가지로 걱정도 많았고, 어떻게 디자인해야 하는지에 대한 고민이 컸다. '한술 밥에 배부르랴' 하는 마음으로 하루하루 조금이라도 더 나아지겠다는 목표로 수업을 진행했다. 하지만 교사 개인의 이러한 노력과 별개로 과연 학생들에게 수업이 어떻게 비칠까 하는 문제는 아마도 모든 교사들의 고민일 것이다.

나만의 온라인 수업을 설계하기 위한 고민

"온라인 수업에 선생님 얼굴이 작게라도 나와서 좋아요."

등교 수업에서 한 학생이 이렇게 말했다. 아니 한 명이 아니라 꽤 여러 명의 학생들이 고맙게도 격려해주었다. 온라인 수업은 학생과 교사 모두에게 새로운 경험이었고, 이러한 격려는 큰 힘이 되었다. 개인적으로는 수업을 온라인으로 한다는 것이 분명 흥미롭기도 하고 기대되는 면도 있었지만, 한편으론 걱정도 되었다. 예전에도 유튜브 동영상을 찍고 편집하여 공유는 해봤지만, 아예 온라인으로 수업을 공개하고, 전국의 교사들과 만천하에 비교당할 수 있다는 것은 수업을 하는 교사의 입장에서 이만저만한 부담이 아닐 수 없었기 때문이다.

다행히도 우리 학교는 대부분의 교사들이 '온라인 수업을 어쩔 수 없이 한다'가 아니라 '학생들을 위해서 해야 한다'는 전향적인 생각으로 받아들이는 편이었다. 이러한 마음은 각 교과별로 교사들 개개인의 노력으로 이어졌고, 그 결과 최적의 수업 형태를 서서히 찾아가게 되었다. 그리고 필자 또한 시대의 요청에 의해 해야 한다면 다른 사람들과 다르게 나만의 방식으로 해보자는 생각을 하게 되었다.

온라인 수업을 하는 데는 여러 가지 방법이 있다. 처음부터 끝까지 50분간 계속 화면과 화면으로만 수업을 하는 방법, 동영상을 촬영해서 수업하는 방법, EBS를 이용하는 방법, 구글 클래스룸을 이용하는 방법, 보고서 작성 기반의 수업 방법 등등 수업 형태는 그야말로 무궁무진하다. 우리 학교의 경우 수업에서의 상호작용을 중시하여 협의를 통해 줌(zoom)을 이용한 쌍방향 온라인 수업을 기본 방식으로 결정하였다.

하지만 세부적인 설계와 운영은 각 교과별로 교사의 재량에 따라 자유롭게 할 수 있었다. 필자의 경우 직접 동영상을 촬영하여 편집하고 제시하는 방법을 선택했으며, 주요 교재는 교과서를 선택했다. 왜냐하면 평소 "교과서는 학교에서 선택한 기본교재인데 교과서를 이용하지 않고 학습지나 EBS 교재로 공부할 거면 대체 왜 교과서를 구입해야 하는가?" 하는 의문이 항상 있었기 때문이다. 교과서로 공부할 게 아니라면 아예 교과서를 구입하지 않고, 차라리 처음부터 참고서만 구입하는 게 학생들에게는 훨씬 더 이로울 것이기 때문이다.

그래서 필자는 먼저 교과서 pdf 파일을 이용하여 중요한 부분들을 성취기준에 맞게 재구성하고, 프레지(prezi)를 활용하여 수업 영상을 만들었다. 단, 온라인으로 이루어지는 것을 감안하여 시간은 20분 정도의 동영상으로 만들었다. 물론 가끔은 욕심이 생겨 30분을 넘는 영상이 만들어지기도 했다.

그리고 자기주도학습을 위한 과제(보고서)를 대단원 시작에서 스스로 하도록 한 차시를 준비하였다. 이렇게 만들어진 프레지를 이용한 동영상과 보고서 활동은 유튜브와 EBS 온라인 클래스(학생들은 줄여서 '온클'이라고 함)를 통하여 제공하기로 계획하였다. 코로나 19 유행의 장기화로 인한 등교 및 온라인 수업의 변동으로 어쩔 수 없이 '화면 대 화면'을 통해 완전한 쌍방향 수업이 이루어지기는 할 거라고 생각했다. 하지만 처음에 필자는 솔직히 그리 긍정적인 결과를 예상하지는 않았다.

○ 수업용 프레지 작성 및 수업영상 만들기

당장 온라인 수업을 시작하려면 준비를 서둘러야 했다. 가장 먼저 교과서 출판사를 통해 교과서 내용의 pdf파일을 다운받고 프레지를 작성하였다. 20분의 수업이지만 수업 내용을 재구성하고 pdf 파일을 프레지에 불러와서 각종 설명과 그림을 삽입하면서 학생들의 이해를 높이려고 노력을 했다. 20분짜리 수업영상을 만드는 데 필요한 수업 자료들을 준비하는 과정은 러닝타임의 몇 배인 한 시간 이상의 시간이 소요된다.

이제 준비된 수업자료(prezi)를 이용하여 동영상으로 촬영하는 과정이 필요하다. 필자는 수업 동영상 화면에 나의 모습을 작게나마 함께 담기 위해 동영상 촬영 장비인 그린스크린을 직접 제작하기도 했다. 그린스크린을 학교에 1개, 집에 1개 각각 설치하고 웹캠을 따로 구입하여 OBS 스튜디오로 촬영을 하였다. 그런데 여기에서 새로운 어려움에 직면하게 되었다.

바로 촬영 과정에서 함께 녹음되는 주변 잡음 때문이었다. 촬영

온라인 수업을 위해 만든 프레지

교과서 내용을 기본으로 온라인 수업의 주요 자료인 프레지를 작성했다. 약 20분 정도의 수업영상을 만들려면 관련 자료를 준비하는 데만 그 몇 배의 시간이 필요하다.

할 때 녹음된 잡음은 제거해야 하는데, 이것이 쉽지 않았다. 그나마 학교의 교실과 같은 곳에서 촬영할 때 들어간 잡음은 쉽게 제거할 수 있어서 그런대로 괜찮았지만, 집에서 촬영한 것은 집 주변과 내부의 소음이 워낙 많다 보니 소음 제거에만 상당한 노력과 시간을 투자해야 했다. 어쩌다 보니 동영상 촬영보다 음성 녹음과 편집이 훨씬 더 큰 과제가 된 것이다.

아무튼 촬영 위치와 장비 설정 등 여러 사항을 점검하고 나름 최적의 상태로 녹음을 할 수 있었다. 동영상을 촬영하는 데 30분이 소요되며, 편집과 인코딩을 포함하여 40분이 소요된다. 이것은 현재의 최소 시간이다. 처음에는 생각보다 시간이 훨씬 더 오래 걸렸다. 특히 처음에는 동영상을 촬영할 때 실수도 많이 해서 번번이 다시 촬영하곤 했다.

이렇게 준비된 수업영상을 유튜브에 업로드하고, 그 링크를 EBS 온라인 클래스를 통해 제공하였다. 이때 정보를 기입하고 업로드하는 시간만도 30분 정도는 족히 소요되는 것 같다. 이처럼 온라인 수업을 준비하는 과정은 대면 수업 이상의 많은 시간과 노력이 투자되어야 하는 기나긴 여정이었다. 물론 어떻게 구성하고 촬영 및 편집하느냐는 교사 개인의 열정이나 교과 내용에 따라 달라지고 그에 따라 준비하는 시간도 각자 달라질 수 있다. 하지만 분명한 건 온라인 수업을 위한 준비 과정이 결코 만만치 않은 과정이라는 점이다.

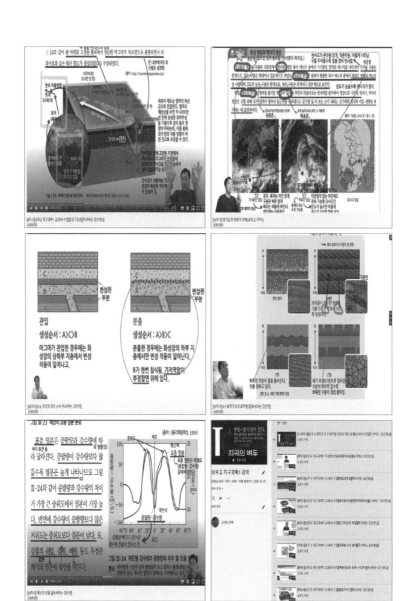

수업영상의 편집과 업로드

수업영상을 편집하여 유튜브에 업로드하고, 그 링크를 EBS 온라인 클래스를 통해 제공하였다. 이때 정보를 기입하고 업로드하는 시간만도 꽤 소요된다.

온라인 수업에 대한 피드백 기록 및 자기평가 준비

어떤 수업이든 간에 단지 수업을 했다는 것 그 자체만으로 의미를 갖기는 어렵다. 의미 있는 수업 결과, 즉 온라인 수업을 했지만 무엇이 남았는지 확인하는 과정이 필요하다. 흔히 우리는 수업 중 학생들을 직접 관찰하고, 이를 기록함으로써 성장의 정도를 판단하게 된다. 특히 수행평가를 통해 이러한 과정이 많이 이루어지는 경향이 있다. 하지만 코로나 때문에 예전처럼 다양한 모둠 수업을 하기에는 부담이 있고, 그렇다고 온라인 수업으로 진행되는 동안 많은 시간을 그냥 흘려보낼 순 없다. 본격적인 수업을 시작하

1		김	2020.0907 발표 수업에 대한 일정이 궁금하여 온라인 수업에서 그 일정을 미리 확인해두려는 준비성이 보이며 수업에 대한 호기심과 관심이 높음.	
1		김	2020.0911 온라인 수업에서 재택을 통한 상호작용을 잘해주고 수업에 적극적으로 참여하였으며 발표 주제를 정함에 있어 빠른 결정력으로 자신이 원하는 항목을 주제로 선정함. 2020.0914 학급 살림 사항을 책임감 있게 학급에 잘 전달해주고 등교 수업 시간을 진행함에 있어 큰 도움이 됨.	
1		박		
1		서		
1		윤		
1		이	2020.0907 화면을 켜고 수업에 참여하였으며 온라인 수업이지만 소통하면서 수업에 대한 의견을 제시함. 2020.0914 온라인 수업에 참여하는 태도가 바르며, 교과서에 필기하는 성실함이 보임.	
1		이	2020.0907 화면을 켜고 수업하려고 노력함. 2020.0914 교과서에 필기를 하는 모습이 꼼꼼하고 성실함이 보임. 온라인 및 등교 수업에서 가장 착실하게 수업에 임하는 모범이 되는 학생임. 아이들에게 수행평가 관련에 궁금함을 이야기해줘서 수업 진행에 도움이 됨. 2020.1012 추석의 이후 첫시간 입니다. 재택앱을 통하여 의견을 주어 수행평가 준비를 더 잘할 수 있는 방법을 제공함(화면을 켜고 결실에 참여하는 모습을 볼 수 있음, 항상 책임감이 있고 열정적인 모습은 어디를 가더라도 나타나는 습관이며 다른 학생의 귀감이 된다고 판단됨.)	

2	정	2020.0911 온라인 수업에서도 교과서에 필기하고 수업에 적극적으로 참여하는 성실한 모습을 보임.	
2	조	2020 과학부장 2020.0915 화면을 켜고 수업에 참여하려고 노력함.	
2	진	2020.0911 본인의 시간관리를 잘하여 온라인 수업을 착실하게 수강함. 화면을 켜고 소통하며 성실한 모습을 보임. 2020.0915 줌으로 하는 온라인 수업에서 화면을 켜면서 학습에 참여하였고 시작부터 끝날때까지 학습 태도를 유지하는 끈기를 보여줌.	
2	하	2020 과학부장 2020.0911 온라인 수업 참여를 위해 화면을 켜고 소통하려 노력하였으며 궁금한 점은 채팅창을 통해 질문하여 이해하고 궁금증을 해결함.	
2	김		
2	백		
2	허	2020.0904 2학기 학급이 변동되어 이에 제출한 보고서에 대해서 다시 제출해야 하는지 확인하는 등 학업에 책임감이 있고 성실함이 있음. 2020.0908 건물에 걸어 생겼는 아래가 불편한 이유에 대하여 궁금하여 생각, 성실한 탐구하여 의문을 해결하기 위해 생각하고 질문하면서 궁금증을 풀고자 노력함. 2020.0911 대부분의 온라인 수업에 바른 자세로 참여를 잘하고 성실한 모습을 보임. 2020.0918 학습에 대한 집중력이 있고 자신있게 참여하고 있으므로 온라인 수업인데도 불구하고 가장 모범적인 자세를 보여줌.	

온라인 학습관찰 기록장

온라인 수업이 제대로 이루어지고 있는지 확인하기 위한 방법이 필요했다. 그래서 만든 것이 바로 온라인 학습관찰 기록장이다. 온라인에서 이루어지는 것들을 실시간을 기록하기 위해 고안한 것이다.

기 전까지는 과연 학생들이 줌으로 화면을 제대로 켜고 수업의 처음부터 끝까지 진지하게 임할지를 알 수 없었다. 단지 그렇게 해주길 바랄 뿐이었다. 하지만 바람만으로는 부족했다. 그래서 만든 것이 **온라인 학습관찰 기록장**이다.

'온라인 학습 관찰 기록장'을 만들어 실시간으로 기록하다

필자는 온라인으로 이루어지는 것들을 실시간으로 기록하고 싶었다. 이에 담당 학급별로 구글 문서로 온라인 학습 관찰 기록장을 만들고, 공유를 선택하여 어떤 컴퓨터나 휴대폰으로도 접속하여 학생의 학습과 소통 정도를 기록할 수 있게 하였다. 학습의 정도는 화면을 통해 드러나는 성실한 태도와 교과서 필기와 같은 행동 요소를 중심으로 관찰했으며, 채팅이나 음성을 통한 학습 진행의 참여와 질문들도 이와 함께 기록하였다. 현재 열심히 참여하는 학생들은 그 누적 기록의 정도가 날짜별로 상당하지만, 아예 화면을 켜지도 않고 온라인 수업에 제대로 참여하지 않는 학생이 많다는 것은 눈을 감아도 뻔히 예상되는 현실이라 안타까웠다. 학생들 스스로 수업에 적극적으로 참여하게 만들 만한 뭔가가 꼭 필요했다.

'수업 참여 자기평가 일지'를 만들어 수업시간에 기록하도록 하다

하루하루 온라인 수업이 진행될수록 교사의 입장이 아닌 학생들의 입장에서 수업을 바라보는 한편, 학생들이 수업의 주체로 온라

구글 설문 기능을 이용한 수업 참여 자기평가 일지

학생들이 자신의 입장에서 온라인 수업에 제대로 참여하고 있는지 스스로 평가해볼 수 있게 하고 싶었다. 수업 후 링크나 QR 코드에 접속하여 평가할 수 있게 했다. 나아가 다양한 주제 나 질문을 던지고 이에 대해 학생들이 답변을 적어 제출하는 용도로도 활용할 수 있다.

인 수업에 좀 더 적극적으로 의견을 내고 참여할 수 있는 방법이 없는지 고민했다. 즉 학생들의 입장에서 온라인 수업에 제대로 잘 참여하고 있는지 스스로 체크해보도록 하고 싶었다. 이에 구글 설문을 이용하여 **수업 참여 자기평가 일지**를 만들었으며, 온라인 수업이 끝나면 링크나 QR코드에 접속하여 자기평가를 할 수 있도록 한 것이다. 그리고 추가 기능으로 어떤 질문에 대한 답변이나 주제를 정하여 제출하는 용도로도 활용하였다. 다만 아쉬운 점은 이러한 자기평가를 통하여 수업 참여에 대한 자신의 모습을 반성해보도록 했음에도 이 또한 원래 수업에 잘 참여하는 학생들 위주로 진행되는 양상을 보였다는 점이다.

온라인 수업의 실제와 학생들의 반응

우리 학교는 기본 플랫폼인 줌(zoom)을 통한 화상 수업을 전제로 하고 있다. 우선 줌으로 출석을 확인하고 수업 동영상으로 학습하는 방식이다. 그래서 학생들은 각 교사실의 줌 번호가 있는 시간표를 배부받고, 1교시부터 7교시까지 항상 접속한다. 학생들이 1·2학년에 개설된 필자의 수업에 접속하면 출석 체크를 하고 수업을 안내하였다. 필자는 주로 EBS 온라인 클래스에 동영상을 유튜브 링크를 제공하는 방식으로 안내하며, 가끔은 과제(보고서) 형

식의 자기주도 학습을 실시하고 결과물을 게시판에 업로드하도록
한다. 대부분의 학생들은 수업에 잘 참여하고 있으나, 항상 마음
한구석에 허전함이 존재했다.

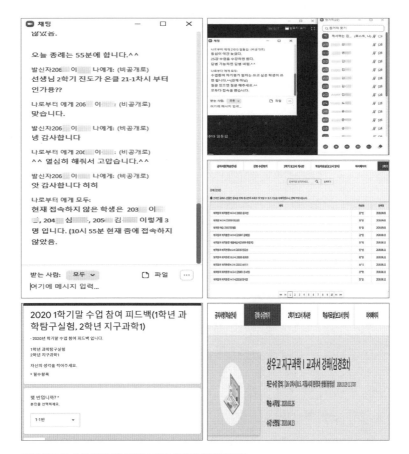

출석 체크와 수업 안내 및 학생들이 게시판에 올린 결과물

학생들이 나의 수업에 접속하면 수업에 앞서 출석을 체크하고 수업을 안내했다. 수업영상의
유튜브 링크를 제공한다거나 때때로 과제를 제시하고 자기주도학습을 유도한 후에 결과물은
게시판에 각자 업로드하도록 했다.

왜 허전할까? 아마도 학생들의 얼굴을 제대로 볼 수 없기 때문일 것이다. 아무리 쌍방향 화상 수업이라고 해도 학생들이 모두 기꺼이 자신의 얼굴을 보여주면서 수업을 하는 것은 아니다. 특히 처음으로 온라인 방식이 도입된 1학기 수업의 경우 쌍방향 화상 수업으로 진행한 학교는 우리 지역에도 거의 없었다. 그래서 다른 학교의 사례와 비교하는 것이 어렵기도 했지만, 필자를 포함한 교사들은 얼굴을 보여주지 않는 학생들과 수업하는 것에 대해 뭔지 모르게 벽에 대고 혼자 이야기하는 것 같은 답답한 느낌을 받았다는 고충을 털어놓기도 했다. 이렇듯 마치 이빨이 빠진 듯 군데군데 비워진 검은 화면은 학교의 고민거리가 되고 있었다. 하지만 2학기에 들어서면서 출결에 관한 규정을 바꿈으로써 그래도 1학기에 비해 화면에 얼굴을 보여주는 학생들이 상당히 많아졌다.

"왜 얼굴을 보여주지 않니?" 화면에 자신의 얼굴을 보여주지 않는 학생들에게 이유를 물어보니 생각보다 여러 가지 답변을 들을 수 있었다. 특히 수업과는 다소 무관한 이유들이 많았다. 예컨대 직접적인 이유로 사생활과 얼굴 캡처 등의 개인정보 노출에 대한 부담을 꼽았다. 온라인 공간에서 무자비하게 이루어지는 소위 '얼평'에 대한 심리적 부담도 적지 않을 거라고 짐작된다. 이상한 표정으로 잡힌 화면 캡처 하나 때문에 오랜 시간 시달리며 마음의 상처를 입을 수도 있는 것 또한 외면할 수 없는 현실이기 때문이다. 그러면서 학생들은 화면에서 자신의 얼굴을 보여주지 않는 것도 당연한 권리라고 했다. 하지만 학교에서는 어떤 학생의 진짜 출석 여부는 목소리나 얼굴을 보고 판단할 수 있을 뿐, 검은 화면으로는 단정지을 수 없었다.

쌍방향 수업에서 중간중간 꺼져 있는 줌 화면

아무리 줌을 활용한 쌍방향 수업을 해도, 학생들이 자신의 얼굴을 보여주지 않으면 그만이다. 비록 딴짓을 하는 학생이라도 한 교실 안에서 마주하며 즉각 피드백할 수 있는 대면 수업 환경과 달리 중간중간 카메라가 꺼진 화면을 지켜봐야 하는 것이 온라인 수업에서 가장 힘든 부분 중 하나였다. 하지만 얼굴을 보여주지 않는 학생들도 나름의 사정과 고충이 있기는 마찬가지였다.

02

콘텐츠냐 소통이냐, 그것이 문제로다

온라인 수업과 관련하여 가장 자주 제기되는 문제라면 아마도 교사와 학생 간, 학생과 학생 간 상호작용과 관련된 것들일 것이다. 교육과정 콘텐츠를 재생하는 데만 중심을 둔다면 과거의 지식 전달을 중심으로 한 일방적인 수업 진행 방식으로 돌아가는 것이 아니냐는 우려와 함께, 자칫 몇몇 유명 강사의 콘텐츠가 학교 교육을 장악할지도 모른다는 우려 섞인 목소리도 벌써부터 왕왕 들려온다. 수업의 질을 담보하는 여러 요인 중에서 수업 콘텐츠와 상호작용은 모두 간과할 수 없는 중요한 요인이다. 필자 또한 아직은 시행착오의 단계에 있다고 생각한다. 다만 현재까지의 온라인 수업 시스템으로는 완전한 쌍방향 수업으로의 전환은 시기상조라는 결론에 이르게 되었다.

⦁ 완전 쌍방향 수업을 해본 후 느낀 점

수업을 완전한 쌍방향으로 진행하게 된 계기는 단순했다. 학기 중반으로 흘러갈수록 각 학급별로 수업 차시에 다소 차이가 생기게 되었다. 그러다 보니 이미 만들어놓은 프레지 동영상 중심의 수업이 아닌 50분 쌍방향 수업을 진행할 수밖에 없었다. 하지만 아무리 평소 학교 수업과 비슷한 속도로 진행해도 동영상을 제작해서 수업을 진행하는 것만큼 신속하게 진도를 나갈 수 없었다. 그 이유는 화면이 보이지 않는 공유화면으로는 설사 쌍방향 수업이라고 해도 다음과 같이 배움과 직결된 주요 관찰 요소들을 바로바로 확인할 수 없었기 때문이다.

'모든 학생들이 수업에 잘 참여하고 있는가?'

'중요한 필기는 다 했는가?'

'혹시 수업 내용 이해에 어려움을 겪는 학생은 없는가? 등등

그러다 보니 중간중간 이런 것들이 제대로 이루어지고 있는지에 관해 학생들에게 일일이 물어보며 확인하는 경우가 자주 생기는데, 그럴 때마다 어쩔 수 없이 수업이 끊기는 느낌이 든다. 과거에 해왔던 등교 수업이었으면 수업에 임하는 학생들의 상태를 동시에 관찰하면서도 얼마든지 수업 진행이 가능했을 것이다. 하지만

온라인 쌍방향 수업에서는 사실상 거의 불가능했다. 이것이 현재로서는 섣불리 완전 쌍방향 수업으로 전환할 수 없는 가장 큰 이유라는 생각이 들었다. 학생들의 적극적인 화면 참여가 없으면 수업 관찰 또한 제대로 이루어지지 않는 한계가 명확했다.

"그렇다면 완전 쌍방향 수업은 가능한가?" 상호작용만큼 학교교육에서 교육과정에 충실한 내용을 전달하는 것 또한 중요한 일이다. 하지만 학생들마다 학력 수준이 다르고 또한 개개인의 특성이 다르다. 이러한 점을 무시한 채 일단 진도를 나가니 수업에 따라오지 못하는 학생들도 있었다. 하지만 수업 콘텐츠가 있는 경우 학습자가 자신의 학습 수준이나 패턴에 맞게 콘텐츠를 선택적으로 재생할 수 있다는 점에서 뚜렷한 장점이 있다.

하지만 미래교육이 단지 교과 내용을 전달하는 데 머무를 순 없다. 배운 내용을 이해하고 응용하며, 이에 관해 자유롭게 토론하고 발전시켜 나갈 수 있어야 한다. 이때 중요한 것은 교사와 학생, 학생과 학생, 학생과 교과 간의 상호작용이다. 바로 이때 줌이 아직까지는 큰 역할을 할 수 있다고 본다. 실제로 우리 학교에서 토론·토의 수업을 하여 결론을 도출하는 경우 줌의 소회의실을 이용하니 모둠별로 내용을 정리하고, 각 모둠에 교사가 참여하여 의견을 나누고 피드백을 주는 것도 가능했다. 그리고 수업의 마무리로 다시 본 수업에 모두 참여하여 모둠별로 발표를 진행할 수도 있다. 이것이 온라인 시대의 이상적인 수업 방식이다.

4. 전염병이 인간에 끼치는 영향

최근 우리는 코로나19로 많은 사람들이 병원에서 치료를 받거나 혹은 사망하는 등 인간의 삶에 커다란 어려움에 직면해 있다. 특히 전염확산을 막기 위해 비대면 생활이 이어지다 보니 경제적 어려움부터 인간소외 현상까지 그 동안 경험하지 못한 수많은 일들이 일어나고 있다. 이렇듯 전염병은 경제적 사회문화적 모든 활동을 위축시키고 인간의 삶을 멍들게 하고 있다.

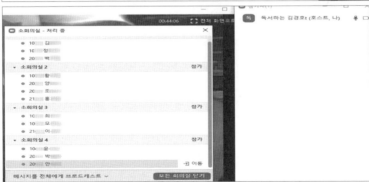

줌을 이용한 쌍방향 토론 수업

온라인 수업에서도 줌(zoom)을 잘 활용하면 토론이나 토의 수업에서 모둠별로 내용을 정리하고, 각 모둠에 교사가 참여하여 활발하게 의견을 나눌 수 있고, 적절한 피드백도 제공할 수 있다.

어떤 수업이든 관건은 결국 학생의 자기주도성

가끔 학생들에게 이런 질문을 받을 때가 있다.

"샘, 왜 동영상에 선생님 얼굴을 넣어요?"

그러면 "내가 학교를 대표하는 얼굴이거든." 하는 우스갯소리로 눙친다. 농담과 함께 학생들에게 '혹시 동영상에 선생님 얼굴이 있는 것과 없는 것의 차이점이 있느냐?'고 물어보곤 했다. 그러자 학생들의 답변은 아쉽게도 대체로 '아니오'였다. 큰 차이가 없다는 것이다. 다만 얼굴이 나오면 아무래도 좀 더 친숙한 느낌이 든다는 의견은 확실히 많았다.

결국 동영상에 교사가 자신의 얼굴을 넣든 넣지 않든 동영상을 만드는 교사의 내면적 결정일 뿐, 학생들은 솔직히 그런 세세한 것까지는 크게 관여하지 않는 것 같다. 그럼에도 불구하고 필자는 학생들에게 필자가 등장하는 동영상 수업을 제공하고 싶어서 여전히 얼굴을 넣어 편집하고 있다.

"말을 물가로 끌고 갈 순 있어도 말에게 물을 먹일 순 없다"는 말처럼 수업도 마찬가지이다. 교사가 아무리 열심히 준비한 수업 이라도 학생들에게 받아들일 마음이 없다면 공허한 일방적 행위 로 끝나고 말 것이다. 결국 모든 수업은 자기주도성을 전제해야 한다고 생각한다. 그런데 가끔 이런 생각이 들곤 한다.

'수업이라는 것이 혹시 '감옥'이 될 수 있을까?

수업에 흥미를 느끼지 못하고 전혀 참여하지 않는 학생은 실상 어느 학교에나 있다. 이런 학생들은 등교 수업을 하든, 온라인 수업을 하든 상관없이 수업 자체를 상당히 힘들어한다. 이런 학생들이라면 결국 1교시가 시작되는 아침 9시부터 7교시가 끝나는 오후 5시까지의 기나긴 수업시간을 말 그대로 지루한 감옥생활처럼 느끼며 괴로워하지 않을까 하는 생각이 들곤 한다. 그래서 학생과 입장을 바꿔 한번 생각해보았다. 이렇게 말이다.

'만약 내가 학생이라면 1교시부터 7교시까지 50분씩 다른 줌(zoom)번호 수업에 접속하는 이런 일상을 과연 며칠이나 견뎌낼 수 있을까?

솔직히 스스로도 해낼 자신이 없을 만큼 학생들이 정말 힘든 상황에 놓여 있다는 생각이 절로 든다. 특히 평소 자기주도성이 뛰어난 학생들조차 1교시부터 7교시까지 계속 이어지는 온라인 수업에 하루 종일 매여 있어야 하는 것을 어려워하는 마당에 원래도 학습을 힘들어했던 학생들의 사정은 굳이 더 말할 필요도 없다.

학생에게 가장 중요한 역량은 자기주도성인데, 이런 점이 부족한 학생들은 결국 어떤 수업을 제안해도 제대로 참여하지 않는다. 따라서 앞으로 예전처럼 오프라인 수업이 주가 되건, 아니면 온라인 수업이 더욱 확장되건 간에 상관없이 **학생들의 자기주도성**이라는 역량을 키워주는 것이야말로 미래학교가 담당해야 할 가장 중요한 역할이 아닌가 생각해본다.

🔍 온라인 수업시간은 어느 정도가 적당한가요? ∨

일반적인 학교에서는 50분 수업을 한다. 지금까지 필자는 수업을 재구성하여 20분 수업을 진행하고 나머지 시간은 활동을 진행하는 형태를 주로 해왔다. 누군가는 '왜 20분 인가'를 물어볼 수 있겠지만, 인간의 집중력은 20분 이상 넘기면 상당히 힘들어진다. 하물며 학생은 더더욱 그렇다. 그래서 필자는 20분에 중요한 점을 모두 전달하고 실습을 진행해왔다. 하지만 2020년 코로나로 인한 온라인 수업이 진행되면서 동영상을 어느 정도 길이로 만들어야 할까를 고민하면서 역시나 20분 정도가 적당함을 학생들의 피드백을 통해 알게 되었다. 학생들이 동영상을 듣고, 정리하는 시간과 질문 및 자기평가하는 시간을 고려하면 동영상은 그 정도가 충분하다는 것이다.

학생들의 주도성을 높이는 방법에 관하여

현재 온라인 수업을 디자인할 때 기본적으로는 일단 동영상을 이용하여 수업 내용을 전달하고, 여기에 더해 학생들이 배움에 좀 더 주도적으로 참여할 수 있는 방법들을 함께 고민하고 있다.

보고서나 과제

먼저 콘텐츠 영상을 통해 배운 단원의 내용을 자기주도적으로 정리하여 기록하는 과제(보고서)를 제시하기도 한다. 다만 열심히 참여하는 학생들도 있는 반면에, 과제를 늦게 내거나 아예 하지 않는 학생들도 있다. 과제를 부여하는 원래의 목적은 스스로 읽어보고 정리하는 예습의 효과와 수업에서 중요한 내용을 더욱 잘 이해할 수 있도록 하는 것인데, 이 또한 자기주도성이 없으면 과제를 게시판에 제출하는 것이 목적이 되는 경우가 많은 것 같다. 등교 수업에는 수행평가 위주로 진행되는 현실에서 실질적인 과제에 대한 피드백을 제대로 하지 못한 것이 아쉬움으로 남는다.

수업 참여 자기평가 일지

필자가 학생들을 위한 자기평가 일지를 처음 만들 때는 모두가 다 참여할 수 있도록 홍보해서 습관을 만들어가고 싶었다. 등교 수업에서는 수업 끝날 때 참여하도록 직접 독려하면 되지만, 온라인으로는 학생들이 과연 얼마나 참여를 할까 싶은 생각이 들었다. 온라인 수업을 진행하고 스스로 오늘 수업의 목적과 활동 그리고 자신이 열심히 참여하고 있는지 체크하는 활동은 학생의 자발성이 필요하기 때문이다. 최근 통계를 보니 다행스럽게도 많은 학생들이 온라인 수업임에도 불구하고 수업이 끝날 때 자발적으로 잘 참여해주고 있는 모습이다. 이렇게 하루하루 자기 스스로 학습을 체크하는 것이 습관이 되고 일체화되기를 기대해본다.

온라인 학습 관찰 기록

학습 관찰은 온라인 수업에서 가장 관심 있게 기록하고 있는 것이다. 다만 제대로 기록하기 위해서는 교사도 끊임없이 관찰하고 채팅으로 적극적으로 소통해야 함을 느끼고 있다. 야속하게도 학습을 할 때 화면을 아예 켜주지 않는 학생도 있지만, 일부 학생들은 책상 위에 놓인 교과서라도 화면에 비추며 자신이 열심히 필기하고 수업에 참여하고 있다는 것을 간접적으로나마 보여준다. 또는 좀 더 적극적으로 자신이 집중력 있게 참여하는 모습을 어필하거나 채팅을 통해 질문이나 수업에 관련된 사항을 소통해주는 형태로 수업 참여 정보를 제공해주기도 한다.

필자는 학생들이 온라인 수업에 열심히 참여하는 이런 순간들을 관찰하고 기록하기 위해 온라인 공유 문서를 만들어 실시간으로 관찰 내용을 기록하고 있다. 온라인 수업 시대에 제대로 관찰하기란 솔직히 힘들지만, 꾸준히 하다 보니 조금씩 화면을 켜고 참여하는 학생들이 많아지는 것 같아 보람을 느낀다. 하지만 아직도 많은 학생들이 화면을 보여주는 참여를 주저하는 경향이 있다.

Q 온·오프라인 수업의 균형은 어떻게 만들어가나? ∨

등교 수업을 이루어질 때도 필자는 온라인 수업 자료로 만든 프레지를 이용한 수업을 실시간으로 진행한다. 따라서 내용상 동영상 수업과 크게 다른 것은 없지만, 온라인으로 진행할 때에 비해 시간은 좀 더 걸린다. 하지만 교과 진도 외 등교 수업의 경우는 집중력 있는 수업 이후 실습이나 보고서를 작성하는 형태로 진행을 했다. 하지만 코로나로 모둠 수업을 하진 못했고, 개별적인 활동으로 진행하게 되었다. 모둠 수업을 하지 않아 특별실의 자리도 강의식으로 변경해 놓았다. 자리에 번호를 부여하여 본인의 자리에만 앉도록 지도하는데, 코로나의 영향을 교실에서도 다시금 실감하게 된다.

등교를 하면 수행평가를 많이 보는게 현실이다. 그렇지 않으면 교과에 따라 수행평가를 제대로 끝내지 못할 수도 있다. 많은 교과들이 등교 수업에서 수행평가를 진행하기 때문에 학생들은 온라인에서는 수업, 등교 수업에서는 평가에 참여해야하는 바쁜 나날을 보내야 한다. 이 또한 코로나 시대라 어쩔수 없겠지만 수행평가에 대한 큰 변화가 필요하지 않나 개인적으로 고민해본다.

03

도전, 온라인의 장점을
최대한 활용한 수업 디자인

필자는 1학년과 3학년 과학을 담당하고 있는데, 이 중 고등학교 3학년은 솔직히 학교에서도 특수한 존재로 간주한다. 다른 학년과 달리 연간 계획을 세우긴 하지만, 여름방학이 지나면 대학입시 수시 원서 접수가 시작되기 때문에 사실상 2학기부터는 정상적인 수업 진도를 나가는 것이 어렵다. 또 아무리 교육과정을 재구성하고 내용을 조정한다지만 혹시나 수능에서 과학II 과목을 선택하는 학생이 있다면 어떻게든 교육과정의 내용을 전부 다뤄야 한다.

그래서 1학기에 최대한 많은 분량의 진도를 나갈 수 있도록 연간 계획된 학습량의 70% 정도를 대부분 1학기에 집중해서 수업 계획을 세우는 것이 보통이다. 그런데 코로나19로 1학기 개학이 연기되자 시쳇말로 '멘붕'이었다. '개학이 연기된다고?' 지난 겨울

방학 동안 애써 세웠던 수업 계획은 그냥 계획으로 끝나버린 셈이다. 과연 올해 무사히 3학년 수업을 끝낼 수 있을까?

⦙ 수업 설계하기

온라인 수업 진행이 결정되고, 이에 맞게 수업을 설계하기 전에 우리 학교 전체 교사들의 수업 방식에 대한 공통된 원칙이 정해졌다. 첫째는 줌(zoom)을 활용한 실시간 수업을 진행한다는 것이고, 둘째는 EBS 온라인 클래스로 플랫폼을 통일하는 것이었다. 원칙이 정해지니 수업 설계에 대한 고민은 한 가지 줄었지만, 개인적으로 과연 EBS 온라인 클래스가 수업을 진행하기에 편리한가에 대해서는 의문이었다.

    '그냥 내 수업에서만 구글 클래스룸을 활용해볼까?'

잠깐 고민하기도 했지만, 결론은 할 수 없다는 것이었다. 왜냐하면 학생들의 입장을 고려하지 않을 수 없었기 때문이다. 모든 수업을 준비하고 접근하는 방법이 공통적이고 편리해야 한다고 생각했다. 수업마다 진행하는 수업 환경이 다르다면 하루에 7시간씩 수업을 들어야 하는 학생들의 입장에서 불편할 게 뻔했고, 또 회의를 거쳐 결정한 약속이니까 EBS 온라인 클래스를 활용하기로 했다.

다만 수업에 어떻게 효과적으로 활용할지에 대한 고민이 본격적으로 시작되었다. 돌이켜보면 3학년 화학 II와 고급화학 두 과목의 온라인 수업 진행 기간은 워낙 짧아서 학급 운영과 수업 설계 모두 잠깐 온라인 수업 맛보기 정도의 예고편만 보고 끝난 느낌이다. 필자의 경우 3학년 수업에서는 EBS 온라인 클래스와 구글 클래스룸을 동시에 활용하여 차시별 수업 자료를 준비했다. 학생들은 EBS 온라인 클래스에 가입하고 수업방에 들어와서 수업영상과 활동 자료를 제출하는 용도로 활용했다. 교사는 구글 클래스룸에 활용할 수업 자료를 단원별, 차시별로 정리해서 나만의 수업 자료방을 만들면 된다. 그리고 줌에 접속해서 공유하는 수업 자료를 구글 클래스룸에 날짜별로 정리해두었다.

1학년 통합과학의 경우 지금까지 수업을 진행하고 있지만, 아쉽게도 EBS 온라인 클래스를 효과적으로 사용하지는 못했다. 실시간으로 줌에 접속한 상태에서 교실에서의 수업처럼 똑같이 진행하려고 했기 때문에 실제 EBS 온라인 클래스에는 수업영상과 그에 쓰인 자료들을 공유하는 공간으로만 활용되었다. 이 점이 가장 아쉬웠고, 좀 더 다양하게 수업을 진행할 수 있는 방식을 계속 고민하게 만든 것 같다.

그런데 온라인 수업으로 바뀐 것은 무엇일까? 사실 처음에는 교실이 아닌 온라인 환경에서 이루어진다는 것 말고는 그리 큰 변화를 체감하지 못했다. 물론 교단에 서서 학생들과 직접 눈을 맞추고 인사하며 수업을 시작했던 과거와 달리, 이제는 줌 접속해서 서로의 얼굴을 화면으로 보면서 인사를 한 후에 수업을 진행해야 한다. 또한 등교 수업 때 교사가 각 교실로 수업을 찾아가는 것과 달리, 온라인 수업에서는 마치 '교과교실제'처럼 시간표대로 학생들이 교사들의 수업 공간으로 찾아 들어와 수업을 듣게 된다.

   하지만 필자의 경우는 원래도 '교과교실'을 운영하다 보니 등교 수업에서도 학생들이 화학실로 찾아와 수업을 들었다. 그래서 그런지 더더욱 온라인으로 수업 공간이 바뀌긴 했지만, 이전에 했던 수업과 진행되는 방식에서는 크게 달라진 점을 찾지 못했다.

⦂ 온라인 수업의 장점은 무엇일까?

그저 환경만 오프라인에서 온라인으로 바뀐 수업이라면 앞으로 달라질 세상에 적합한 수업으로 자리를 잡기 어려울 것이다. 그래서 온라인 수업만이 가진 장점에 좀 더 집중해보았다. 일단 수업에 활용할 수 있는 도구가 좀 더 다양해졌다는 점이 확실했다. 그래서 원래 수업 그대로지만 대신 온라인으로 진행하는 수업만이 갖는 장점을 최대한 살리고 교실이라는 공간적 한계 때문에 시도하기 힘들었던 활동들을 좀 더 진행해보고 싶다고 생각했다. 온라인 수업으로 가능해진 장점 몇 가지를 정리하면 다음과 같다.

첫째, 모두가 PC나 태블릿을 이용해서 수업에 접속하기 때문에 수업 중 인터넷을 활용한 **자료 검색**이 편리해졌다. 수업을 구성할 때 학생들의 자료 검색 활동을 넣을 수 있었다. 2학년 실험 과목에서 학술지를 이용해서 교과 내용과 관련된 심화 자료 수집이나 진로와 관련된 연구 분야를 탐색하는 활동에 활용했다.

둘째, **발표 수업**이 좀 더 쉬워졌다고 생각한다. 특히 스스로 자료를 구성해서 인터넷을 폭넓게 활용하는 일이 가능해졌고, 남들 앞에서 서기 부담스러워하는 발표 울렁증이 있는 아이들이라도 비대면으로 진행되는 수업에서는 자신의 이야기를 좀 더 편하게 할 수 있는 용기가 생기게 된 것 같다. 자신이 준비한 발표 자료를 공유하고 화면을 보면서 차분하게 읽을 수 있게 되니 오히려 교실 앞에 나와서 발표할 때보다 반응이 좋았다.

셋째, 수업 중 학생들의 **의견을 듣거나 수렴하기**가 쉬워졌다. 예컨대 공유 문서를 이용하면 수업 활동으로 학생의 의견을 모으고 교사가 그 의견을 확인하는 것이 편리하다. 교실 수업이라면 한 명한 명의 발표를 듣고 교사가 정리해야 했지만, 온라인으로 동시에여러 학생들이 수업에 참여하여 의견을 적고, 이를 동시에 확인할 수 있다. 또한 줌에서 개인별로 공개나 비공개로 교사와 채팅을 진행할 수 있기 때문에 수업 운영에 있어서도 편리하다.

넷째, **문제풀이**가 쉬워졌다. 설명하는 교사의 입장에서도 문제를 화면에 공유해서 풀이를 적어가면서 전달하자 좀 더 효과적으로 수업을 진행할 수 있게 되었다. 그래서 매 시간 정리 활동으로 문제풀이를 꼭 진행하려고 노력했다.

온라인 수업 시대, 공정성 확보를 위해서는?

온라인 수업이 이루어지면서 개인적으로 가장 걱정되었던 점은 다름 아닌 **공정성**이었다. 왜냐하면 수업과 평가는 모든 학생들에게 동일한 조건에서 이루어져야 마땅하다. 그런데 온라인 수업은 과연 모두에게 동일한 환경이라고 할 수 있을까? 실제 수업을 진행하는 중에도 간혹 인터넷 접속이 불안정하다는 이유로, 또는 발표를 진행할 때 웹캠이 없어서 핸드폰으로 다시 접속하여 로그인을 반복하는 학생들도 있다. 비단 이런 이유가 아니더라도 학생들이 수업을 듣는 상황을 모두 똑같이 인위적으로 맞출 수는 없을 것이다. 예컨대 수업 중 어떤 조력자가 있을지 줌에 접속한 아이들을 비추는 작은 화면 너머의 조건들을 전부 확인할 순 없기 때문이다.

지레 걱정이 앞선 선택일 수도 있지만, 1학년 통합과학 수업을 진행하는 다섯 분의 선생님들이 모여 논의한 결과는 온라인 수업에서는 수행평가를 진행하지 않기로 했다. 그리고 1학기 평가 방법은 변경하지 않았다. 온라인 수업 중에 수행평가를 하는 것에 대한 부담이 컸기 때문에 모든 수행평가는 등교 출석 수업이 이루어지는 동안만 진행하기로 했고, 지필평가도 기존에 운영했던 방식 그대로 1학기 말에 한 번 평가를 하는 것으로 유지했다.

하지만 바이러스의 위세가 도무지 사그라지지 않으면서 여름방학이 지나고 2학기에도 여전히 온라인 수업으로 진행할 수밖에 없었다. 결국 화학실험 수업의 수행평가 한 가지를 4차시에 걸쳐 온라인 수업시간에 진행하게 되었다. 화학실험에서 진행하게 된 온라인 수행평가 활동은 진로연계 심화주제발표인데 논문을 활용하여 진로와 관련된 전공 분야의 연구 주제를 탐색하는 활동이다. 논문검색 사이트를 활용해서 학술지와 논문을 검색하는 방법부터 배운 후 자신이 관심을 가진 분야의 논문을 직접 찾아서 읽고 분석해보며 보고서를 작성하고 발표했다. 그리고 추가 자료 탐색 활동, 발표 자료를 만들어서 최종 개인 발표를 진행하는 것까지 수행평가와 관련된 모두 활동은 오직 수업시간 동안에만 이루어지도록 했다. 평가이기 때문에 수업 중에 동일한 조건에서 공정하게 진행되기를 바랐고, 매 시간 활동한 내용과 분량을 점검하면서 개인별로 피드백을 했다. 사실 화학실험 수업은 16명의 학생들이 수강하는 과목이기 때문에 학생 한 명씩 피드백을 하거나 발표를 진행하는 과정이 그리 힘들지는 않았다. 하지만 서른 명 정도의 학생들이 듣는 과목이라면 모든 활동이 4차시 온라인 수업시간 중에만 이루어지는 것이 사실상 힘들 수도 있을 것이다.

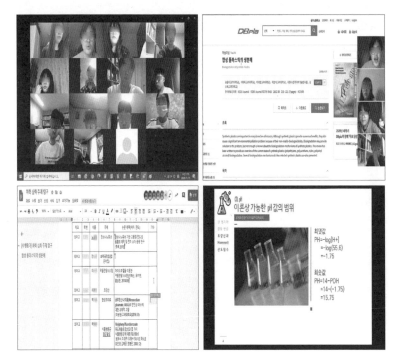

온라인 수업으로 이루어진 화학실험 수행평가

2학기에도 여전히 온라인 수업 중심으로 돌아가면서 온라인 수업시간에 화학실험 수행평가를 진행하게 되었다. 온라인으로 적절한 수행평가가 이루어질 수 있을지는 아직 불분명하지만, 시행착오를 통해 차차 개선해 나갈 수 있을 것으로 기대된다.

04

EBS 강의와 차별화된 '교사표' 수업 만들기

온라인 수업을 준비하면서 가장 큰 고민이자 걱정거리는 '인터넷 강의랑 어떻게 차별화할 것인가'였다. 사실 과학 수업은 개념을 설명하고 탐구활동을 통해 상황에 적용해서 이해시키고, 문제풀이를 통해 적용능력과 응용능력을 키워야 한다. 단순히 지식을 전달하는 기술로 본다면 EBS의 훌륭한 강사보다 수업을 더 잘 할 수 있을까? 부끄럽지만 필자의 강의 능력은 아직 부족하다. 그렇다면 단순한 강의가 아닌, 학교에서 진행되는 정규 수업만이 갖는 특색을 어떻게 살릴 수 있을까? 온라인 수업이지만 소통하는 수업 활동으로서 한 방향의 일방적인 지식전달 방식의 인터넷 강의와 어떤 차이를 만들어낼 수 있을까? 이에 대한 고민은 온라인 수업을 준비하는 교사들 모두의 공통된 생각일 것이다.

통합과학의 경우 수업 내용에 대한 설명은 EBS 강의를 활용하기로 했다. 교과 지식을 설명하는 강의 내용은 기존 EBS 강의에서 필요한 부분을 그대로 가져왔고, 나머지 수업 활동 부분은 교사와 학생 사이의 상호작용으로 채웠다. 그리고 수업 내용을 정리하는 활동과 학생들의 발표로 수업을 진행하기로 계획했다. 여기에 교과연계 심화주제발표와 응용 문제풀이를 학생과 함께 진행했다. 또한 온라인 수업과 출석 수업을 격주로 병행해야 하는 구조이기 때문에 온라인 수업에서 부족한 상호작용과 활동은 출석 수업에서 보충하기로 계획했다.

° 교사 간 긴밀한 협력을 통한 수업 준비

일주일에 4시간씩 이루어지는 통합과학 수업의 경우 통합과학 A와 B의 두 부분으로 진도를 나누어서 진행하기로 했다. 1학년 과학이지만 교사들의 전공에 따라 전문적으로 잘 지도할 수 있는 단원이 나뉘다 보니 수업의 효율성을 위한 선택이었다. 그리고 통합과학 A는 2명, 통합과학 B는 3명의 교사가 10개 학급 수업을 진행한다. 그렇기 때문에 수업 내용이나 방식에 있어 학급별 차이가 나지 않도록 더욱 신경을 써야 했다. 같은 수업을 맡은 교사들은 최대한 동일하게 수업을 진행하기 위해 노력했고, 그만큼 교사들

간에도 더 많은 협의 과정이 필요했다.

　기본적으로 수업 내용의 설명은 EBS 강의를 활용하기로 정했고, 교사들은 교과서를 중심으로 내용을 정리하고, 단원 정리 문제풀이는 각자 수업영상을 촬영하여 업로드하기로 했다. 그리고 수업영상을 위한 실험을 준비해 촬영하기도 했고, 모의고사 기출문제를 분석하는 내용도 포함되어 있었다. 그리고 EBS 온라인 클래스 내용 구성과 수업 중에 줌을 활용하는 방안에 대해서 함께 고민했다. 수업 활동은 줌에서 실시간으로 수업 내용 정리, 문제풀이, 실험영상 시청, 개인별 단원 연계 심화주제발표를 진행하기로 했다.

　우리 학교는 온라인 수업도 출석 수업 때와 마찬가지로 교사들이 시간표에 맞춰 수업시간에 교실로 직접 찾아가야 한다. 각 교실에 준비된 노트북을 이용해서 줌에 접속하고 듀얼 모니터를 활용하여 편리하게 학습 자료를 띄우고 수업을 진행할 수 있다. 그래서 수업 진행에 필요한 자료가 담긴 노트북을 개인적으로 들고 다니면서 매번 다시 연결하기도 번거롭고, 그게 아니면 수업 자료를 USB에 담아서 이동해야 하는 번거로움 때문에 고민이었다.

　결국 필자가 선택한 방법은 구글 드라이브와 클래스룸을 활용해서 수업에 필요한 자료를 미리 업로드해 놓고 교실에 준비된 노트북으로 접속해서 수업 자료를 불러와서 수업을 진행하는 것이었다. 인터넷만 연결되어 있으면 언제든 편리하게 수업을 준비할 수 있고, 자동 저장이 가능하다는 점에서 교재 연구뿐만 아니라 수업시간에 활용하기에도 더 편리했다. 또한 학습 자료를 만들고, 수업 중 손으로 판서하면서 설명하기 위해 아이패드를 이용했다. 가장 유용하게 활용한 것은 줌에서 아이패드를 이용하여 화면을 공유하는 방식이었고, 아이펜슬을 이용해서 메모를 하면서 설명하거나 문제풀이를 할 때 특히 유용하게 활용할 수 있었다. 수업 자료와 활동지는 모두 pdf파일로 변환해서 준비했고, 아이패드의 굿노트라는 어플을 이용해서 편리하게 수업을 준비했다.

🔍 과학 수업의 꽃, 실험영상 촬영하기 ∨

화학Ⅱ는 2개 학급, 고급화학은 1개 학급 수업이기 때문에 굳이 수업영상을 촬영할 필요성을 느끼지 못했다. 물론 수업에 참여하지 못한 학생이나 복습할 학생들을 위한 영상을 만들면 좋겠지만, 굳이 필요하다면 줌 화면 녹화 기능을 이용해서 실제로 진행한 수업영상을 파일로 업로드하면 될 일이다. 사전에 녹화된 영상을 재생하기보다 어차피 줌에 접속해서 실시간으로 수업을 진행하면 된다고 생각했기 때문에 영상 준비보다는 본차시에 활용할 학습 자료를 만드는 데 좀 더 공을 들였다. 하지만 통합과학은 동일한 수업 진행을 위해 EBS 강의를 활용하는 부분 이외에 교사들이 단원을 나눠 교과서를 이용한 수업영상을 다시 제작하기로 했다.

필자가 맡은 부분은 산화와 환원 단원이었고, 꼭 수업영상에 담고 싶었던 것은 실험이었다. 안전 때문에 교실에서 진행하기 어려운 실험이라면, 실험 영상을 촬영해서 온라인 수업에서 활용하는 것은 충분히 의미가 있다고 생각했다. 그래서 선택한 것이 붉은 인의 연소 과정을 시범실험으로 촬영하여 격렬한 산화반응을 설명하는 것이었다. 실험 영상 촬영은 핸드폰 카메라의 동영상 기능을 이용해서 촬영했다. 그리고 줌

통합과학 산화와 환원 단원의 수업영상과 붉은 인의 연소 반응 실험 영상

수업 내용뿐만 아니라 내용의 이해를 돕기 위한 실험 영상을 함께 찍어서 올렸다. 특히 안전 때문에 진행하지 못했던 실험의 경우에도 교사가 안전하게 실험을 수행한 영상을 찍어 학생들과 공유할 수 있는 것은 온라인 수업의 장점이다.

에서 화면 공유를 통해 실험 동영상을 재생하면서 실험에 대해 설명하는 방식으로 영상을 구성하고, 줌에서의 화면을 그대로 녹화해서 수업영상으로 활용했다. 실험을 진행하면서 동시에 설명을 하는 것이 사실 편할텐데, 이 경우 설명하는 내용이 정확하게 전달되지 않는 것 같았다. 실험을 준비하고 영상을 촬영할 때도 너무 만족스러웠다. 함께 수업을 진행하는 교사와 협력해서 실험을 준비하고 예비실험을 거쳐서 안전하게 영상을 촬영하기까지 많은 공을 들였다.

하지만 실제로 실험 영상을 찍어 온라인 수업을 진행해보고 느낀 것은 기대만큼 효과가 크지는 않았다는 것이다. EBS뿐만 아니라 유튜브만 검색해도 수업에 활용할 수 있는 좋은 실험 영상 자료는 손쉽게 구할 수 있다. 그렇기 때문에 많은 노력을 기울여 실험을 준비하고 직접 촬영, 편집하는 것도 의미가 있겠지만 이 과정을 통해 얻는 것은 어쩌면 교사의 '자기만족'이 아닐까 생각했다. 좋은 실험 영상 자료를 구할 수 있다면 10분도 되지 않는 영상을 촬영하기 위해 굳이 많은 시간과 노력을 투자하기보다 차라리 수업 구성에 열정을 좀 더 쏟는 편이 더 효율적이지 않을까 생각한다. 다만 학생들도 교사가 영상에 직접 등장해서 실험을 보여주고 설명하는 것이 재밌기는 했던 모양이다.

● 온라인 수행평가에 도전

앞서도 잠깐 언급했지만, 수행평가는 온라인 수업 기간에는 진행하지 않고 출석 수업 기간에만 진행하기로 정했다. 그렇기 때문에 1학기 중에는 별도로 평가를 바꾸는 일은 없었다. 다만 온라인 수업 기간에 수행평가에 대한 안내를 충실하게 진행했고, 출석 수업 기간 동안에 모두 해결할 수 있도록 했다.

  그런데 한 학기 동안 온라인 수업을 진행하다 보니 수행평가를 꼭 출석 수업시간에만 할 필요가 있나 하는 생각이 들었다. 줌을 통해 학생들의 발표가 얼마든지 잘 진행될 수 있다고 생각했기 때문이다. 그래서 2학기 수업의 평가에는 학생들이 직접 온라인에서 활동하는 수행평가 한 가지를 반영해보고 싶었다. 그래서 화학실험 수업에서 한 번 도전해보기로 한 것이다. 다만 반드시 출석 수업으로 진행해야 하는 실험 및 탐구보고서 평가를 제외하고, 진로연계 심화주제발표 활동을 4차시에 걸쳐서 온라인 수업 중에 진행해보기로 했다. 과제를 따로 제출하는 형태가 아니기 때문에 수업시간 중에 주제 선정부터 논문 검색을 통한 자료 조사와 발표 자료 구성, 발표까지 할 수 있다면 수행평가로 충분히 반영해볼 만하다고 생각했다. 그래서 학술논문 탐색 및 분석 활동, 화학전공 개념과 실험을 연계해서 발표 자료를 구성하고, 발표하는 구술 수행평가를 진행하였다.

05

과학과 온라인 수업의 실천 사례

끝으로 과학과의 온라인 수업 실천 사례를 소개하려고 한다. 소개할 사례는 과학 교과의 통합과학 수업과 화학실험 수업이다. 먼저 통합과학 수업의 경우 온라인 수업은 줌에 접속하는 것으로 시작되었고, 일반적인 진행 과정은 다음과 같다.

① 줌에서 인사와 출석 확인(한 명씩 이름을 불러서 출석을 확인하기도 했지만, 대부분의 수업에서는 수업에 참여하면 가장 먼저 채팅창에 출석 확인을 위한 메시지를 전송하도록 안내했다. 그리고 수업영상을 듣는 동안 접속해 있는 학생들을 하나하나 확인하면서 출석을 점검한다)
② 지난 수업 복습 및 본시 수업 내용 안내
③ 수업영상 재생(EBS 온라인 클래스에 올려놓은 날짜별 강의 영상을 똑같

이 재생한다. 시간을 정해서 개인별로 영상을 시청한 후 수업 활동을 진행한 적도 있지만, 영상을 제대로 시청하지 않는 학생들 때문에 전체 학급 학생들이 같은 속도로 수업영상을 시청하게 함)

④ 수업 활동(수업 내용 정리와 문제 풀이 그리고 교과연계 주제발표를 진행)

⑤ 평가(오늘 수업에서 배운 내용 점검, 모의고사 기출문제 풀이를 활용한 학생 발표)

⑥ 다음 차시 안내(다음 수업 안내하기)

화학실험 수업의 경우 교육과정클러스터 수업으로 우리 학교가 아닌 관내의 이웃 고등학교에서 수업을 진행하고 있다. 이 학교는 모든 온라인 수업이 구글 클래스룸을 활용하여 진행되기 때문에 교사가 구글 클래스룸을 이용해서 수업에 대한 안내를 하고, 동시에 줌에 접속해서 실시간으로 수업 활동이 이루어지도록 구성하고 있다.

사실 구글 클래스룸을 활용하여 수업을 진행한다면 필요에 따라서 줌을 이용할 수도 있고 또는 실시간 상호작용이 필요하지 않는 경우라면 교사의 안내에 따라 학생들이 자율적으로 본인의 속도에 맞춰 수업 활동을 할 수 있도록 학생들에게 수업에 대한 적절한 안내가 이루어진다. 화학실험 수업의 경우 수업을 시작하기 20분 전에 '출석'을 안내하는 글이 게시될 수 있도록 예약 설정을 해놓았다.

교육과정 클러스터 수업으로 운영 중인 화학실험 수업
관내의 이웃 고등학교에서 진행 중인 화학실험 수업은 구글 클래스룸으로 진행되었다. 필요에 따라 줌으로 이용할 수도 있고, 상호작용이 필요하지 않은 경우에는 자신의 속도에 맞게 수업을 들을 수 있다.

그리고 시간에 맞춰 출석 안내 글이 공지되면 학생들은 출석을 체크한다. 그와 동시에 오늘 진행될 수업에 대한 안내가 함께 이루어진다. 그리고 수업 10분 전에 'zoom으로 수업 이동'을 안내하는 글이 게시된다. 줌으로 접속할 수 있는 링크를 포함하여 수업에 접속할 수 있도록 글을 공지했다. 필요에 따라서가 아니라 온라인으로 진행한 모든 수업에 대해 줌을 이용하여 실시간으로 수업을 진행했다. 그리고 수업 중 활용하는 수업 자료들은 화면을 공유함으로써 설명이 이루어지지만, 학생들이 수업이 끝난 후에도 활용할 수 있도록 함께 게시했다. 수업이 시작되면 줌에서 실시간으로 활동들이 이루어지고, 과제 발표나 간단한 평가까지 진행한 후에 수업을 마무리하였다.

Q 수업 예시1. 화학 대중화 캐치프레이즈 만들기 ∨

화학의 첫 수업 활동으로 '화학 대중화 캐치프레이즈 만들기'를 진행했다. 화학 대중화 캐치프레이즈 만들기라는 활동은 직접 만든 것은 아니고 한국화학연구원에서 진행하는 대회 내용을 수업 활동으로 가져와서 진행한 것이다. 화학 수업의 오리엔테이션으로 연간 수업 안내나 수행평가를 안내하는 것도 중요하지만 학생들이 생각하는 '화학'이란 학문은 무엇인지를 알아보기 위해서 수업을 진행했다. 그리고 궁극적으로는 화학에 대한 의미와 유용한 가치에 대해 스스로 생각해볼 수 있는 기회를 주고 싶었다. 화학 II 수업에서는 EBS 온라인 클래스를 활용해서 활동을 진행했고, 과학 과제 연구수업에서는 구글 클래스룸을 활용해서 수업을 진행했다. 같은 내용이지만 활용하는 플랫폼을 어떻게 활용하는지에 따라서 차이가 있었다. 우선 활동에 대해서 안내를 하고, EBS 온라인 클래스에서는 게시판을 활용해서 활동 내용을 댓글로 제출하게 했다. 구글 클래스룸에서는 구글 문서를 이용해서 활동 내용을 작성하게 했다. 그리고 작성한 내용을 실시간으로 확인하고 학생들의 발표를 진행한다.

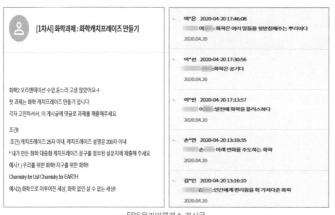

EBS온라인클래스 게시글

| 구글 클래스룸 게시글과 공유문서 | 학생들이 작성한 구글 문서의 활동 내용 |

EBS 온라인 클래스와 구글 클래스룸을 활용한 발표 수업의 차이

EBS온라인클래스와 구글 클래스룸을 이용해서 각각 활동을 진행하면서 학생들의 활동지를 모으는 방법에 차이가 있었다. 개인적으로는 구글 클래스룸이 자료를 모으고 활용하기가 훨씬 간단하고 편리하다. 구글 문서를 손쉽게 이용할 수 있다는 것이 너무 매력적이다. 그리고 실시간으로 공유 문서를 이용해서 학생들의 활동 내용을 확인할 수 있다는 것이 좋았다.

🔍 수업 예시2. 논문을 활용한 진로연계 심화주제발표 : 수행평가 ∨

2학년 화학실험 수업에서 4차시로 진료연계 심화주제발표를 진행했다. 논문 분석을 통해서 필요한 전공 내용을 찾고 발표 자료를 효과적으로 구성해서 발표하는 활동이다. 화학 전공의 관심 분야를 정하고 DBPia를 활용하여 관련 논문을 검색하는 활동부터 시작했다. 실험 활동을 진행하면서 연구와 논문을 작성하는 방법에 대해서도 설명했고, 전공 관련 내용을 찾을 때 학술지나 논문을 활용하는 방법에 대해 수업했다. 논문을 분석해보면서 연구 방법을 살펴볼 수 있었고, 전공 지식의 폭을 넓힐 수 있었다. 그리고 자신의 진로와 연계된 심화주제를 탐색해서 발표 자료를 구성하고 줌을 이용해서 친구들 앞에서 발표를 진행했다.

구분	활동 내용	수업 형태
1 차시	DBpia 논문검색 방법 강의, 주제와 논문 정하기 - 자신의 진로와 관련된 관심 주제를 정하고, 주제를 정한 이유와 검색한 논문 제목을 개인별로 제출하고 발표하게 했다.	강의, 검색활동
2 차시	논문 분석 보고서 작성과 발표 - 논문의 구성과 관심 분야 전공 이론에 대해서 살펴볼 수 있도록 논문을 읽고 간단한 분석 보고서를 작성하고 발표했다.	보고서 작성, 중간발표
3 차시	진로연계 심화주제발표 자료 구성 - 수업시간을 이용해서 모든 활동이 진행될 수 있도록 했고, 발표 자료의 구성 내용에 대해 개인별로 피드백하면서 PPT, PDF 문서로 만들어 발표를 진행할 준비를 했다.	발표 자료 구성
4 차시	진로연계 심화주제의 개인 발표 - 개인별로 줌에서 발표 자료를 화면 공유해서 발표를 진행했다.	발표

DBpia의 화면 구성	전공 분야별 인기 논문 확인
학생들이 공유 문서에 작성한 주제	온라인상의 발표 모습

구글 클래스룸에 제출된 발표 자료	**온라인 수업에서 이루어진 심화주제발표** DBpia에서 논문 자료를 검색하고, 각자가 주제를 선택한 후에 온라인에서 발표를 진행하고 발표 자료를 각자 구글 클래스룸에 제출하도록 하였다.

담당교사의
수업성찰

온라인 환경의 장점이
수업의 질 개선으로 이어지도록

솔직히 필자도 온라인 수업은 처음이다. 학생들도 물론 처음이었지만, 이는 교사들도 마찬가지였다. 처음부터 잘할 것이라 기대할 순 없겠지만, 조금씩 성장하면서 조금씩 시행착오를 줄이면서 학생들이 만족하는 수업을 만들기 위해 모든 선생님들이 노력하고 있을 것이다. 교실 환경이 갖는 장점도 분명 있지만, 온라인 수업을 진행하면서 온라인 대면 방식이 갖는 장점을 최대한 활용할 수 있도록 교육과정을 계획하는 것이 중요하다고 생각한다.

또한 온라인 수업을 계기로 학생들의 수업 참여와 발표 활동에 대해서 돌아보는 기회가 된 것 같다. 1학년 교과연계 심화주제발표 활동을 진행하면서 학생들이 프레젠테이션 자료를 준비해서 발표하는 활동이 있었는데, 학생들의 능력은 기대 이상이었다. 물론 모든 학생들이 숙달되어 있지는 않지만, 많은 학생들이 자료를 수집해서 내용을 구성하고 발표를 진행하는 과정에 주도적으로 참여했다. 또한 교실 수업에서 손을 들고 발표하기를 두려워하는 학생들 중에서도 줌 수업 환경 안에서는 채팅창을 이용해서 자신의 의견을 누구보다 빠르게 표현하기도 했다. 이렇게 학생들의 자발적 참여가 더해져야 온라인 수업이 더욱 의미가 있고 효과적으로 운영될 수 있을 것이다. 이와 함께 온라인 수업을 경험하면서 피부로 체감하게 된 것과 나름의 팁 몇 가지를 정리하면 다음과 같다.

▶ EBS 온라인클래스 VS 구글 클래스룸

온라인 수업을 진행해보니 어떤 플랫폼을 활용할 것인지는 생각보다 훨씬 더 중요한 문제였다. 결론부터 말하면 개인적으로는 구글 클래스룸의 활용도가 더 높다고 생각한다. 필자의 경우 본교 수업에서는 EBS 온라인 클래스를 이용했고, 관내 이웃 학교의 과학 과제연구와 화학실험 수업에서는 구글 클래스룸을 활용했기 때문에 두 가지 플랫폼을 모두 경험할 수 있었다. 그 결과 구글 클래스룸을 이용해서 수업을 안내하고 활동을 진행하는 것이 개인적으로는 더 편리했다. 다만 EBS 온라인 클래스도 뚜렷한 장점이 있다. 예컨대 수업 중에 EBS 강의를 활용하는 경우에 아무래도 필요한 강의를 가져오기가 편리하기 때문이다. 하지만 교사가 별도로 수업영상을 제작하거나 실시간으로 수업을 진행하는 경우라면, 구글의 다양한 기능들을 이렇게 저렇게 활용할 수 있다는 면에서 구글 클래스룸이 좀 더 편리할 것이다.

▶ **구글 클래스룸을 '나만의 수업 저장공간'으로 활용하기**

구글 클래스룸은 수업을 운영하는 플랫폼 말고, 수업 자료를 저장하는 공간으로 활용해보는 방법도 적극 추천하고 싶다. 필자는 고3 수업인 고급화학과 화학 II 수업을 구글 클래스룸에 과목별, 차시별로 수업 자료를 저장해서 수업시간에 활용해보았다.

수업을 진행하는 순서에 따라서 활동 내용을 어떻게 구성할 것인지를 수업 자료와 함께 저장해 놓으면 언제든지 인터넷이 가능한 공간에서 확인하고 불러와서 열어볼 수 있어 참 편리하다. 특히 자동 저장되는 기능이 있는 구글 문서나 구글 프레젠테이션 자료를 활용한다면 수업 자료를 업로드해 놓고 언제든지 시간이 날 때 수정할 수 있고, 또 수정한 내용이 바로 반영되므로 시간과 장소에 구애받지 않고 수업을 준비하고 이용하기에도 편리하다.

무엇보다 구글 클래스룸의 가장 큰 매력은 USB나 별도의 저장 공간을 갖고 다니는 문제를 고민할 필요가 없다는 것이다. 교과별로 마련된 전용 교실에서의 수업뿐만 아니라, 각 교실을 이동하며 진행하는 줌 수업에서도, 그리고 등교주간에도 교사가 인터넷에 접속하여 바로 화면을 자료를 다운로드하여 보여주는 형태로 수업을 진행할 수도 있을 것이다.

모든 주제

화학II 시작하기 : 화학으로 이루어진 세상

- Untitled: Apr 2, 2020 10:01 PM — 4월 2일에 게시됨
- 오리엔테이션(화학2) — 4월 14일에 수정됨
- [과제-발표] 화학심화주제발표 — 5월 20일에 수정됨

I. 물질의 세 가지 상태와 용액

- 기체의 압력과 부피 — 4월 8일에 수정됨
- 1. 기체의 성질(기체의 압력-부피, 온도-부피 사... — 5월 24일에 수정됨
- [과제] 실제 기체와 이상 기체 — 5월 24일에 게시됨
- 2. 혼합 기체의 부분 압력 — 5월 24일에 게시됨

구글 클래스룸의 화학II 수업 자료 구성

---

❶ 진도율은 학습 종료 후, 새로 고침하여 확인해 주세요.

[1] 1.독서하는 경호쌤의 지구과학1교과서 강의

1. <1차시> 과학에 대한 설문 조사를 진행함.

2. <2차시> 상우고 지구과학1_지권의 변동 1(동영상)

3. <2차시> 지구과학1_지권의 변동 1(보고서)

4. <3차시> 대륙이동설(동영상)

5. <3차시> 대륙이동설 관련 보고서 제출(보고서)

6. <4차시> 맨틀대류설(동영상)과 실습(연습문제)

7. <5차시> 해저확장설(해양저확장설)(교과서 동영상)

8. <5차시> 해저확장설 보고서(인터넷 찬스) 어려움

9. <6차시> 판구조론의 정립(교과서 동영상 학습)

29. <20차시> 해수의 성질 3(1학기 마지막)

30. <21-1차시> 퇴적암과 퇴적구조(보고서 작성)

31. <21-2차시>퇴적암과 퇴적구조1(동영상 수업)

32. <22차시> II.1 퇴적구조의 퇴적환경(동영상)

33. <23차시>II.2 여러가지 지질 구조(동영상)

34. <24차시>II.3. 지층의 생성 순서(동영상)

35. <25차시> II.4. 지질 연대 측정(동영상)

36. [26-1차시]II.5 지질시대 환경과 생물(보고서)

37. [26-2차시]II.5. 지질시대 환경과 생물(동영상)

38. <교실에서 주제 발표 수행이 진행됩니다.>

구글 클래스룸의 지구과학 수업 자료

구글 클래스룸의 다양한 기능들을 활용한 사례

꼭 수업 플랫폼이 아니더라도 구글 클래스룸의 다양한 기능들은 온라인 수업을 진행하는 데 여러모로 쓸모가 있다. 자신의 수업 방식이나 교과별 특성에 맞는 기능들을 찾아서 적용해볼 것을 추천한다.

▶ 코로나 시대 온라인 수업의 소회

온라인 개학과 비대면 수업으로 인해 학교마다 전반적으로 학생들의 학교폭력이나 교권침해 사건은 줄어들었다고 한다. 아무래도 학생들이 등교를 하지 않다 보니 갈등 상황도 줄어들 수밖에 없어 나타나는 경향일 것이다. 하지만 그만큼 학생과 교사, 학생과 학생 간의 관계가 코로나 이전 시대보다 멀게 느껴지는 것이 당연하다. 한 학기를 보내고도 매일 마스크를 항상 착용한 얼굴에만 익숙하다 보니 얼굴조차 서먹한 학생들이 부지기수다.

하지만 달라진 환경에 대해 비판적 · 비관적 시각만을 고수하기보다는 차라리 그 안에서 빨리 장점을 찾는 것이 현명하지 않을까? 필자가 생각하는 온라인 수업의 최대 장점을 꼽으면 뭐니 뭐니 해도 '어디에서나 접속이 가능하다', '자기 속도에 맞게 학습의 속도조절이 가능하다', '반복학습이 가능하다' 등이다. 필자는 이러한 것을 만족하도록 동영상을 제작하여 수업을 하였다. 그리고 동영상 리스트를 만들어 현재까지 25차시를 학생들과 공유하고 있다. 이런 장점들이 학생의 자기주도성과 만나는 순간 배움의 효과는 더욱 향상될 것이다. 이와 함께 온라인 수업에 관한 몇몇 소회를 정리하면 다음과 같다.

- 혼자만의 일방적 수업이 되지 않기 위하여

  쌍방향 수업을 하면서도 많은 교사들이 마치 나 혼자 수업하고 있는 느낌을 지우기 어려울 것이다. 특히 넓은 교실에 나 혼자 컴퓨터를 들여다보면서 수업을 진행할 때 학생들의 참여나 호응이 없다면 더더욱 그렇게 느낄 수밖에 없다. 어떻게 학생들의 참여율을 높일 것인가? 집단 지성을 발휘하여 하루 빨리 이 문제에 대한 협의가 필요하다.

- 온전한 쌍방향 수업 구현을 위하여

  우리 학교는 처음부터 쌍방향 온라인 수업을 전제로 하였다. 하지만 어떻게 보면 완전한 쌍방향은 아직 그림의 떡이다. 1교시 수업 50분 동안 쌍방향이 이루어진다고 해도 마지막 7교시까지 모두 쌍방향으로 진행되는 것은 학생과 교사 모두에게 상당한 부담이다. 특히 학생에게는 더더욱 그렇다. 아침부터 저녁까지 컴퓨터 앞에만 앉아 있는 학생을 상상해보라. 답답함을 넘어 약간 끔찍하기까지 하다. 이런 현실을 개선하기 위해서는 끊임없이 좋은 수업 방법을 계속 고민하고 적용해야 한다.

- 모둠수업과 수행평가의 한계

등교 수업에 진행되는 수행평가는 모든 교과에서 시행하므로 학생들에게 큰 부담이 되고 있다. 특히 코로나로 인해 모둠 수업을 자제하고 있는 현실에서 등교 수업에만 수행평가를 고려하지 말고, 하루빨리 온라인으로 실시할 수 있는 수행평가를 고민하고 개발하여 적용해야 한다.

학기말 수업참여 피드백 설문조사

온라인 수업으로 학기를 마친 후에 학생들에게 수업 참여와 관련된 설문조사를 진행했다. 이러한 학생들의 다양한 의견은 다음 학기 수업을 준비하는 데 중요한 자료가 된다.

▶ 온라인 시대와 자기주도성

등교 수업에 잘 참여하는 학생들은 온라인 수업에서도 잘 참여하는 모습을 보이고, 등교 수업을 힘들어하는 학생들은 온라인 수업에서도 대부분 학습이 제대로 이루어지지 않는 것이 어쩔 수 없는 현실이다. 아직 평가를 통하여 면밀하게 관찰되진 않았지만, 일단 참여율 면에서는 뚜렷하게 구분된다. 또한 온라인 개학과 교육과정에 대한 실질적 참여율을 조사한 결과 상위권 학생들도 제대로 수업에 참여하지 않는 경우가 꽤 많았다. 이런 결과는 약간 의외였다. 옛말에 서 있으면 앉고 싶고, 앉으면 눕고 싶다고 했다. 결국 편안한 온라인 접속과 반복 학습이 가능하다는 것은 학습의 느슨함에도 영향을 미치는 것이었다. 어쨌든 어느 날 갑자기 전 세계를 덮친 코로나는 학교의 기능과 교수-학습에 대해 이것저것 진지하게 생각하게 만든 계기가 되었다. 무엇보다 학생들과의 자유로운 상호작용이 더욱 아쉬워지는 한해였다.

6장

온라인 수업이 시작된 학교는 그야말로 혼란의 도가니였다. 지금까지와는 다른 수업 방식인 온라인 수업을 직접 담당해야 할 교사들도 혼란이었고, 최대한 큰 문제 없이 원활한 수업 진행을 지원해야 하는 학교 분위기도 어수선하기는 마찬가지였다. 이러한 와중에 관심은 자연히 '진도'와 민감한 교과 수업에 좀 더 쏠릴 수밖에 없었고, 학기 초만 해도 창의적 체험활동이나 진로에 대한 관심은 상대적으로 덜할 수밖에 없던 게 현실이다. 우선 발등에 떨어진 불을 끄기에도 바빴던 것이다. 하지만 학교 교육의 목표가 그저 교과 진도를 나가는 데 있는 것은 아니다. 학생들이 미래에 꼭 필요한 인재로 성장하기 위해서는 자율활동이나 동아리활동, 봉사활동, 진로활동 등을 통해 다양한 경험을 쌓는 것 또한 교과 수업 못지않게 매우 중요하고 또 의미 있는 교육활동이기 때문이다. 그래서 이 장에서는 코로나19 상황에서 이루어진 우리 학교의 창의적 체험활동, 동아리와 진로활동 및 진학지도 사례를 소개하고자 한다.

온라인 진로지도와 체험활동

"포스트 코로나 시대를 열어갈 차별화된 인재 양성"

주요 사용 툴과 앱

#zoom(온라인 화상 회의 프로그램, 화면공유)

#EBS 온라인 클래스(학년별 창의적 체험활동 클래스 개설)

#방과후학교/교육과정온라인접수프로그램(Web-hosting포함)

#구글 클래스룸: 입시 설계 및 지도

#DBPia 사이트: 논문 자료 검색

01

학생 맞춤형 진로활동을 지향하는 진로특색활동

코로나19로 인해 교과 수업이 모두 온라인으로 진행되는 사상 초유의 상황이 발생했다. 이런 급작스러운 상황 속에서 대부분 학교의 협의 과정에서 다루는 안건도 일단 교과 수업을 어떠한 방식으로 진행할지에 초점이 맞춰졌다. 당연히 창의적 체험활동의 진행에 대한 논의는 뒤로 미루어졌고, 해당 부서가 알아서 해결해야할 과제로 던져지기 일쑤였다. 분명 현장의 많은 교사들이 난감함과 함께 당혹스러움을 감추기 어려웠을 것이다. 혹시 조금이나마 도움이 된다면 다행이라는 마음으로 대면 수업이 제한된 상황에서 우리 학교의 동아리와 진로활동이 어떻게 이루어지게 되었는지를 소개하려고 한다.

온라인 상황에서 이루어진 활동 내용을 소개하기 전에 먼저 우리 학교의 기존 동아리와 진로활동이 이루어지던 방식에 대한 이해가 필요할 것이다. 우리 학교의 동아리활동은 다른 고등학교들처럼 정규 동아리와 자율 동아리로 나누어서 진행되었지만, 진로활동은 좀 특이한 형태를 띠고 있었다. 일반적인 고등학교에서 진로활동을 시간표에 넣어 매주 1시간씩의 수업 형태로 진행한 반면, 우리 학교는 진로특색활동이라 하여 학생들의 진로에 맞는 활동을 개설하고 차시당 3시간의 블럭타임으로 진행하는 형태였다.

어떻게 보면 동아리활동과 진로특색활동에 큰 차이가 없을 것이라 생각하지만 동아리활동은 실제 학생들의 진로와 상관없는 취미 활동의 개설도 가능한 반면, 진로특색활동은 학생들의 진로와 관련된 활동들로 개설하는 형태다.

2019년 진로특색활동 개설 예시

구분	담당	유형	활동명	내 용
1	○○○	진 로 탐색형	꿈찾 (꿈을 찾아서)	교내에서는 경험할 수 없는 외부의 심화된 진로 체험 활동을 통해 학생들의 적성 및 흥미에 맞는 체계적인 진로 지도를 도모함.
2	△△△	동아리 연계형	그리다 (Grida)	미술 관련 진로를 희망하는 학생들로 구성되어 표현, 감상 영역을 경험하여 보고 더욱 확고한 미술계열 진로를 다질 수 있는 계기를 마련함.
3	□□□	진 학 연구형	SeeReal	고3학생들을 대상으로 본인의 진로희망을 중심으로 대학입시에 대한 계획 및 전형전략에 대해 연구하는 활동을 실시함.

이처럼 2019년 진로특색활동은 학생들이 자신들의 진로를 탐색해 볼 수 있는 유형, 동아리와 진로를 연계하는 유형, 대학 진학과 관련된 유형의 세 가지 형태로 운영되었다. 하지만 동아리활동과 진로특색활동에 대한 시간적 확보가 여의치 않아 두 활동 모두 내실 있게 운영되는 데 문제가 발생하였다. 이에 2020년에는 동아리활동과 진로특색활동에 변화를 꾀하려고 노력하였다. 특히 동아리활동과 진로특색활동이 시간적으로 충분히 효과적으로 진행되도록 동아리활동과 진로특색활동을 연계하여 하나로 진행하는 방안을 선택하였다. 오른쪽 표(291쪽 참조)는 코로나 유행 전에 미리 계획했던 우리 학교 댄스 동아리활동 및 진로특색활동 연계에 관한 내용이다. 오른쪽 표를 살펴보면 차시별로 댄스 동아리활동과 진로특색활동을 어떻게 연계하였는지 살펴볼 수 있다. 표에서 정리한 것처럼 학생들이 동아리활동 1차시를 진행한 후에 바로 다음 1차시는 진로특색활동을 진행하는 형태이다. 이렇게 동아리활동과 진로특색활동을 연계하게 된 이유는 대부분의 인문계 고등학교 학생들은 학생부 종합전형을 대비하여 진학하려는 학과와 관련된 동아리를 선택하기 때문이다. 이와 같이 동아리활동과 진로특색활동을 연계함으로써 학생들이 동아리 활동뿐만 아니라 자신들의 진로와 관련된 학과와 커리큘럼, 관련된 직업 및 자신들의 진로 방향 설정, 현장 직업인들과 소통함으로써 두 활동의 시너지 효과를 극대화하고자 하였다.

2020년 동아리활동 및 진로특색활동 연계 방법 예시(댄스 동아리)

차시	날짜	구분(시간)	활동내용
1	20.03.06.	진로(1)	- 진로특색활동 설명회
2	20.03.27.	동아리(1)	- 동아리 설명회(연간계획서 작성)
3	20.04.17.	동아리(3)	- 공연 기획 및 연습
4	20.04.24.	진로(3)	- 공연 기획 및 무대 제작 관련 직업 조사
5	20.06.05	동아리(3)	- 공연 장,단점 분석 및 추후 공연 기획 및 연습
6	20.06.12.	진로(3)	- 댄스팀 초청 직업 인터뷰
7	20.06.26.	동아리(3)	- 매송제 공연 기획 및 연습 - 온마을 잔치 Free-터 준비
8	20.08.21.	진로(3)	- 대학교 관련학과 탐방
9	20.08.28.	동아리(3)	- 공연 장,단점 분석 및 추후 공연 기획 및 연습
10	20.09.11.	진로(3)	- 진학 희망 대학의 교육 커리큘럼 및 졸업 후 진로 현황 조사
11	20.10.23.	동아리(3)	- 공연 장,단점 분석 및 추후 공연 기획 및 연습 - 동아리 발표회 공연 준비 및 연습
12	20.12.08.	동아리(3)	- 동아리 발표회 기획회의 및 예산계획 작성 - 동아리 발표회 준비
13	21.02.05.	동아리(6)	- 동아리 발표회

02

코로나가 바꾼
동아리와 진로특색활동

솔직히 초기에는 언론에서 코로나 유행이 심상치 않음을 접하고도 이렇게 오랫동안 학교가 정상적으로 운영되지 못할 거라고는 예상하지 못했다. 그래서 4월 온라인 개학을 할 때만 하더라도 잠시 동아리활동과 진로특색활동을 진행하지 않고 뒤로 미루었다. 조만간 정상적인 등교가 가능해지면 곧바로 시작할 수 있을 거라고 생각했기 때문이다. 실제로 대부분의 활동이 학생들의 대면활동으로 이루어지는 동아리와 진로특색활동의 성격상 온라인으로 진행할 수 있다는 생각 자체가 들지 않던 시기였다.

하지만 코로나 사태는 도통 잠잠해질 기미가 보이지 않았다. 심지어 등교가 가능해진 시점에서도 대면 수업은 계속 제한적으로 이루어질 뿐이었다. 시간이 어느 정도 지나자 학교 대부분의 구성원들은 온라인 수업체제에 익숙해졌고, 교과 수업의 경우 별다른 문제 없이 줌을 통해 쌍방향으로 이루어지고 있었다. 그런 상황에서도 동아리활동과 진로특색활동 운영은 계속해서 미루어질 뿐이었다. 하지만 입시를 앞둔 3학년 학생들을 위해서라도 생활기록부의 비교과 영역들을 더 이상 유예할 순 없었다. 이들의 수시 입학전형을 위해 꼭 필요한 활동들인 만큼 마냥 뒤로 미룰 수 없다고 판단하여 먼저 온라인으로 동아리와 진로특색활동을 개설하고 학생들을 배치하는 작업부터 시작하기로 하였다.

○ 동아리 및 진로특색활동의 온라인 설명

다음의 그림(294쪽 참조)과 같이 먼저 EBS 온라인 클래스에 동아리활동을 개설하고, 선생님들이 개설한 동아리명칭과 내용에 대해 학생들이 쉽게 이해하도록 하였다. 그런데 선생님들이 개설하는 동아리 외에 학생들이 주축이 되어 동아리를 만드는 경우도 있다. 이렇게 학생들 스스로 기획한 동아리의 경우 동아리 참여 인원이 10명 이상이고, SNS를 통해 홍보하고 싶다는 의사를 표현한 동아리에 한하여 온라인 클래스에 동아리 설명을 개설해주었다. 다만 2020학년도에 한해서는 감염병 확산 예방 치원에서 외부로 나가는 동아리활동은 학교 차원에서 전면 금지하였다.

EBS 온라인 클래스에 개설한 동아리활동

온라인 플랫폼에 동아리활동을 개설하여 학생들이 개설된 동아리 명칭과 내용을 쉽게 알아볼 수 있게 안내하였다. 학생들 중심으로 만들어진 동아리에 대해서는 소정의 조건을 충족한 동아리에 대해 함께 개설해주었다.

동아리와 진로특색활동의 학생 신청

동아리활동과 진로특색활동을 연계하여 진행하는 만큼 학생들이 동아리활동 신청 한 번으로 두 가지의 활동이 함께 이루어질 수 있도록 설계했다. 동아리 신청은 매년 학생들이 방과후 학교 프로그램에 들어가서 자신들의 진로와 관련된 동아리를 직접 신청해왔기 때문에 코로나로 인해 특별히 달라져야 하거나 문제가 될 만한 점은 없었다. 하지만 동아리 최소 인원 미달로 인해 개설되지 못하는 동아리와 일정 인원 이하로 동아리 부원을 선발하는 선발 동아리의 경우에는 문제가 발생했다. 인원이 부족한 동아리의 경우 비교적 문제가 간단히 해결되었다. 10명 이하의 동아리는 무조건 개설을 취소하고, 30명 이상이 신청한 동아리로 지도 교사를 증원하는 방식을 택한 것이다. 그리고 개설이 취소된 동아리를 신청한 학생들은 다시 동아리를 선택하도록 사이트를 열어주어 해결할 수 있었다.

이와 달리 학생들은 선발해야 하는 동아리는 비대면 수업으로 인해 진행 자체에 어려움이 있었다. 하지만 대부분의 선발 동아리는 전통적으로 학생들이 자체적으로 운영해오던 동아리이다 보니 나름의 운영 노하우를 발휘했다. 대체로 기존 동아리 학생들이 SNS 등을 이용하여 큰 무리 없이 학생들을 선발한 것이다. 이러한 여건이 마련되지 않는 동아리의 경우 예외적으로 2020년도에 한해 지원한 모든 학생들을 동아리 부원으로 받아들이는 방법을 택하기도 하였다. 이렇게 하여 2020년에는 총 56개 동아리(교사 42개 동아리, 학생 14개 동아리) 개설을 신청하였고, 이 중 최소 신청 인원 미달로 8개 동아리의 개설이 취소되어(교사 신청 7개, 학생 신청 1개) 총 48개 동아리의 개설이 확정되었다.

동아리와 진로특색활동의 실시

동아리와 진로특색활동이 그저 입시 포트폴리오 작성을 위한 형식적인 구색 맞추기로 끝나지 않으려면 참여하는 모든 학생들의 실제 활동을 목표로 해야 한다. 그러다 보니 기존에는 모두 대면 수업으로만 이루어져야 한다고 생각하였다. 그리고 하나의 동아리에 1·2·3학년 학생들이 동시에 존재하기 때문에 격주로 등교가 이루어지는 1·2·3학년 학생들이 한자리에 모이는 것에 대한 우려가 존재했다. 하지만 학생들을 위한 실질적 활동이 이루어지려면 1·2·3학년 학생들을 등교시켜야겠다고 학교에서 결정했다.

이러한 학교 차원의 과감한 결정이 내려진 후에 동아리와 진로특색활동이 이루어지는 금요일은 오전 온라인 수업이 끝난 후 원격 수업을 하던 학생들이 등교하도록 했다. 다만 교내의 50여개의 교실과 특별실을 이용하여 최대한 거리두기를 실천하며 활동을 진행하고자 하였다. 하지만 아쉽게도 교육당국에서 반드시 70% 미만으로 등교학생 수를 유지해야 한다는 지침을 고수하여 제동이 걸렸다. 그래서 대안으로 찾은 것이 동아리활동의 온·오프라인 병행 실시였다. 먼저 동아리의 특성상 대면이 아닌 온라인으로 진행할 수 있는 동아리가 얼마나 되는지를 조사하였다. 만약 온라인으로 진행 가능한 동아리들의 학생 수가 전체 30% 이상일 경우 나머지 동아리는 교육 당국의 지침을 어기지 않고도 학교에서 대면 활동을 충분히 진행할 수 있었기 때문이다. 다음에 정리한 두 개의 표(297~299쪽 참조)는 우리 학교 동아리와 진로특색활동 방법의 구분과 학생들에게 제공된 온라인 동아리활동 안내표이다. 첫 번째 표에서 온라인 활동은 원격 수업이 이루어지는 동안 동아리와 진로특색활동 모두 온라인으로만 진행하는 동아리이다. 온라인(병행) 동아리는 온라인으로 활동을 진행할 때도 있고, 등교하여 활동을 진행할 수도 있는 동아리이다. 동아리와 진로특색활동 이전에 이를 사전 조사하여 교내 활동 학생 수를 70%로 유지하려고 노력했다.

동아리 및 진로특색활동 방법 구분

활동 구분	강좌명	강의실A	강의실B
온라인 활동	글로벌	영어 교실C3	
교내 활동	그리다(Grida)	5층 미술실	4층 미술실
교내 활동	탐나는 수학	수학 교실	
온라인(병행)	심리탐구반	3학년 5반	
교내 활동	야구부	운동장	
교내 활동	스포츠 사이언스	2학년 1반	
교내 활동	OZ의 마법사	제2컴퓨터실	
교내 활동	인터랙트(지역사회봉사실천)	3학년 6반	3학년 7반
온라인(병행)	화생방(우리가 화학을 생각하는 방식)	화학실	
온라인(병행)	케미	2학년 10반	
온라인(병행)	동네주민 세계시민	1학년 5반	
교내 활동	영어소설 읽기반	영어 교실C1	
교내 활동	sings(밴드부)	제1음악실	
교내 활동	직업체험반	통합지원반	통합지원반
교내 활동	우리동네 오프라인A, B	매송관A	
교내 활동	SUP(항공-호텔 등 서비스직)	시청각실	
교내 활동	사회문화현상 연구소	2학년 9반	
교내 활동	요리조리	가사실	
온라인 활동	영화 논토(영화와 함께하는 논술토론)	3학년 3반	
교내 활동	물리수학탐구반	1학년 9반	
온라인(병행)	사회를알자(살자)	3학년 8반	
교내 활동	도서동아리(다독다독)	도서관A	
온라인(병행)	SPACE	물리실	
온라인 활동	누리보듬	1학년 10반	보건실

활동 구분	강좌명	강의실A	강의실B
온라인(병행)	중국동아리	영어교실C2	
온라인(병행)	슬기로운 교사 생활	2학년 5반	
온라인 활동	아카펠라 합창	제2음악실	
온라인 활동	책 읽는 하루	2학년 2반	
온라인(병행)	기술혁명시대의 수리과학 탐구반	1학년 6반	
온라인 활동	진로종합 그림책 퍼즐	도서관B	
교내 활동	역사창고	1학년 1반	
온라인(병행)	sequence(구 sunglass)	2학년 6반	
교내 활동	Dream Airlines(항공서비스동아리)	2학년 8반	
온라인(병행)	경찰진로탐구반	1학년 3반	
온라인(병행)	방송반A, B	1학년 4반	방송실
교내 활동	S.T.C(Sangwoo Taekwondo Club)	3학년 1반	
교내 활동	engineering	1학년 7반	1학년 8반
교내 활동	사이렌	3학년 2반	
온라인(병행)	피에스타 [FIESTA] (문화 기획 동아리)	2학년 3반	2학년 4반
교내 활동	S.O.M.E(경영경제동아리)	인문토론교실	3학년 9반
온라인 활동	merit (메리트)	1학년 2반	
교내 활동	S.S.G.(사회과학 탐구반)	3학년 4반	
온라인 활동	애드마케팅(마케팅, 기획 동아리)	3학년 10반	
온라인(병행)	ABO ·	창의과학교실	
온라인 활동	PASSION	2학년 7반	
온라인(병행)	큐리어스(Curiearth) ; 융합과학	지구과학실 (4층)	
온라인(병행)	C.G.(멀티미디어 동아리)	한문교실	
온라인(병행)	Building a Happy Construction (BHC)	생명과학실	
위탁교	Special Jobs	위탁학생	

온라인 동아리활동 안내표 예시

활동 구분	동아리명	지도 교사A	지도 교사B	집합장소	집합 시간	준비물
온라인	중국동아리	***		줌 (643 *** 3905)	14:00	
온라인	기술혁명시대 의 수리과학 탐구반	***		줌 (492 *** 7452)	14:00	기존 수집된 자료
온라인	PASSION	***		줌 (570 *** 3590)	14:00	필기도구
온라인	아카펠라 합창	***		줌 (556 *** 2189)	14:00	악보
온라인	글로벌	***		줌 (649 690 3872)	14:00	필기도구
온라인	진로종합 그림책 퍼즐	***		줌 (720 *** 1947)	14:00	배부한 스크랩북, 그림 도구
온라인	사회를알자 (살자)	***		줌 (492 *** 0670)	14:00	필기구, 일간신문 (예:경향신문, 중 앙일보, 한겨레, 한국일보 등)
온라인	방송반A (1,2학년)	***		줌 (637 *** 4021)	14:00	필기도구
온라인	sequence (구 sunglass)	***		줌 (971 *** 2994)	14:00	
온라인	슬기로운 교사 생활	***		줌 (239 *** 3444)	14:00	개인과제

위의 표와 같이 온라인으로 동아리활동이 이루어지는 동아리에 대해서는 학생들에게 동아리 지도교사의 줌 회의번호와 준비물 등이 사전에 고지되었다. 그 외 나머지 동아리는 학교의 모든 교실과 특별실을 이용하여 최소한의 인원을 배치하여 철저한 거리두기 원칙을 지키며 안전하게 동아리와 진로특색활동을 진행하였다.

동아리, 진로특색활동 시 등하교 일정표

내용	시간	비고
중식(2·3학년)	12:00 ~ 13:20	13:00까지 온라인 동아리활동 학생들 식사 후 귀가 시작
1학년 등교	13:00 ~ 13:20	2,3학년 학생들 귀가 시간과 겹치지 않게 조정
동아리활동(오프라인)	13:20 ~	
동아리활동(온라인)	14:00 ~	2,3학년 학생들 귀가시간 고려

등교한 학생 중에는 교과 수업 말고 동아리활동에도 참여해야 하는 학생이 있었고, 동아리활동에만 참여하기 위해 등교해야 하는 학생도 있었다. 그래서 위 표와 같이 등교한 2·3학년 학생들 중 온라인으로 동아리활동도 진행해야 하는 학생들과 등교하지 않은 1학년 학생들 중 오프라인 동아리활동에만 참가해야 하는 학생들 간 동선이 겹치지 않도록 등·하교 시간을 설정하였다. 그뿐만 아니라 1학년 학생들이 등교하는 출입구와 2·3학년 학생들이 하교하는 출입구를 달리하여 혹시 모를 접촉을 최소화하였다. 온라인 동아리활동을 위해 귀가하는 학생들의 귀가 시간을 고려하여 오프라인 동아리활동과 온라인 동아리활동의 시작 시간을 서로 다르게 진행함으로써 학생들을 배려하였다. 또한 표에서와 같이 동아리활동의 종료 시간을 정하지 않음으로써 학생들과 교사들이 진행 시간을 자율적으로 결정하는 방향으로 융통성 있게 운영하였다.

강화된 사회적 거리두기와 전면적 온라인 운영

온·오프라인 병행 운영이 어느 정도 자리를 잡아가나 싶더니 또다시 코로나19가 발목을 잡았다. 8월 중순부터 수도권을 중심으로 코로나19 감염자 수가 가히 폭발적으로 증가하면서 사회적 거리두기 2단계, 나아가 2.5단계까지 발효되면서 학생들의 등교가 또다시 중단된 것이다. 그나마 입시를 앞둔 3학년 학생들은 대입 상담과 수시 원서 접수로 인해 어쩔 수 없이 등교가 허용되었지만, 1·2학년의 등교는 전면 중단되고 말았다. 조금씩 안정을 찾아가는가 싶던 동아리와 진로특색활동에 적신호가 켜졌다. 교내 진행은 더 이상 불가능했고, 모든 동아리와 진로특색활동에 대한 온라인으로의 전환이 불가피했다. 하지만 모든 동아리활동을 갑자기 온라인으로 전환하기에는 준비 부족은 물론 온라인으로는 실질적인 진행이 불가능한 동아리들이 있어 결정을 내리기가 어려웠다. 특히 교육청 예산을 지원받아서 반드시 향후 실적을 제출해야 하는 동아리들의 경우 대면 활동을 하지 못해 계획대로 예산을 집행하지 못하는 문제점까지 발생했다. 물론 음악 관련 동아리는 온라인으로 악보를 구입하여 학생들과 공유하는 방법을 통해 예산을 일부 사용하기도 했다. 하지만 요리 동아리처럼 재료를 구입해서 실제 조리를 해봐야 하는 동아리들의 경우는 사정이 달랐다. 실제로 일본요리 동아리인 '요리조리'는 학생들이 등교를 하지 못

하면 요리 재료 구입을 통해 실제 요리를 할 수 없기 때문에 활동
과 예산 집행에 따른 여러 가지 문제에 봉착하게 되었다.

온라인 동아리활동 진행 시 예산 사용 문제

온라인으로의 활동 전환을 위해 함께 머리를 맞댄 끝에 최근 유행
하는 TV 예능프로그램처럼 비대면으로 요리 방법이나 콘서트 공
연을 공유하는 식으로 학교 동아리활동이 가능할 거라는 의견이
나왔다. 그리고 담당 부서에서 부원 선생님들과 함께 온라인으로
요리 동아리활동을 진행할 수 있는 방법에 대해 고민해보았다. 요
리 동아리의 경우 가장 큰 문제는 역시 '재료'였다. 일반적인 조리
도구와 시설은 웬만한 가정에도 다 준비되어 있기 때문에 크게 문
제될 건 없다고 보았다. 하지만 예산으로 구입해야 하는 요리 재
료가 문제였다. 처음에는 일단 학교에서 재료를 구입하여 개별 포
장 후 워킹 스루(WALKING THROUGH) 방식으로 나눠주거나 아니
면 택배로 발송하는 방식을 고민해보았다. 하지만 매번 이러한 방
식으로 진행할 경우 동아리 지도 교사에게 과중한 업무 부담이 될
수밖에 없었다. 게다가 요리 재료의 특성상 변질 가능성을 배제할
수 없고, 나눠준 재료의 변질로 발생하는 문제에 대한 학교의 책
임 또한 가볍지 않다고 생각했다.

가장 손쉬운 방법은 가장 일반적인 재료의 단가를 책정하고 이를 학생들에게 현금으로 통장에 지급하는 것이다. 그 돈으로 학생들이 개별적으로 요리 동아리활동에 사용할 재료를 구입하여 지도교사와 동아리 부원들과 쌍방향으로 요리를 만드는 것이다. 현재 지상파에서 방송 중인 《백파더》의 형태를 차용한다면 충분히 가능한 방식이라고 생각되었다. 하지만 아직까지 우리나라의 학교들은 이런저런 규제로부터 자유롭지 못하다. 예컨대 학교에서 학생에게 현금을 지급하여 각 동아리에서 사용할 개별적 재료를 구입하는 것 또한 현재로서는 실천이 불가능한 영역이다. 사회적으로는 변화하는 시대의 흐름에 맞게 수업에도 새로운 방식을 적용하라며 거세게 강요하고 있지만, 정작 제반여건의 혁신은 요원하기만 하다는 생각이 다시금 들었다.

결국 현재로서는 학교에 다시 등교하여 대면 수업을 하며 요리를 할 경우에만 교육청에서 지원받은 예산을 사용할 수 있다는 결론에 이르렀다. 설사 예산 문제가 해결된다고 해도 오직 온라인으로만 동아리를 진행하는 것 자체에는 한계가 있다. 이러한 문제들을 해결하기 위해서 교육당국은 새로운 교육 형태에 걸맞는 혁신적인 사고와 교육 정책을 하루빨리 수립해야 한다는 것을 새삼 절감하였다.

03

진로특색활동을 기반으로 한
온라인 동아리 실천 사례

이제부터 우리 학교에서 온·오프라인 병합으로 이루어진 동아리 활동 사례를 몇 가지 소개하려고 한다. 앞서도 이야기했지만, 모든 동아리활동을 전적으로 온라인으로만 진행하기에는 여러 가지로 무리가 있다. 여기에서 소개하는 사례들도 온라인이라는 환경이 가진 장점을 최대한 이용할 수 있는 동시에, 온라인으로 진행 가능한 활동 콘텐츠를 가진 동아리를 중심으로 서술하였다.

물론 이 책에서 이야기하는 방식만이 모범답안이라고 생각하지는 않는다. 다만 혹시라도 '과연 온라인으로 동아리활동이 가능할까?' 하는 고민을 하고 있다면, 생각하기에 따라서 꽤 전향적으로 도전해볼 수 있다는 가능성은 충분히 열어줄 수 있을 거라고 생각한다.

● "수학과 관련된 다양한 진로 탐색!"
○ 탐나는 수학

2017년 '탐나는 수학(탐구하며 나눔을 실천하는 수학)'이라는 수학 동아리를 개설한 이후 학생들과 함께 수학 관련 체험을 진행하고 경기 수학 체험전에도 참가하면서 알찬 시간을 보내왔다. 하지만 올해는 코로나19로 인해 학교 밖 활동을 제한했기 때문에 체험활동은 진행하기 어려웠다. 또한 모든 학년이 등교하는 것은 아니다 보니 비대면 수업으로 진행할 수 있는 방법과 주제에 대해 고민할 수밖에 없었다. 우선 비대면 수업으로 진행하기 위해 구글 클래스룸에 동아리 강좌부터 개설하였다. 구글 클래스룸은 실시간 댓글 기능과 일대일 과제 확인 기능이 있어서 활동과 관련된 과제나 안내 사항들을 주고받기에 적절하다고 생각했다. 온라인 수업일 때는 줌과 병행해서 사용하고, 등교 수업일 때도 화면에 구글 클래스룸을 띄우고 활동을 진행할 수 있다.

올해 동아리활동을 진행하는 데 있어 가장 큰 변화는 작년에 진행한 '진로특색활동'을 동아리 학생들을 대상으로 진행하게 된 점이다. **진로특색활동**이란 비슷한 진로를 가진 학생들끼리 모둠을 만들어서 동아리와 같이 창체 시간에 진로 관련 활동을 진행하는 것이다. 작년까지는 동아리와 연계하는 과정도 있었고, 또 별도로 진행하는 과정도 있었는데, 성격상 동아리활동과 유사한 점이 많아서 올해는 동아리 학생들을 대상으로 '진로특색활동'도 함께 진행하게 되었다. 이러한 점을 고려하여 올해 세운 '탐나는 수학' 동아리 연간 계획은 다음 표와 같다.

'탐나는 수학' 동아리활동 연간 계획

차시	날짜	구분(시간)	활동 내용
1	6.19.(금)	동아리(3)	오리엔테이션 및 활동 주제 선정
2	7.3.(금)	진로(3)	진로탐색활동 1
3	7.24.(금)	동아리(3)	수학 주제발표 1
4	8.7.(금)	진로(3)	진로탐색활동 2
5	9.4.(금)	동아리(3)	수학 주제발표 2
6	9.18.(금)	진로(3)	진로탐색활동 3
7	11.20.(금)	진로(3)	진로탐색활동 4
8	12.4.(금)	진로(3)	진로 탐색활동 5
9	12.11.(금)	동아리(3)	수학 주제발표 3
10	12.17.(목)	동아리(1)	동아리 발표회 준비
11	12.31.(금)	동아리(6)	동아리 발표회

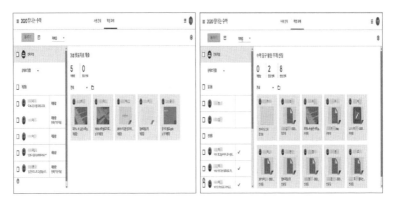

구글 클래스룸의 주제선정 취합 화면
구글 클래스룸에 동아리 강좌를 개설한 후에 수학 탐구활동의 주제를 올려놓고 선정할 수 있게 하였다. 학생들은 선정된 주제에 대해서 조사한 내용을 정리하여 구글 클래스룸에 올리게 된다. 사진에서와 같이 제출 현황을 파악할 수 있다.

동아리 시간에는 '수학 주제발표'를 진행하고 진로 특색 시간에는 '진로탐색활동'을 진행하는 것이 큰 틀이다. 두 활동 모두 온라인인지 오프라인인지에 상관없이 진행할 수 있는 활동이기에 이와 같은 방향으로 흐름을 잡았다.

첫 번째로 진행한 '수학 주제발표'는 먼저 주제를 선정하고 주제에 대해 조사한 내용을 발표하는 방법으로 진행하였다. 주제 선정 과정과 동아리 발표 자료 취합은 구글 클래스룸 과제로 제출하도록 안내하였다. 다행히 발표를 진행하는 동아리활동을 등교 수업으로 진행하는 날이어서 발표는 학교에서 진행할 수 있었다. 하지만 온라인으로 진행한다고 하더라도 줌으로 진행할 수 있었기 때문에 크게 걱정하지는 않았다.

두 번째로 진행한 '진로탐색활동'은 본인의 진로와 관련하여 배우게 되는 수학에 대해 조사하는 시간을 가졌다. 이때 학생들에게 다음과 같은 질문을 하였다.

- 자신이 희망하는 진로를 적어보세요.
- 자신의 진로와 관련하여 진학해야 할 학과는 무엇인지 찾아보세요.
- 자신이 진학해야 할 학과에서 배우는 수학 관련 과목은 어떤 것이 있

진로 탐색 활동

1. 자신이 희망하는 진로를 적어보세요.

> 저의 진로는 컴퓨터 프로그래머가 되는 것입니다. 항상 기계를 다루는 것에 흥미와 즐거움을 얻었었고 그를 계기로 로봇공학을 시작하게 되었었습니다. 직접 로봇을 제작하고 그에 맞는 프로그램을 만들고 그것을 성공 시켰을 때 만족감과 행복감을 받으며 성장하게 되었습니다. 고학년이 되면서 컴퓨터에 대해 알아가게 되었고 간단한 작성부터 다양한 프로그램들을 접하고 직접 창작한 프로그램으로 대회를 나가보기도 하여 좋은 경험과 실력을 쌓으며 지금의 진로를 정할 수 있었습니다.

2. 자신의 진로와 관련하여 진학해야 할 학과는 무엇인지 찾아보세요.

> 컴퓨터에 관련에서 다양한 학과가 있지만 그 중에서 저는 컴퓨터공학과를 목표로 두고 있습니다. 자세한 공이라면 대기업에 들어가는 것인데 많은 기업을 두루 입사하는 것입니다. 컴퓨터공학과에 들어가 기본적인 학습을 배우며 대학교를 다니며 창의적인 아이디어를 구상하고 실제 앱이나 웹사이트 등을 만들어보고 실기에 이 학과를 목표로 두고 꼭 가고 싶은 학과 중 하나입니다.

3. 자신이 진학해야 할 학과에서 배우는 수학 관련 과목은 어떤 것이 있는지 찾아보세요.

> 컴퓨터 프로그램에는 다양한 함수들이 쓰이기 때문에 일단 기본 함수들을 배워야 하고 그리고 컴퓨터공학에서는 운영체제 및 네트워크 망 설정 등 세부적인 부분에서 반드시 알아야 할 것들이 오히려 더 많기 때문에 수학 관련 과목이라면 선형대수학라는 기계공학과 관련된 수학을 배워야 할 것 같습니다.

4. 대학에서 배워야 할 수학 관련 과목을 이수하기 위해 고등학교에서 배워야 할 수학 과목은 어떤 것이 있는지 찾아보세요.

> 고등학교 수학은 사실상 컴퓨터공학 학과에서 그리 중요하게 생각하지 않습니다. 결국은 제가 자신 있는 과목을 선택해도 된다는 것이기에 일단 고등학교 2학년으로써 지금은 수1과 수2를 나아가고 3학년으로 진학을 했을 때. 미적분을 선택하여 하지 않을까 생각이 됩니다.

5. 위에서 조사한 것을 참고하여 앞으로 들을 수학 선택과목들을 정해보고. 3학년은 고등학교에서 배운 수학 내용을 간단하게 정리해보세요.

> 위에서 말한 것처럼 미적분을 선택할 것이고 진로를 위해서라면 기하 벡터도 생각해보고 있습니다.

진로탐색활동 예시 자료

수학 동아리활동을 본인의 진로와 연계시키기 위한 자료이다. 학생들에게 질문을 하고 이에 대한 답안을 직접 성실하게 작성한 후에 제출하는 방식으로 하였다. 단순히 질문 칸을 메우기보다는 질문에 답하는 과정이 곧 자신의 진로를 진지하게 탐색해보는 과정이 될 수 있게 하였다.

는지 찾아보세요.

 - 대학에서 배워야 할 수학 관련 과목을 이수하기 위해 고등학교에서

　배워야 할 수학 과목은 어떤 것이 있는지 찾아보세요.

이와 관련하여 학생들이 제출한 자료의 예시는 왼쪽 사진(308쪽 참조)과 같다. 2학기에 들어서면서 3학년은 수시 준비로 바빠지기 시작했다. 이에 아직 입시에서 조금 여유가 있는 1·2학년과 함께 해볼 만한 활동이 없을지 학생들과 의견을 나누어보았다. 수학 시간에 진행했던 방탈출 게임을 진행하면 좋겠다는 의견이 나왔고, 동아리 발표회 때 방탈출 게임과 비슷한 방식으로 문제를 풀어보는 활동을 하면 재미있을 것 같다고 하여 수학 문제를 만들고 풀어보는 시간을 갖게 되었다.

　이날은 마침 온라인으로 동아리활동이 이루어진 날이라 줌으로 진행하였고, 줌에서 화면공유를 통해 문제를 푸는 시간을 가졌다. 학생들이 문제풀이에 몰입하는 모습을 보였고, 몇 문제 풀지 않았는데 집중하다 보니 어느새 시간이 훌쩍 지나갔다.

　비록 예전처럼 한공간에서 몸으로 부대끼며 함께 체험하며 보내는 시간은 가질 수 없었지만, 비대면으로 동아리활동을 진행하는 방법에 대해 여러 가지로 고민하면서 창의적인 아이디어를 떠올리고 새로운 길을 찾아보게 되는 계기가 된 부분은 온라인 수업이 가져온 뚜렷한 성과라고 생각한다.

"4차 산업시대를 이끌어갈 엔지니어의 요람"
엔지니어링 공학 동아리

이 동아리는 공학 연구를 목적으로 하여, 온라인과 오프라인 양쪽에서 무리없이 활동을 수행할 수 있었다. 우리 학교는 과학중점 교육과정을 운영하고 있기 때문에 과학과 공학에 많은 관심을 가진 학생들이 동아리의 주축이 되었고, 그 아이들이 연구방법론을 어느 정도 잘 알고 있어 후배들을 지도할 만한 역량도 가지고 있었다.

그래서 컴퓨터공학, 기계공학, 생명공학, 화학공학의 네 모둠으로 나뉘어 분임토론을 하고, 저마다 소그룹 연구를 수행했다. 온라인과 오프라인 중 원하는 동아리활동 형태를 학생들이 선택할 수 있게 하였고, 동아리 회장의 강력한 의지로 오프라인 동아리로 등록했다.

27명의 인원이 참여하는 동아리였기 때문에 인접한 두 개의 교실을 배정받아, 두 개의 모둠씩 활동을 수행하는 거리두기를 통해 코로나 감염에 대비했고, 활동은 주로 토론을 중심으로 이루어졌다. 학생들이 개별적으로 연구 주제를 정해 사전에 조사를 하고, 동아리활동에서 그에 대한 발표와 토론을 하는 방식이었다. 유감스러운 것은 동아리 시간이 충분히 확보되지 않아 발표 인원이 제한되었다는 점이었다.

코로나로 인한 온라인 수업 때문에 학교에 노트북이 많이 구비되어 있는 점은 다행이었다. 여러 개의 노트북을 대여하여 학생들

코로나 바이러스에 대응하는 원격 로봇 기술
이

원격진료 로봇

- 의료진은 이 로봇을 이용해 환자와 직접 대면하지 않고 환자 상태를 검진했다. 태블릿을 이용해 영상으로 의료진과 환자가 커뮤니케이션을 할 수 있다.
- 사례: 미국에서는 비치(Vici), 한국에서는 RP-라이트 V2라는 로봇을 사용한다.

자율운반 로봇
- 미국에서는 터그(TUG)를 공급하여 의료품을 싣고 의료 시설 내부를 자율적으로 이동 가능하고 현재 140곳 이상의 의료 기관에서 사용중이다.
- 한국에서는 유진로봇이 대전 을지병원에 병원 배송 로봇을 공급해 운용하고 있다.
- 중국 정부는 항저우의 한 호텔에 손님을 격리시켜 리틀 피넛이라는 음식 배송 로봇을 투입해 음식물을 전달했다.

멸균 로봇

- 대만에서는 멸균 로봇인 하이퍼 라이트를 도입했다. 이 로봇은 5분만에 유행병의 바이러스를 멸균할수 있는 능력을 갖추고 있다.
- 미국은 멸균 로봇 점팔콘을 무상으로 제공한다.이 로봇은 항공기 내부를 멸균하는데 특화되어 있는 로봇이다.

학생들이 직접 작성한 원격 로봇 기술 관련 발표자료

컴퓨터공학, 기계공학, 생명공학, 화학공학의 네 모둠으로 나뉘어 각자 분임토론을 하고 소그룹마다 주제를 정하여 자유롭게 연구를 진행하는 방식으로 동아리활동이 이루어졌다.

이 교실에서 자유롭게 컴퓨터 공학 연구활동을 할 수 있었다. 컴퓨터 공학 연구 모둠은 스크래치와 C언어의 기초를 학습하기로 했고, 필자가 노트북을 정보부에서 빌려와 교실에 한꺼번에 다섯 대를 세팅했다. 교실에 인터넷 선은 하나뿐이다 보니 학생과 지도교사 핸드폰의 핫스팟 테더링 등 모든 수단이 동원되었다. 4차산업혁명 시대의 학교라면 학생들을 위한 학습용 노트북과 인터넷 환경 정도는 충분히 뒷받침되어야 한다고 생각한다.

그러나 환경 세팅과 별개로 모든 학생들이 균일한 연구 토론 능력 수준을 갖춘 것은 아니라는 문제가 기다리고 있었다. 특히 1학년이 큰일이었다. 왜냐하면 활동 전반이 3학년의 토론과 각 모둠의 공학 연구 수준에 맞춰져 있었기 때문이다. 3학년 동아리 멤버 대부분은 과학중점 교육과정을 충실히 밟아온 결과 이미 상당히 높은 학업성취에 도달해 있었다. 학교에 갓 들어온 신입생들이 그들과 어깨를 나란히 하기란 솔직히 무리가 좀 있었다.

전통적인 방식으로 1학기에는 학교 도서관에서 다양한 과학도서들을 읽고 토론을 진행하였다. 그러나 아쉽게도 효율은 그리 높지 않았다. 아직 1학년 학생들이 자기 주제 연구를 수행하기는 어려웠기 때문이다. 그런데 온라인 방식을 적용하게 되면서 오히려 1학년 학생들에게는 동아리활동의 효과를 높이는 결과로 이어졌다. 8월의 코로나 확진자 폭증으로 공학 동아리도 마침내 2학기 들어서 전면 온라인 동아리로 운영 방식이 변경되었다. 그와 함께 학생들이 모두 컴퓨터를 활용해서 접속을 하자 1학년 학생들이 실시간으로 자료를 찾도록 만들기가 훨씬 더 쉬워졌다. 학생들에게 DBPia에 접속하도록 하여 실시간으로 다양한 논문을 함께 열람하고, 1학년에게 필요한 연구 방법론부터 차근차근 동아리 시간을 이용해 심도 있는 논의가 이루어졌다. 그동안 2·3학년 또한 K-MOOC를 듣고 보고서를 쓰는 등등온라인 환경을 효과적으로 활용하는 모습이었다.

코로나19 팬데믹이라는 돌발 환경에서 한 학기의 동아리활동을 마무리하면서 느낀 것은, 무엇보다도 학생들의 활동 역량이 가장 중요하고 그에 대한 지원이 충분한가의 문제일 뿐, 온라인인지

오프라인인지가 핵심은 아니라는 점이었다. 공학연구 동아리활동이 코로나 환경에서도 활발히 이루어진 경험을 토대로, 코로나 대응 진로활동의 경험을 다른 선생님들과 많이 나누고 싶다.

- 강의명: 빅데이터와 인공지능의 응용
- 활동 내용: 총 6차시로 구성된 강의를(1강에 1시간)학생들이 들으며 각각 강의를 듣고 내용을 정리함

  진로특색활동, 활동자: ***, ○○○, △△△, □□□, $$$, @@@, ☆☆☆

⟨1강⟩

인공지능에 기반하여 새롭게 등장하는 애플리케이션은 모바일 및 사물인터넷 기기들로 구성되어 개인 컴퓨팅 환경을 중심으로 이루어진다. 이 애플리케이션은 센서 데이터 습득, 기계학습 시스템 최적화, 사용성 평가 등을 통해서 피드백을 받고, 학습하여 더 좋은 성능으로 발전하게 된다. 인공지능 애플리케이션은 사용 범주가 굉장히 큰데, 단순 모바일 기기뿐이 아니라 IoT 웨어러블 기기등도 이에 해당된다. 다양한 사물인터넷 기기들이 우리의 삶에 녹아들고 있는데 이것의 개발 과정과 발달을 배울 수 있었다.

⟨2강⟩

관성센서, 특히 가속도계를 활용해 만보계 같은 간단한 애플리케이션 만드는 예제부터 이에 사용되는 자이로스콥, 컴파스 등을 배웠고 공식을 활용하여 만보기뿐만 아니라 칼로리 정보를 사용하여 유용한 애플리케이션을 만들 수 있는 방법을 배웠다. AI 기반의 응용들이 굉장히 많이 나오는 가운데 이것들을 활용하면 많은 의미 있는 어플리케이션을 제공할 수 있을 거 같다는 생각이 들었다.

〈3강〉

인공위성은 하루에 지구를 두 바퀴 돈다 서로 다른 6개의 위성이 도는데 그 이유는 지상에서 신호를 받을때 여러 개의 신호를 받아야 정확하게 측정이 되기 때문이다

또한 위성들끼리의 시간은 같고 우리의 디바이스 시간만 위성과 다르다.

위치의 장점이 버스도착시간, 게임, 네비게이션 등등 편리한게 많을 때도 있으나 단점도 있다. 위치가 정확할수록 위치 서비스의 퀄리티는 높아지지만, 자신의 프라이버시 위험이 높아진다. 근데 프라이버시를 생각한다면 딜레이가 생긴다. 딜레이가 어디 도로에 패인곳을 발견해 서버에 정보를 줘야 하는데, 프라이버시로 안 올린다면 서비스의 퀄리티도 떨어지고 프라이버시 위협은 준다는 요소도 있기 때문에 프라이버시도 중요하지만 위치 서비스를 위해서라면 조금 미뤄도 될 듯하다.

〈4강〉

생체 신호 탐지를 이용해서 할 수 있는 것들과 이것을 이용해 얻을 수 있는 이점을 소개하고 있다. 여러 가지 생체 신호 탐지에 이용되는 PPG, ECG, EDA, EEG 센서를 소개하고 있다. 이 다음 강의에서는 앞서 소개한 센서를 이용해 수면탐지를 하는 것을 소개한다. 스마트폰, 웨어러블 기기에서는 어떤 생체 신호 탐지 센서가 이용되는지 몰랐지만 이 강의를 듣고 이곳에 사용되는 센서가 무엇인지와 어떤 원리로 작동하는지 알 수 있게 되었다. 굉장히 미미한 신호를 감지하며 호흡의 패턴, 심장 박동 수 등을 측정할 수 있는 것이 매우 신기했다. 또한 혈류량의 변화, 피부의 전기전도성, 뇌파를 측정하는 등의 다양한 측정 방법을 알아낸 것이 대단하다고 생각했다. 아직 수면탐지에 대한 연구는 진행 중이므로 미래에 수면 탐지가 발달하면 할 수 있는 것들이 무엇이 있을지 궁금했다.

⟨5강⟩

강의를 들으면서 미래에 생길 인공지능 서비스에 대해서 생각해보는 시간을 가지게 되었다. 네비게이션보다 더 세세하게 알려주는 인공지능 서비스와 스마트 글래스, 스마트 시계, 드론 배달 서비스 같은 인공지능 기반으로 실생활을 편리하게 해주는 인공지능 서비스에 대해서 알아보고 인공지능 서비스의 문제점들에 대해 알게 되었다 강의를 듣고 나서 나도 나중에 이런 IoT기술들을 사용해 인공지능 서비스를 만들 수 있을까 걱정도 되었다. 그리고 기술들을 배우는 것도 중요하지만, 기술들을 응용해서 새로운 창의적인 것들을 만드는 것도 중요하다는 것을 알게 되었다

⟨6강⟩

모바일 인터넷 환경에서 나타나게 될 인공지능에 대하여 알아보고 응용 디자인 및 기반이 되는 기계학습 기술에 대하여 알아본다. 특히 다양한 센서를 활용한 데이터 습득, 빅데이터 기반의 기계 학습 및 처리, 컴퓨팅 자원 제약을 고려한 시스템 최적화, 사용성을 높이기 위한 응용 디자인 등 혁신적인 응용을 알아본다. 새로 디자인 구현된 인공지능 응용시스템을 평가하면서 빅데이터와 인공지능 응용을 평가했다. 이것을 통해 인공지능 전반 기본 원리를 알고 4차 산업혁명 중 컴퓨터공학을 중심으로 빅데이터와 인공지능에 대한 이론 학습 및 관련 소프트웨어 실습과 적용 사례를 살펴보았다.

⟨빅데이터와 인공지능의 응용⟩ 주제에 대해 학생들이 제출한 활동 보고서 내용

자유롭게 주제를 탐색한 후에 학생들은 보고서를 작성하여 올렸다. 예시는 '빅데이터와 인공지능의 응용'에 관한 주제로 학생들이 작성한 것이다. 온라인 수업으로의 전환이 오히려 학생들이 자신의 수준에 맞는 자료 검색이나 논의가 용이해져 활동의 효율을 높이는 데 긍정적으로 작용했다고 여겨진다.

머신러닝 탐구 보고서

309 *** 309 ***

머신러닝이란 사람이 할 수 있거나 또는 하기 어려운 작업을 대신 수행할 기계를 학습을 통해 만들어내는 일련의 작업을 의미한다. 사람이 직접 프로그래밍할 필요 없이 대량의 데이터를 접했을 때 스스로 수정하여 원하는 결과를 얻기 위한 기술이다. 머신러닝은 지도학습, 비지도학습, 준지도학습, 강화학습으로 나뉜다.

지도학습은 입력값과 결과값(정답 레이블)을 함께 주고 학습을 시키는 방법으로 분류/회귀 등 여러 가지 방법에 활용된다. 주로 과거 데이터를 기반으로 앞으로 있을 사건을 예측한다. 예를 들어 신용카드 거래의 사기성이나 보험 가입자의 보험금 청구 가능성 여부 등을 예측하는 데 효과적이다.

비지도학습은 결과값 없이 입력값만 주고 학습시키는 방법이다. 예를 들어 유사한 속성의 고객 데이터를 식별한 후 그 유사성을 근거로 마케팅 캠페인에서 고객 데이터를 관리하거나 고객 데이터의 구분 기준이 되는 주요 속성을 찾을 수도 있다.

준지도학습에서 활용되는 응용분야는 지도학습과 다르지 않다. 하지만 레이블이 지정된 데이터와 레이블이 지정되지 않은 데이터를 모두 사용하여 트레이닝한다는 점에서 차이가 있다. 주로 레이블이 지정된 데이터는 용량이 작고, 레이블이 지정되지 않은 데이터는 용량이 크다. 그 이유는 레이블이 지정되지 않은 데이터의 경우 수집에 많은 노력이 필요하지 않아 비용이 저렴하기 때문이다. 또한 준지도 학습은 레이블 지정에 따른 비용이 너무 높아서 완전한 레이블 지정 트레이닝이 어려운 경우에도 유용하다. 이 학습 기법을 사용한 초기 사례로는 웹캠을 이용한 안면 인식 기술이 있다.

강화학습은 결과값이 아닌 어떤 일을 잘했을 때 보상을 주는 방식으로 어떤 행동이 최선인지를 학습시킨다. 예를 들어 로봇, 게임 및 내비게이션 등에 이용되며 일정한 시간 내에 예상되는 보상을 극대화할 수 있는 동작을 선택하도록 한다. 머신러닝의 장점으로는 많은 방면에서 자동화가 가능하다, 프로그램을 이용해 자신이 원하는 대로 사용이 가능하다. 단점은 예상치 못한 상황에서 사고가 일어날 수 있으며 이러한 사고의 책임에 대한 문제가 생긴다.

일상생활에서는 미신러닝 알고리즘을 세공하면서 넷플릭스 농영상 주천, 자율주행자동차같이 인공지능 서비스에 많이 사용된다. 우리들은 머신러닝은 금융직, 의료직, 운송직, 마케팅직처럼 많은 직업 분야에서 활용 가능하다고 예측했다. 왜냐하면 세계적으로 4차산업혁명은 빠른 속도로 발전해가고 있다. 그러면서 인공지능이 사용되지 않는 분야가 없다. 머신러닝은 이러한 인공지능에 기반이 된다. 이러한 이유 때문에 우리들은 머신러닝이 모든 분야에 활용될 것을 예상했다. 또한 우리들은 4차산업혁명의 중심이 되는 인공지능 기술에 중심에서 우리가 많은 영향을 끼치며 세계가 필요로 하는 인재가 되고 싶다고 느꼈다.

학생이 작성한 탐구보고서 내용

동아리활동을 온라인으로 할 것인지 또는 오프라인으로 할 것인지보다 중요하게 생각할 것은 바로 학생들의 역량 신장이라는 점을 코로나19 상황을 통해 새삼 깨닫게 되었다.

04

프레임워크를 통한
온라인 창의적 체험활동 사례

온라인으로 창의적 체험활동을 진행한다는 것이 처음에는 다소 막막한 감이 없지 않았다. 하지만 그동안 오프라인으로 이루어진 창의적 체험활동 수업과 관련된 문제점들을 꼼꼼하게 돌아보는 한편, 온라인 환경이 갖는 장점을 최대한 활용해보자며 긍정적으로 접근해보기로 했다. 여기에서 소개하는 내용은 '프레임워크'를 기반으로 한 온라인 창의적 체험활동 사례이다.

온라인 개학에 따라서 창의적 체험활동(이하 창체활동)이 3시간 편성된 날이었다. 의무교육으로 반드시 하게 되어 있는 장애 이해 교육, 개인정보보호 교육, 코로나 대응 전염병 예방교육 등이 예정되어 있었다. 하지만 솔직히 말해 정상적인 등교 수업 때도 창체활동에서 안전교육은 제대로 운영되지 않는 편이다. 일단 강사도, 예산도 없다. 그러니까 선생님들이 낯선 비디오나 교안을 보고 교실로 들어가긴 하지만, 교사들도 딱히 이를 자신의 과업으로 인식하지 않는 경향이 있기 때문에 교육과정으로서 재구성되지 않고, 교육목표가 달성될 리는 더더욱 만무하다. 등교 수업 때도 비디오를 보고 아이들이 감상문을 쓰는 것이 고작이다 보니, 활동이 끝나고 나면 공부 잘하는 학생은 조용히 자습을 할 것이며, 그렇지 못한 학생은 교사가 억지로 자리에 조용히 앉혀두는 데 급급한 것이 현실이었다. 이렇듯 오프라인에서도 쉽지 않았는데, 과연 온라인에서 이것이 제대로 이루어질지는 의문이었다. 영상 보고 나면 더 할 것이 없는데, 교사들은 학생들에게 뭘 해야 할까?

그러나 창체활동은 하나하나가 아이들의 생활영역에 깊이 관련된 중요한 주제들을 담고 있다. 당장 우리 학교가 오늘 배치한 장애 이해, 개인정보, 코로나 이 세 가지 모두가 아주 중요한 내용들이다. 이러한 사실을 바탕으로 창체 시간을 어떻게 구성하면 좋을지 고민한 끝에 아이들과 이런 수업을 해보았다.

나-주제-세상 프레임워크

이것은 교육비평가 헨리 지루의 《교사는 지성인이다》라는 책에

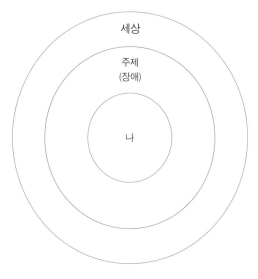

**온라인에서의
프레임워크 창체활동**

창체시간에 학생들로 하여금
자신과 관련된 세상 주제에
관해 생각해볼 수 있도록 하
였다. 스스로 다양한 질문을
도출해보는 과정에서 생각의
확장이 일어나기를 바랐다.

서 얻어낸 아이디어다. 먼저 주제에 대하여 심도 있게 사고할 수
있도록 하며, 자기 스스로 학습과제를 도출하는 역할을 한다. 장
애 이해를 예를 들어보자. 가운데 원은 나, 중간 원은 주제, 이 경
우엔 장애가 될 것이다. 그리고 바깥 원에는 세상을 쓴다. 그리고
아이가 자신과 주제의 관계를 생각해볼 수 있다.

- 나에게 장애란 어떤 의미인가?
- 내 주변에 장애인이 있나? 없나? 나는 어떻게 행동하고 있나?

이와 같은 여러 가지 질문이 생겨난다. 그런 다음에 세 번째 원으
로 확장했다.

- 우리 사회는 장애를 어떻게 다루는가?
- 조선시대의 장애인 차별철폐 노력을 우리는 어떻게 계승하고 발전시킬까?

이와 같은 과정에서 학습자는 자기 스스로 주제와, 세상을 연결시키며 자신이 무엇을 알고 있고 모르고 있는지를 깨우쳐가게 된다. 쉽지만 강력한 방식이다. 온라인에서 충분히 가능하다.

프로젝트 추출법

나-주제-세상 프레임워크를 통해서 학생들은 자신이 무엇을 모르고 무엇을 아는지를 어느 정도 알게 되었을 것이다. 이제 두 번째 단계에서는 "이제부터 뭘 해볼까?"를 고민해봐야 한다. 이번엔 네모난 표를 새로 써본다(322쪽 참조). 왼쪽엔 여전히 주제를 넣었다. 장애 이해 교육 시간이므로 그대로 장애를 예로 들어 아이들에게 설명하였다. 오른쪽엔 자신의 진로 및 흥미영역이다. 그래서 아이들에게 희망진로를 물어보다가 약학이 나와, 그대로 약학을 내용으로 넣었다. 일반적으로 장애와 약물은 학생들은 직관적으로 연결성을 추론하지 못한다. 그래서 아래 칸에 자신이 뭘 할 수 있는지를 써보도록 했다.

- 약을 통해서 완화시킬 수 있는 장애의 유형은?

- 장애인에 대한 비윤리적 실험 사례는?

- 정신병에 대한 약물치료의 위험성은?

- 비윤리적 임상실험의 사례와 연구실험윤리에 대해서 알아보기

네 번째 칸은 이런 궁금증을 해소하기 위해 필요한 것들이다. 네 번째 칸을 채우고 다시 위로 올라와, 언제 해당 질문들을 탐구할지 학년과 학기까지 써보았다.

주제 **장애**	내 관심영역 **약학**
나의 궁금증 혹은 하고싶은 것 - 약을 통해서 완화시킬 수 있는 장애의 유형은? **(고3)** - 장애인에 대한 비윤리적 실험 사례는? **(고2)** - 정신병에 대한 약물치료의 위험성은? **(고1)** - 비윤리적 임상실험의 사례와 연구 실험윤리에 대해서 알아보기 **(고1)** - 언젠간 장애성 질환을 치료할 수 있는 약을 개발하고 싶다. **(진학후)** - 미국은 약값이 비싸다는데 이유가 뭐지? **(중3)**	
궁금증을 해결하기 위해 필요한 것 - 약에 대한 책을 찾아보자 - 약학과 혹은 약대에 가면 뭘 배우지? - 약국에 가서 약사들과 인터뷰를 해볼까?	

'장애'라는 주제와 관련해 자신의 관점에서 학생들이 도출한 답변
'장애' 하나를 주제로 꽤 다채롭게 아이들의 성장 스토리가 나왔다. 해당 주제에 관한 자신만의 이야기가 생겨나기 시작한 것이다.

앗…언제 해볼까 했더니…아닛! 대학에서 가장 중요하게 평가한다는 학생 개인의 '내 성장 스토리'가 나와버렸다. 애들아!

'장애' 하나를 주제로 간단하게 두 가지 프레임워크만 해봐도 이렇게 아이들의 상상력을 동원해서, 자기만의 성장 스토리가 다채롭게 나올 수 있다. 매우 간단하고 쉬운 활동인데도 불구하고 아이들에게 '내 이야기'가 생겨나기 시작했다. 그림에서 활동 과정에서 학생들의 답변을 보여주고 있는데, 그중 "언젠간 장애성 질환을 치료할 수 있는 약을 개발하고 싶다"와 같은 답변은 대학 진학 후 학업 계획으로도 충분히 활용할 수 있을 것으로 보인다.

˚ 창체 생기부는 아이들 스스로 만들어가는 것

위의 2단계 프레임워크를 활용해서 5교시에 실제로 아이들에게 설명한 것을 한 가지 소개하고 글을 마치려 한다. 수업에서 아이들에게 전한 필자 자신의 이야기기도 했다.

> 저는 몇 년 전, EBS 다큐프라임에서 수학에 관한 영상을 보다가 우연히 리만가설과 복소수에 대해서 알게 되었습니다. 그런데 디

지털암호가 복소수를 이용한다고 하네요? 저는 문과기 때문에, 이 정도로만 알고 '우와 신기하다!' 하고 넘어갔습니다. 더 알 필요는 없겠죠. 그런데 짜잔. 비트코인 광풍이 우리나라를 덮쳤습니다. 비트코인이 '화폐'의 대안이 될 수 있다고 하네요. 그래서 저는 10년 전에 읽었던 《화폐, 마법의 사중주》라는 책을 다시 읽었습니다. 그 책의 내용에 따르면, 화폐가 되기 위해선 '화폐 통화를 보증할 충분히 큰 행정 권력', '화폐를 사용할 충분히 많은 대중', '다른 화폐와의 교환 가능성', '시장 조절 가능성' 등이 필요하다고 합니다. 그래서 저는 비트코인이 화폐가 될 수 없으며, 투기상품으로 이내 사라질 것이라는 결론을 내렸습니다.

자, 생기부에 쓸 독서 활동이 나왔고, '내가' 어떻게 비트코인과 화폐에 관심을 갖게 되었는지에 대해서 명확한 스토리가 보이고, 수학이라는 교과가 나왔고, '내가' 어떻게 공부했는지가 나왔고, 그 공부의 결론까지 나왔다. 하나의 주제를 가지고 이렇게 폭넓을 자기 스토리가 가능한데, 줌을 활용하니 오히려 학생들과 폭넓은 대화가 가능했다.

이상에서 소개한 활동은 어떤 주제의 창의적 체험활동에서든 아이들과 함께 해볼 만하다. 사실 교과 생기부는 교사가 작성하기는 하지만, 창체 생기부를 만들어가는 것은 아이들 자신이다. 그리고 사실, 온라인이든 오프라인이든 교사가 어떻게 디자인하느냐에 따라 모든 창체시간을 100프로 활용할 수 있다고 생각한다. 예컨대 다음과 같은 주제로도 학생들에게 제안해볼 수 있을 것이다.

> 이번 시간은 금연 금주 약물오남용이니까 여러분 프로젝트 구상할 거 많을 거야. 감상문 잘들 쓰세요. 질문할 거 있으면 하시고.

온라인 수업에서의 주제탐구활동

3주차 창체 시간. 주제를 함께 확인했다. 필자는 부담임으로서 두 시간, 금연교육과 학생인권교육 시간에 임장키로 했다. 금연과 학생인권 모두 아이들이 창의력을 뽑아내기에 좋은 주제다. 온라인으로 제공된 교육 영상을 보는 동안 나는 음소거를 해두고 조용히 수업 연구를 했다. 아이들 역시 대다수가 카메라를 꺼두고 음소거를 한 상태였다. 뭘 하는지, 지치지는 않는지. 깜빡 하고 화면이 잠깐 켜졌는데, 바깥에 있는듯한 남학생 하나가 눈에 띈다. 슬쩍 한 마디 찔러둘까 하다가 그만두었는데, 잠시 후 채팅창에 불이 깜빡였다.

> 샘, 전 진로가 없는데 진로를 꼭 연결해서 써야 하나요?

음…그럼 뭐 좋아해?

딱히…

평소에 뭐하는데?

그냥 집에서 잘 쉬고 있습니다.

얼굴도 모르는 아이와 채팅으로 집단상담을 하는 것이 마뜩하지 않은 점이 있지만, 그래도 아이가 묻는 말에 선선히 답을 해주기에 말을 이어가 보았다.

음…내가 좋아하는 것, 내가 하고 싶은 것을 아직 찾지 못하도록 만든 게 우리 교육의 잘못된 점이지. 천천히 찾아보는 게 좋아. 그런데…

항상 느끼는 점이지만, 이런 아이들에게 굳이 진로를 결정하라고 말하기란 쉽지 않다. 그래서 남학생들에게 친숙한 '게임'을 활용해 접근했다.

그 게임에서 보면, 논타겟 스킬을 쓸 때 스마트키를 쓰면 빠른데 정확도는 좀 떨어지잖아. 반대로 스마트키 안 쓰고 화살표 띄우고 스킬 쓰면 느리긴 한데 정확도는 높고. 그러니까…진로계획은 그 화살표 같은 거니까 있는 게 좋고…

오늘은 진로 아니더라도 금연으로 할 수 있는 아이디어는 있을 거니까. 최대한 뽑아봐.

네, 감사합니다.

이런 식으로 아이들에게 각자 주제별 프로젝트 아이디어를 뽑아내라고 하고 있는데 잠시 뒤엔 조금 더 재미난 질문이 채팅창에 올라왔다.

선생님 저는 약학 진로인데 도저히 흡연이랑 연결을 못시키겠어요ㅠㅠ

아직 1학년인데, 벌써 약학 진로를 정해놓은 학생이라면 분명 내신 상위권이렸다! 그런데 높은 내신 점수에 비해 응용력은 다소 부족한 측면이 곳곳에서 발견되는 케이스다. 그렇다면 또 다른 접근이 필요하다.

약학이면…쉽지요. 오늘 금연이랑 금주, 약물 오남용도 있지 않아? 약물류에 대한 내용으로 해도?"

오늘은 금연 교육밖에 없는데요ㅠㅠ

그럼 담배 속 화학물질이 신체에 일으키는 화학반응을 연구하면 되죠. 그리고 간접흡연이랑 직접흡연이랑 어떤 차이가 있는지도 알아보고. 많잖아요?

아! 네ㅠㅠㅠㅠ 감사합니다.

또 물어볼 거 있으면 말하고~

그로부터 한 5분쯤 지났을까, 다른 아이가 한층 더 구체적으로 프로젝트를 구상해서 질문을 던졌다.

선생님~ 그러면 흡연자의 DNA 변화를 관찰하는 프로젝트는 어떨까요?

오…좋다. 그런데 DNA는 불변 아니니? 후천형질이 DNA를 바꾸나? 내가 문과라…문송…아임 베리 문송…합니다;;

먼저 질문했던 학생보다 한 단계 발전된, 구체화된 질문이다. 그러나 이런 아이의 질문이 갖는 한계 또한 명확하다. 그와 동시에 어떻게 끌어올려줘야 할지도 명확하다. 그래서 줌에서 화면 공유 기능을 켠 다음 DBPia 사이트에 접속했다(329쪽 사진 참조). 학술논문 데이터베이스 사이트다. 학교에서는 연단위 계약을 통해

줌의 공유화면 기능으로 접속한 DBPia
논문 데이터베이스 화면을 학생들과 공유하며 탐구활동에 활용하도록 하고 있다.

서 아이들이 논문을 검색해 탐구활동에 활용토록 하고 있다. 〈
흡연자 DNA〉를 검색하니 '주루룩' 하고 결과가 나온다. 아이의
질문과 관련하여 맨 위 논문이 적당해 보였다. 바로 다운로드를
받아서 채팅창에 전송하고는, 설명을 이어갔다.

> 자…디비피아라고, 학교에서 계약해서 무료로 논문을 볼 수 있
> 는 사이트예요. 등교하면 과학샘들이 다 알려주실 거야. 보면 논
> 문 많죠? 나중에 잘 활용하면 됩니다. 이 논문은 ○○이가 읽을
> 만해 보여. 잘 읽어보세요.

> 넵~ 감사합니다!

그…과학 논문이라는 게 사실, 80%는 기존의 이론을 보완하거나 검증하는 거거든. 어지간한 혁신적인 연구 아니고서는. 이 논문들도 잘 보면 실험 설계를 중심으로 쓰여진 걸 텐데 이건…응. 읽을 수 있을 것 같다. 아 그리고 이 논문은… ○○아, 프로폴리스 논문 읽어보세요. 약물 반응에 대한 거니까 ○○이에게 잘 맞을 것 같아.

네!

전송 전에 논문을 슬쩍 살펴보니 솔직히 고등학생 수준에서 소화하긴 다소 어렵겠다 싶기는 했다. 하지만 자신이 관심 있는 분야에서 조금의 감각만 얻을 수 있다는 것만으로도 충분히 의미가 있을 거라고 생각했다.

온라인 개학 3주만인데 아이들 스스로 실험연구 주제를 도출하는 단계까지 발견되었다. 그래서 즉각 온라인 환경을 활용해 디비피아를 소개하고, 아이에게 논문을 전달해주었다. 이것도 온라인 개학의 성과라면 성과가 아닐까? 아이의 상상력이 즉각적인 피드백과 함께 구체적인 디딤판까지 얻어냈으니 자기효능감 또한 더 높아지지 않았을까? 앞으로 완전한 정상 등교가 이루어지더라도, 아이들과 함께 온라인 수업에서의 장점들을 어떻게 잘 활용해 나갈지에 대한 깊은 고민이 필요하다고 생각한다.

05

고3을 위한 구글 클래스룸 입시 설계와 진학지도 사례

고3 신학기가 시작되는 3월 한 달간은 아이들을 파악하는 데 바쁘다. 물론 1·2학년 때 수업이나 동아리에서 만났던 학생들도 몇몇 있지만, 새로운 아이들을 만나서 일 년간 함께하는 일은 매번 새롭게 느껴진다. 특히 대한민국 고3이라는 특수한 상황에서 열여덟 인생을 함께 되짚어보면서 앞으로의 진로를 같이 고민해보는 의미 있는 시간이다. 어쩌면 인생에서 꽤 중대한 결정이 될 대학 선택을 아이들과 함께하는 셈이다. 고3 담임교사로서 책임감도 느끼고, 한편으로는 누군가의 인생에 작은 보탬이 될 수 있다는 것에 감사한 마음이 든다. 아직까지 입시가 큰 비중을 차지하는 우리나라 교육에서 진학지도를 뺀 진로는 무의미하다고 생각한다. 이에 끝으로 온라인 진학지도와 관련된 내용을 덧붙이고자 한다.

올해 고3 입시 준비의 흐름

순서	시기	내용	기타
1	3월 1주	학급 운영을 위한 구글 클래스룸 개설 학생 초대하기	처음 학급 클래스룸을 만들 때는 학교 계정이 아닌 개인 구글계정을 이용했기 때문에 별도로 학생들의 이메일로 초대를 하고 학생들이 가입을 해야 하는 번거로움이 있었다. 하지만 학교 계정을 이용하면 수업 개설을 하고 학생을 편리하게 초대할 수 있다.
2	3월 2주	구글 클래스룸 구성하기 공지사항, 입시 설계, 입시자료 공유 등 필요한 목록을 만들고 자료 게시하기	미리 공지할 필요가 없는 내용은 예약 기능을 이용하면 필요한 시기에 게시할 수 있다.
3	3월 3~4주	학기초 학생 기초 자료 조사(구글 설문지 활용) 1차 온라인 상담 일정 정하기(구글 문서 활용)	학생들과 상담 전 필요한 내용을 양식을 만들어서 미리 받아보았다. 학년초에 진행하는 기초자료 조사다. 상담 일정은 구글 문서를 활용해서 비는 일정에 하루 2명씩 예약을 받았다.
4	4월 (개학전)	1차 온라인 상담 : 학생 파악하기 입시 설계를 위해 지원 학과를 정하고 대학, 전형방법을 함께 탐색하고 전년도 입시 결과를 분석	개학 전 시간이 있을 때 학생들을 파악하기 위해 희망학생들에 한해서 온라인 상담을 진행했다. 이 시기 가장 큰 고민거리는 역시 대학 진학이다. 첫 상담이지만 거의 대부분이 입시 관련 이야기이다.

5	4~5월 (개학~1차 지필평가 전까지)	추가 상담 : 학생 파악하기 온라인 상담을 진행하지 못한 학 생들의 상담 진행	온라인 상담을 진행하지 못한 학 생들은 개학 이후 바로 대면 상 담을 진행했다. 중간고사 전까지 는 학생을 파악하는 데 대부분의 시간을 보냈다.
6	6~7월 (2차 지필평 가 전까지)	2차 상담 : 수시 지원 전략 세우 기 수시 6회 지원 대학, 학과 정하 기 3학년 생활기록부 활동 내용 설 계, 점검 자기소개서 개요 정하기	1차 지필평가가 끝난 후 바로 2 차 상담을 진행했다. 2차 지필평 가 기간 전까지 3학년 때 준비 내용을 점검하는 시간이다. 성적 분석과 전년도 입시 결과를 분석 해서 유리한 대학을 찾는다.
7	8월 (여름방학)	3차 상담 : 수시 지원 결정, 자기 소개서 작성 준비 수시 지원 대학, 학과 최종 결정 문항별 자기소개서 첨삭	고3에게 가장 중요하고 바쁜 시 기이다. 방학 기간 중 자기소개 서 첨삭을 위해 일정을 정하고 자기소개서 문항별로 과제를 부 여하고 기간 내 구글 클래스룸에 제출하게 했다.
8	9월 (개학후)	4차 상담 : 수시 원서 접수 진학사어플라이, 유웨이어플라 이 공통원서 접수를 위한 회원 가입, 공통원서 작성 자기소개서 첨삭	자기소개서 작성은 끝이 없다. 원서 마감 이후에 서류 제출 마 지막 순간까지도 계속 수정한다.
9	10월	대학별고사(면접, 적성, 실기, 논 술) 준비 수능 준비	3학년부에서는 부장을 중심으로 모의 면접실을 구성하여 운영했 다. 인터넷 이용이 가능한 노트 북 2대와 캠코더를 설치하고 면 접장과 유사하게 책상을 배치하 여 지원자를 받아 모의 면접을 진행했다.
10	11~ 12월	대학별 고사와 수능 응시 수시 결과 발표, 등록	모의 면접실은 특히 코로나 상황 에 따라 변경된 면접 방식 중 면 접 동영상 업로드를 위해 학생 들이 영상을 촬영하거나, 줌에서 진행되는 실시간 면접을 진행할 때 유용하게 활용했다.

온라인 화면 너머로 시작된 입시 설계

올해는 또 어떤 아이들을 만나게 될까? 설레는 마음으로 새롭게 만날 아이들을 위해 출석부에 붙일 명렬표와 기초 조사를 위해 필요한 구글 설문 문항도 미리 만들었다. 그런데 담임으로서 아이들과 교실에서의 떨리는 첫 만남을 상상했건만, 코로나19 때문에 현실은 모니터 앞이다. 연기된 개학일 전까지 줌을 이용해서 한 명씩 기초 상담과 입시 설계를 함께 진행하기로 했다. 온라인 수업을 시작하기 전에 온라인 상담으로 먼저 줌을 이용하게 될 줄은 몰랐는데, 상담을 진행하면서 줌의 기능도 하나씩 배워갔다.

아쉬운 부분은 분명히 있지만, 그래도 생각보다 상담을 진행할 때 좋았던 부분은 **입시 프로그램을 화면에 공유**해서 학생과 함께 자료를 보면서 이야기를 나눌 수 있었던 점이다. 학교에서 대면 상담을 진행할 때는 노트북 화면에 입시 프로그램 화면을 띄워놓고 학생과 함께 나란히 앉아서 작은 글씨를 보면서 설명하는 게 다소 번거롭기는 했다. 그런데 화면을 공유하고 학생도 자신의 모니터로 입시 자료를 눈으로 직접 확인하면서 상담을 진행할 수 있어 편리했다. 또한 학생뿐만 아니라 상담을 희망하는 학부모님들과도 온라인 상담을 진행했다. 학교에 직접 찾아오시는 데 부담을 느끼는 부모님들이 더러 계신다. 온라인 상담을 진행하면서 모니터 앞에서 이런저런 이야기를 나누는 것이 어색한 부분도 물론 있었지만, 상담을 준비하는 담임 입장에서는 오히려 부담이 적었던 것 같다. 이제부터는 온라인에서 고3 학생들과 상담을 진행한 방법과 대학입시 설계와 학급 운영을 위해 사용한 구글 클래스룸 활용 방법에 대해 설명해보려고 한다.

구글 클래스룸을 활용한 온라인 입시 설계와 진학지도

온라인 수업 기간 중 구글 클래스룸을 활용하여 상담 준비와 입시 설계를 진행했다. 특히 입시 자료를 공지하는 데 편리하게 사용했고, 과제를 부여하고 제출해서 피드백하는 과정에 효과적으로 이용할 수 있었다. 사실 담임교사들은 각자 학급의 밴드나 카카오톡 단체 채팅방을 하나쯤 가지고 있다. 학급 전체에 급하게 전달해야 하는 내용들이 불쑥불쑥 생기기 때문에 필요할 때마다 공지사항을 실시간으로 효과적으로 전달한다. 그런데 단체 채팅방에 학생들에게 희망대학, 학과, 전형방법, 전년도 입시 결과 등 수많은 자료들을 올려보니, 정작 필요할 때 다시 찾아보려고 하면 정리가 되어있지 않다는 점에서 늘 아쉬웠다. 그래서 온라인 입시 설계를 위해서 체계적으로 정리된 자료를 게시하고, 학생들에게 필요한 자료를 개인적으로 전달하고 피드백을 해주기 위해서 구글 클래스룸을 활용해보았다.

학급 관리를 위해 구글 클래스룸에 과제를 부여한 내용
구글 클래스룸을 활용하여 입시 설계 및 자료를 공유하고, 학생들에게 입시 준비에 필요한 과제들을 부여하기도 하였다.

학기 초 기초자료를 조사하는 데 먼저 활용해보았다. 구글 설문지를 만들어 학생들에게 설문지 URL 주소를 복사해서 공지했고, 이에 대한 학생들의 응답을 받는 데는 그리 오랜 시간이 걸리지 않았다. 학생들의 응답 내용을 정리해서 한글 파일로 다시 정리했고 상담을 할 때 이용했다. 구글 설문지를 활용하기 위해 굳이 구글 클래스룸을 활용할 필요는 없다. 하지만 학급 운영과 관련된 내용은 가능하면 구글 클래스룸을 활용했고, 학생들에게도 교사가 게시한 글에 대한 안내가 가기 때문에 학기 초에 제출해야 하는 자료들을 빠뜨리지 않고 확인할 수 있도록 했다.

지원하고자 하는 학과, 관심 대학에 대한 구체적인 조사를 진행했다. 이러한 기초자료 조사를 통해서 대략적인 학생 파악을 했고, 1차 온라인 상담 전에 좀 더 구체적으로 자료를 준비하기 위해

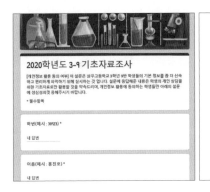

설문지 문항 내용
- 학번, 이름, 연락처(학생, 부모님)
- 형제, 자매(다자녀 전형 지원 가능 여부)
- 본교 친한 친구(3명 이내)
- 최근 가장 큰 고민, 걱정거리(2가지)
- 스트레스 해소 방법
- 취미, 특기, 진로희망
- 관심 학과, 희망 대학, 전형
- 수능 최저학력 기준 준비 여부
- 하교 후 공부 방법
- 3학년 학급 임원 희망 여부
- 담임교사에게 하고 싶은 말
- 고3 생활에 대한 다짐, 자신과의 약속 정하기

구글 설문지와 문항 내용

학기 초 학생들의 기초 자료를 조사하는 데 구글 설문지가 유용했다. 필요한 자료를 수집할 수 있는 설문지를 만들어 URL를 공지하니 어렵지 않게 응답을 받을 수 있었다.

구글 클래스룸에 과제 형태로 제출하게 했다. 3학년 담임을 몇 년 간 계속 맡다 보니 점점 학생들을 만나게 되면 자연스럽게 진로와 진학에 대한 이야기를 물어보게 된다. 그리고 학생의 고등학교 생활과 생활기록부에 기록된 내용, 진로 희망을 바탕으로 어떻게 하면 학생이 원하는 대학에 지원해서 합격하게 만들 것인가, 입시에 대한 방향을 잡고 전략을 세우는 일이 먼저 생각난다. 그렇기 때문에 구글 클래스룸에 학생 개인별 입시 설계를 해나가기 위한 자료들을 차곡차곡 만들어 나가고 싶었다. 바로 그 시작이 학생의 관심 분야를 파악해서 진학을 희망하는 전공과 대학을 파악하고 어떤 준비를 해왔는지를 빨리 확인하는 것이 필요하다고 생각했다. 그래서 학생 개인별로 기간을 정해놓고 과제를 부여했고, 구글 설문지를 통해 받은 내용을 정리했다. 그리고 학생들이 제출한

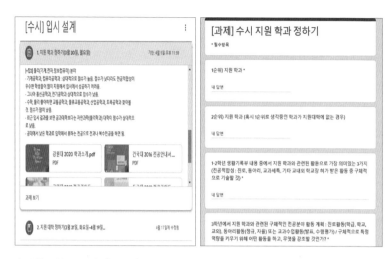

수시 입시 설계와 지원 학과 정하기

구글 클래스룸에서 개인별 입시 설계를 위해 필요한 학생들의 자료를 차곡차곡 쌓아갔다. 학생들이 제출한 자료 중 진로가 변경되는 경우에는 개별 피드백을 다시 거쳤다.

내용을 바탕으로 희망 학과나 진로가 변경된 경우 등에는 개인적인 피드백 과정을 거쳤다.

1차, 2차, 3차 상담 일정을 정하는 데도 요긴하게 활용했다. 예컨대 구글 문서를 공유하여 교사의 일정을 보고 학생들이 자신이 상담 가능한 날짜와 시간에 맞춰서 선착순으로 상담 일정을 잡았다. 공유 문서다 보니 학생들이 공유한 링크로 접속해서 자신이 원하는 날짜에 먼저 이름을 적고, 교사가 이를 확인하는 대로 날짜를 확정하는 것을 원칙으로 했다.

자기소개서를 작성해야 하는 학생들의 경우 여름방학 때 자소서 문항별로 첨삭을 진행할 때 과제를 부여하고, 자소서의 개요와 내용에 대한 피드백을 진행했다. 구글을 활용하니 과제를 부여하고 학생들이 제출하는 내용에 대해서 피드백을 진행하기가 한결 편리했다. 무엇보다 이전에 피드백했던 내용들을 확인할 수 있는 점이 좋았다. 자소서를 작성하면서 하루에도 1~2번씩 검토를 부탁하는 학생들은 실시간으로 바로 파일을 보내서 확인할 수 있는 카카오톡 개인채팅을 이용해서 파일을 받고 전화통화를 하면서 피드백을 하기도 했지만, 늦은 시간에 통화하기 어려운 경우도 있었고, 말로 설명했을 때 의도가 정확하게 전달되지 않는 경우도 있어서 가능하면 글로 적어서 피드백을 하려고 노력했다. 그런 면에서 구글 클래스룸에 과제 형태로 자기소개서를 받아서 첨삭하는 과정이 좋았다. 하지만 수시로 구글 클래스룸에 들어가서 확인하는 것이 힘들다면 차라리 카카오톡이나 이메일로 파일을 받아서 첨삭을 진행하는 것이 편할 수도 있을 것이다.

줌을 활용한 진학 상담

처음 줌을 활용해서 상담을 진행한 계기는 개학이 계속 연기되면서 하루가 아쉬운 마당에 3~4월을 그냥 흘려보낼 수 없어서였다. 우리 학교는 워낙 수시에서 '학생부종합전형'을 준비하는 학생 비율이 높다. 특히 과학중점과정의 학급이다 보니 올해의 경우 90%

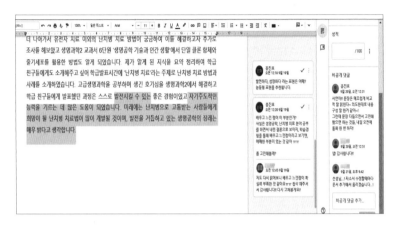

온라인에서 이루어진 자소서 첨삭 과정

아이들이 제출한 자소서를 첨삭하고 이에 관한 피드백은 개인채팅이나 비공개 댓글을 통해 이루어지기도 했다.

의 학생들이 수시에서 학종을 준비하는 상황이었다. 그런데 3학년이 되면 진로가 갑자기 바뀌는 경우도 많고, 아직 사회 전반에 만연한 학벌 중심 사고 때문에 좀 더 좋은 대학을 가기 위해서 학과를 바꾸는 경우도 종종 있다. 학종에서는 경쟁률이 낮거나 전년도 입시 결과 평균 내신성적이 조금 더 낮은 학과를 찾아서 유사한 성격의 과로 조정하는 경우도 있다. 그래서 학기 초의 상담이 특히나 더 중요하고 조금이라도 빨리 학생과 상담을 진행하는 것이 필요한데, 학생들을 만날 수 없는 상황에서 대안으로 선택한 것이 줌을 통한 온라인 상담이었다. 줌에서 학생들의 얼굴을 보면서 인사를 하고, 필요한 입시 자료를 화면에 공유해서 같은 화면을 보면서 상담을 진행했다. 고3 상담을 진행하면 입시프로그램을 여러 개 활용하는데, 이런 자료를 화면을 통해서 직접 보면서 이야기할 수 있어서 편리했다. 그리고 상담한 내용은 한글 문서를 열어놓고 바로 정리해 나갔다. 어쩔 수 없는 상황에서 이루어진 줌을 통한 상담이 학생과 학부모 모두에게 낯설기는 해도 한편으론 편리한 점도 분명히 있었을 거라고 생각한다. 다만 앞으로 좀 더 개선할 방법들을 찾기 위한 노력이 필요한 것만은 사실이다.

막상 구글 클래스룸을 이용해보니 고3 학급경영과 입시 설계에 활용해볼 만한 유용한 기능들이 많았다. 이는 앞으로도 충분히 활용해볼 생각이다. 다만 필자 또한 구글 클래스룸을 활용한 학급 운영은 이번이 처음이었기 때문에 부족한 부분이 많았을 테고, 학생들도 대놓고 불만을 표현하지 않았을 뿐, 나름대로 불편한 부분들이 분명 있었을 것이다.

예컨대 카톡으로 편하게 답장으로 남기면 될 것을 굳이 앱을 이용해서 접속해서 공지 글을 확인하고 과제를 제출하는 것이 때론 번거로웠을 것이다. 하지만 시간이 좀 지나 적응하고 나니 확인할 때는 오히려 더 편리했고, 한눈에 1년의 입시 설계 과정을 확인할 수 있는 점에서 무엇보다 효과적이었다. 앞으로도 어떻게 하면 좀 더 효과적으로 온라인으로 학급을 경영할 수 있는 방법에 대해서 고민하면서 다양한 것들을 많이 배우고 또 직접 활용해보고 싶다. 특히 고3 입시 설계를 진행할 때 교사와 학생 모두에게 좀 더 편한 방법을 찾아가면 좋겠다.

코로나19가 쏘아 올린
학교 교육의 변화와 깨달음

미래의 교육활동 전반에서 학생은 한층 더 주도적인 역할을 하게 될 것이며, 이는 동아리활동도 예외는 아니다. 교사가 모든 것을 주도하는 것은 이제 옛말이다. 동아리를 만들고 활동을 기획하고 실천하는 모든 것들에 대해 학생들이 주도적 역할을 하고, 교사는 조력자 역할에 한층 더 충실해야 할 것이다. 지금까지 학교의 정규동아리는 교사들이 개설하는 동아리에 학생들이 지원해 운영되는 모습이 일반적이었다. 하지만 이번 코로나19 상황에서 학생들이 주도하여 자신들이 원하는 동아리를 개설하기 위해 SNS를 통해 적극적으로 홍보하고 노력하는 모습을 지켜본 결과, 앞으로는 교내의 모든 정규 동아리를 학생들이 직접 개설하고 기획하는 방향으로 좀 더 전환해야겠다는 확신이 들었다. 교사들의 역할 또한 다양한 동아리들의 활동을 든든하게 지원해주는 조력자 역할에 충실할 수 있도록 포지션을 바꿔가야 할 것이다.

코로나19로 인해 교육 현장은 그 어느 때보다 격동의 시간을 보내고 있다. 누군가는 새로운 교육 방법에 적응하며 미래교육의 변화에 대해 연구하는가 하면, 또 누군가는 온라인 수업 방식에 회의감을 가지며 '과연 미래 사회에 학교가 존재할 수 있을까?' 하는 심각한 고민에 빠져 있을지도 모른다. 하지만 이번 코로나19를 겪으며 분명히 깨닫게 된 것은 교육 혁신의 핵심이 학교의 존폐 여부가 아니라는 점이었다. 학교는 학생과 교사가 직접적 접촉을 제공하는 공간 중 하나, 즉 일종의 플랫폼에 불과한 것이다. 다시 말해 교사는 학교가 존재해야 존재할 수 있는 것이 아니라 학생이 존재해야 존재할 수 있다. 수많은 현장의 교사들이 저마다 온라인으로 학생들과 함께 호흡하며 새로운 교육 형태에 슬기롭게 대처하며 차근차근 위기를 극복해 나가고 있다. 새삼 1990년대 문화 대통령으로 군림하던 서태지와 아이들의 〈교실 이데아〉가 떠오른다. 진정한 학교의 모습은 무엇일까? 지금 현실에 존재하는 반듯한 건물이 우리가 바라는 참된 학교의 모습은 아닐 것이다. 이제 우리는 교사와 학생이 직접 대면하여 가르치고 배우며 사회생활을 습득해가는 곳이 학교라는 식의 공간에 얽매인 전통적인 사고방식에서 벗어나 참된 학교, 이상적 학교, 즉 학교 이데아에 대해 진지하게 고민해야 할 것이다. 빠르게 진화하는 플랫폼으로서 제 소임을 다하는 유연한 학교의 모습을 더더욱 바라게 되는 때이다.

• 서장

한국인터넷진흥원, 2020, 《2020 KISA REPORT》, VOL7.

배영임 · 신혜리, 2020, 〈코로나19, 언택트 사회를 가속화하다〉. 이슈&진단, 1-26,
　　경기연구원.

오재호, 2020, 〈코로나19가 앞당긴 미래, 교육하는 시대에서 학습하는 시대로〉,
　　이슈&진단, 1-25. 경기연구원.

• 3장(영어과)

김성곤 외 11인, 《High School English-교사용》, 능률, 2018.

• 4장(수학과)

황선욱 외 8인, 《고등학교 수학》, 미래엔, 2018.

• 5장(과학과)

이진우 외 6인, 《지구과학1》, 미래엔, 2018.

삶과 교육을 바꾸는
맘에드림 출판사 교육 도서

교사는 수업으로 성장한다

박현숙 지음 / 값 12,000원

그동안 교사는 수업에서 아이들을 만나지 못해왔다. 관계와 만남이 없는 성장의 결손을 낳았다. 이 책에서는 교사, 학생, 학부모, 지역사회가 공동체로서 서로 관계를 맺을 때에만 배움은 즐거운 활동으로서 모두가 성장하는 삶의 일부가 될 수 있음을 보여준다.

수업 딜레마

이규철 지음 / 값 14,000원

이 책을 관통하는 키워드는 '사람'이다. 저자의 노하우를 전수하는 것이 아니라, 수업 속에서 딜레마에 맞닥뜨려 고통 받고 있는 선생님들의 고민, 신념을 담고, 그것을 이겨내기 위한 한 분 한 분의 마음을 담고 있다. 이 책은 다시 한 번 교사로 잘 살아보고 싶은 도전을 하게 한다.

엄선생의 학급운영 레시피

엄은남 지음 / 값 14,000원

34년 경력의 현직 교사가 쓴 생동감 넘치는 학급운영 지침서. 초등학교에서 아이들은 문자와 숫자를 익히는 것보다 학교와 교실에서 낯설고 모험적인 사건을 겪으면서 더 많은 것을 배운다. 이 책은 초등학교에서 교과서 지식보다 더 중요한 학교생활과 학급문화를 만드는 담임교사의 역할을 다룬다.

수업 디자인

남경운·서동석·이경은 지음 / 값 15,000원

서울형 혁신학교의 대표적인 수업 혁신을 담은 이야기. 아이들이 서로 협력하면서 배우는 수업을 목표로 삼은 저자들은 공동 수업설계를 대안으로 제시한다. 아이들은 서로 '옥신각신'하며 함께 문제에 도전할 때 수업에 몰입하고 배우게 된다. 이 책은 이러한 수업을 어떻게 만들어가는지 잘 보여준다.

땀샘 최진수의 초등 수업 백과

최진수 지음 / 값 21,000원

초등학교에서 20여 년간 아이들을 가르쳐온 저자가 초등학교 수업에 대해서 기록하고 연구하고 실천하며 쌓아온 경험을 바탕으로 초등학생들과 수업을 함께하는 방법을 담고 있다. 초등학교 교사가 아이들을 가르칠 때 알아야 할 가장 기본적이면서도 가장 중요한 모든 것을 다루고 있다.

교실 속 비주얼씽킹

김해동 지음 / 값 14,500원

이 책은 비주얼씽킹 기본기부터 시작하여 교과별 수업, 생활교육, 학급운영 등에 비주얼씽킹을 응용하는 방법을 설명하고 있다. 특히 교사들이 초등학교 1학년부터 고등학교 3학년까지 국어, 수학, 영어, 과학, 사회 등 모든 교과 수업에 비주얼씽킹을 활용할 수 있도록 수업 지도안을 상세하면서도 간결하게 제시하고 있다.

수업, 놀이로 날개를 달다

박현숙·이응희 지음 / 값 13,500원

교육계에서 최근 가장 중요한 과제로 삼고 있는, OECD의 여덟 가지 핵심 역량(DeSeCo)에 따라 여러 놀이들을 분류해서 설명하고 있다. 이 책의 저자들은 수업이 놀이를 만났을 때 어떻게 핵심 학생들의 핵심 역량이 강화되는지 이야기하고 있다.

수업 코칭

이규철 지음 / 값 15,500원

가르치는 일을 함으로써 학생들의 배움을 돕는 교사들에게 수업은 시간적으로도, 공간적으로도 학교에서 자신이 하는 일의 중심을 이룬다. 그래서 수업에 관한 고민은 교과를 가리지 않고 교사들에게 일반적으로 드러난다. 이 책은 그중에서도 '수업 코칭'이라는 하나의 흐름을 다룬다.

교사들이 함께 성장하는 수업

서동석 · 남경운 · 박미경 · 서은지,
이경은 · 전경아 · 조윤성 지음 / 값 15,000원

이 책은 배움 중심 수업을 위해 서로 다른 여러 교과 교사들이
수업을 디자인하고 연구하는 '수업 모임'에 관해 다룬다. 수업 모임
교사들은 함께 교과 수업을 디자인하고, 참관하고, 발견한 내용을
공유하고 평가하는 피드백을 통해 수업을 개선해간다.

땀샘 최진수의 초등 학급 운영

최진수 지음 / 값 19,000원

이 책의 저자는 학급운영의 출발은 아이들을 '가르치는 대상'에서
'존중받는 존재'로 바라보는 것에서 시작해야 한다고 이야기한다.
또한 아이들과 함께하면서 교사는 성장한다. 이러한 성장은 교사
스스로 자신을 되돌아보고 성찰할 때 비로소 이루어지며, 그 결과
올바른 학급운영이 이루어진다고 이 책은 말한다.

얘들아, 하브루타로 수업하자!

이성일 지음 / 값 13,500원

최근에는 교사 위주의 강의 수업에서 학생 위주의 참여 수업으로
많은 변화가 이루어지고 있다. 이는 4차 산업혁명 시대를 살아가야
할 학생들을 위해서는 당연한 것이다. 교실에서 실제로 질문하고,
토론하는 하브루타 참여 수업의 성과를 담은 이 책은 수업을
통하여 점점 성장해가는 아이들의 모습을 보여준다.

핵심 역량을 키우는 수업 놀이

나승빈 지음 / 값 21,000원

이 책은 [월간 나승빈]으로 유명한 나승빈 선생님의 스타일이
융합된 놀이책이다. 이 책은 교실에 갇혀 넘치는 에너지를
발산하지 못하는 아이들과, 단순한 재미를 뛰어넘어 배움이 있는
수업을 고민하는 선생님을 위한 것이다. 본문에서는 수업 속에서
실천이 가능한 다양한 놀이를 제시하고 있다.

교실 속 비주얼 씽킹 (실전편)

김해동 · 김화정 · 김영진 · 최시강,
노해은 · 임진묵 · 공세환 지음 / 값 17,500원

전 편이 교과별 수업, 생활교육, 학급운영 등에 비주얼씽킹을
응용하는 방법을 이론적으로 설명했다면, 《교실 속 비주얼씽킹
실전편》은 실제 초 · 중 · 고 학생을 대상으로 수업을 진행한
교사들의 활동지를 담았다.

수업 고민, 비우고 담다

김명숙 · 송주희 · 이소영 지음 / 값 15,500원

이 책은 수업하기의 열정을 잃지 않고 수업 보기를 드라마 보는
것만큼 재미있어 하는 3명의 교사가 수업 연구에 대한 이론적
체계가 아닌, 현장에서의 진솔한 실천 과정을 순도 높게 녹여낸
책이다. 이 속에는 자신의 교실을 용기 있게 들여다보며 묵묵히
실천적 연구자로 살아가는 선생님들의 고민과 성장이 담겨 있다.

색카드 놀이 수학

정경혜 지음 / 값 16,500원

몸짓과 색카드로 초등학교 1학년부터 6학년까지 배우는 수와
연산을 익힐 수 있도록 가르치는 방법을 다룬다. 즉, 색카드, 수
놀이, 수 맵, 몸짓 춤, 스토리텔링, 놀이가 결합되어 아이들이 다양한
감각을 통해 몸으로 수학의 개념과 원리를 터득하게 하는 것이다.
놀이처럼 수학을 익히면서 개념과 원리를 터득해나갈 수 있다.

영화 만들기로 창의융합 수업하기

박현숙 · 고들풀 지음 / 값 13,000원

창의융합 수업의 좋은 사례로서 아이들과 영화를 만든 이야기를
담았다. 시나리오, 콘티, 촬영, 편집과 상영까지 교과의 경계를 넘나
드는 영화 만들기 수업 속에서 아이들은 다양한 역량을 발휘하며
훌쩍 성장한다. 학생들과 영화 동아리를 운영한 사례들도 담겨 더
욱 깊이 있는 노하우를 얻을 수 있다.

톡?톡! 프로젝트 학습으로 배움을 두드리다
최미리나 · 이성준 · 김지원 · 조수지 · 심혜민 지음 / 값 19,500원

이 책은 학생들이 흥미를 느끼는 주제로 탐구 활동을 진행해 배움의 진정한 즐거움을 발견하고, 나아가 한층 더 깊은 탐구로 이어지는 선순환이 가능한 프로젝트 수업을 위한 거의 모든 것을 다룬다. 이 책을 통해 의미 있는 프로젝트 수업을 만들어갈 수 있는 다양한 아이디어를 얻을 수 있을 것이다.

주제와 감수성이 살아나는 공감 수업
김홍탁 · 강영아 지음 / 값 16,000원

교육의 본질은 수업이며, 학생들은 수업에서 삶을 배워야 한다. 저자들은 그 연결 고리를 '공감'으로부터 찾아냈다. 역사와 정치, 민주주의를 관통하는 주제가 살아 있는 수업, 타인과 사회를 공감하는 수업을 통해 아이들은 성숙한 민주시민으로 성장해나갈 것이다.

나쌤의 재미와 의미가 있는 수업
나승빈 지음 / 값 21,000원

이 책의 저자는 '재미'와 '의미'를 길잡이 삼아 수업의 길을 뚜벅뚜벅 걸어가고 있다. 책 속에서 제안하는 다양한 재미있는 활동들을 통해 학생들을 좀 더 적극적으로 배움의 세계로 초대하고, 학생들은 자유롭게 생각을 펼쳐나갈 것이다. 아울러 그러한 생각들은 깊이 있는 토론을 통해 의미 있게 확장해나갈 것이다.

하브루타로 교과 수업을 디자인하다
이성일 지음 / 값 14,500원

다양한 과목별 하브루타 수업 사례를 담은 책. 각 교과 수업에 활용할 수 있도록 한 하브루타 맞춤 수업 안내서다. 책 속에는 실재 교실에서 하브루타를 적용한 수업 사례들이 교과목 별로 실려 있다. 각 사례마다 상세한 절차와 활동지를 담아서 누구나 수업에 바로 적용하고 쉽게 따라할 수 있도록 했다.

하브루타 수업 디자인
김보연 · 교요나 · 신명 지음 / 값 16,000원

저자들은 이 책에서 하브루타를 하나의 유행이 아니라 시대의
흐름으로 보면서, 하브루타가 문화로 자리 잡아야 한다고
주장한다. 이 책은 질문과 대화가 인간의 모든 지적 활동에서
핵심적인 역할을 한다는 저자들의 믿음을 바탕으로 집필되었다.
아울러 학교생활뿐 아니라 가정에서도 하브루타를 실천하기 위한
재미있고 다양한 방법들을 제시한다.

프로젝트 수업으로 배움에 답을 하다
김 일 · 조한상 · 김지연 지음 / 16,500원

이 책은 중학교와 고등학교 교육에서 프로젝트 수업을 적용해서
실천한 내용을 담고 있다. 교육과정을 재구성하고, 성취기준에
따라 다양한 방식으로 평가하고, 마지막으로 학생부에 기록을
남기는 방법까지 실제 사례를 통해 상세히 설명한다.

초등 온작품 읽기
로고독서연구소 지음 / 값 15,500원

한 학기에 책 한 권을 읽는 수업을 통해 아이들에게 하나의 작품을
온전히 읽음으로써 깊게 성찰할 수 있는 기회를 제공해줄 수
있다. 이 책은 온작품 읽기를 통해 학생 중심, 활동 중심의 수업을
어떻게 디자인해야 하는지와 함께 다양한 독서 수업 방법을 상세히
설명해준다.

초등 상담 새로 고침
심경섭 · 김태승 · 박수진 · 손희정 · 김성희 ·
김진희 · 남민정 · 박창열 지음 / 값 16,000원

학교 현장에서 아이들의 부적응이나 문제행동을 고민하지 않는
교사는 거의 없다. 이 책은 이러한 문제에 대한 해결책을 찾는
교사의 상담 지혜를 다룬다. 특히 문제 상황에 따른 원인을
분석하고 명확한 가이드라인을 제시한다. 이는 교실 현장에서
발생하는 거의 모든 문제 상황에 적용될 수 있다.

교사의 말하기
이용환 · 정애순 지음 / 값 15,000원

이 책은 말하기 기술을 연마하기에 앞서 말하고자 하는 상대에 주목해야 함을 강조한다. 그리고 무심코 내뱉은 말 한 마디로 학생들이 얼마나 큰 상처를 입을 수 있는지 경계한다. 아울러 교사의 말이 학생을 성장시키고 나아가 교사 자신까지 성장시키는 엄청난 힘을 발휘한다는 것을 강조한다.

생각하는 교실, 철학하는 아이들
한국 철학적 탐구공동체 연구회 지음 / 값 16,000원

공동체의 유지와 발전을 위해서는 합리적일 뿐만 아니라 합당한 판단을 할 수 있는 시민이 필요하다. 이것은 구성원들의 고차원적 사고와 숙의를 통해서만 달성될 수 있다. 철학함은 생각과 숙의의 기반이 된다. 이 책은 모든 학교 수업을 통해 아이들이 철학하는 역량을 어떻게 키울 수 있는지를 보여준다.

교실 속 유튜브 수업
김해동 · 김수진 · 김병련 지음 / 값 15,500원

교실에서 이뤄지는 유튜브 수업은 학생들을 단지 미디어 수용자에서 참여자로, 소비자에서 생산자로 자리매김할 기회를 준다. 이 책은 이를 위한 충실한 안내자로서 주제, 유튜브, 스토리, 촬영, 편집, 제작, 홍보에 이르기까지 거의 모든 과정을 다룬다.

영어 수업 놀이
가인숙 지음/ 값 21,000원

이 책은 놀이를 매개로 쉽고 재미있게 영어를 가르치는 저자의 풍부한 노하우를 담고 있다. 특히 어떻게 하면 놀이를 가르쳐야 할 핵심내용과 잘 연결시킬지에 초점을 맞춰 수업 놀이를 이야기한다. 수업 계획과 실천에 관한 전체적인 디자인은 물론 파닉스, 말하기, 듣기, 쓰기, 문법 등에 관한 다양한 놀이 활동들을 소개한다.

프로젝트 수업으로 교육과정을 다시 디자인하다

기애경 · 조은아 · 송영범 · 김성일 · 옥진우 · 한난희 지음 /
값 17,000원

이 책은 일회성 이벤트가 아니라 교실에서 항시적으로 실천할 수
있는 지속 가능한 프로젝트 수업 방식을 제안한다. 무엇보다 실제
교육과정에 기반한 프로젝트 수업을 제안하고 있다. 특히 기존 교
육과정에서 제안하는 수업 주제를 바탕으로 학생들의 자발적 탐구
를 가능케 하는 질문들을 이끌어내는 것에 주목한다.

나의 첫 교육과정 재구성

민수연 지음 / 값 13,500원

1년 동안 아이들과 교사가 함께 행복한 교실을 만들어 나간
기록들이 담겨 있다. 교육의 본질과 교사의 역할, 교육관과
인간 본성에 관한 철학적 고민부터 구체적 방법론, 아이들의
참여와 기쁨에 이르기까지 교육과 관련된 다양한 요소가
버무려져 마치 한 편의 드라마 같다.

나의 첫 과정중심평가

고영희 · 윤지영 · 이루다 · 이성국 · 이승미 · 정영찬
감수 및 지도_허숙 지음 / 값 16,000원

학생 개인의 성취와 발달에 초점을 둔 과정중심평가를 어떻게
진행해야 할지 구체적 사례를 담은 책. 교사들이 필요로 하는
각 교과의 학년별 사례와 함께 평가지와 후속 지도 방안까지
충실히 소개하고 있다.

나의 첫 그림책 토론

책이랑 소풍 가요 지음 / 값 15,000원

토론이나 독서가 어려운 학생들에게 보다 부담 없이 다가갈 수
있는 '그림책 독서토론'을 다룬 이 책은, 실제 교실 수업의 독서 전
활동부터 토론 후 활동까지를 상세히 안내하고 있다. 각 수업마다
다르게 진행한 토론방법의 소개와 함께 수업진행 Q&A, 교사의
생생한 성찰과 조언도 실었다.

고교학점제란 무엇인가?
김성천 · 민일홍 · 정미라 지음 / 값 17,000원

이 책은 아직까지 우리나라에서는 생소한 개념인 고교학점제에 대한 거의 모든 것을 아우른다. 아울러 고교학점제가 올바로 정착하기 위해 학교 현장의 교사는 물론 학생, 학부모에게도 학점제를 좀 더 깊이 이해하기 위한 좋은 지침서가 되어줄 것이다.

고교학점제, 어떻게 실천할 것인가?
김삼향 · 김인엽 · 노병태 · 정미라 · 최영선 지음/ 값 20,000원

이 책은 고교학점제의 구체적인 실천 방안을 중심으로 풀어간다. 특히 소통과 협력이 원활한 학교문화, 체계적인 학교운영, 학생들이 주체가 된 과목 선택과 진로교육을 위한 다양한 교육과정 편성 및 운영, 발달적 관점에서의 질적 평가, 학점제에 최적화된 학교 공간혁신 등을 아우른다. 특히 마이스터고와 특성화고의 실천 사례들도 함께 소개하고 있다.

학교, 민주시민교육을 만나다!
김성천, 김형태, 서지연, 임재일, 윤상준 지음 / 값 15,000원

2016년 '촛불 혁명'의 광장에서 보인 학생들의 민주성은 학교에서는 찾아보기 힘들다. 민주시민교육은 법률과 교육과정 총론에 명시되어 있지만 그 중요성을 실제로는 인정받지 못해왔다. 또한 '정치적 중립성'이 대체로 '정치의 배제'로 잘못 해석됨으로써 구체적인 쟁점이나 현안을 외면해왔다. 이 책은 교육과정, 학교문화 등 다양한 측면에서 시민교육을 성찰하고 정책 대안을 제시한다.

학교, 민주시민교육을 실천하다!
교육정책디자인연구소시민모음 지음 / 값 17,000원

학교에서 어떤 식으로 민주시민교육이 이루어져야 하는지를 이야기한다. 특히 학생들의 눈높이에 맞춰 민주주의를 그들의 삶과 어떻게 연결시킬지에 초점을 맞추었다. 18세 선거권, 다문화와 젠더 등 다양한 차별과 혐오 이슈, 미디어 홍수 시대의 시민교육, 통일 이후의 평화로운 공존 방안 등의 시민교육 주제들을 아우른다.

독자 여러분의 소중한 원고를 기다립니다

맘에드림 출판사는 독자 여러분의 소중한 원고를 기다리고
있습니다. 원고가 있으신 분은 momdreampub@naver.com으로
원고의 간단한 소개와 연락처를 보내주시면 빠른 시간에 검토해
연락을 드리겠습니다.